变迁三十年

珠三角城镇化 30 年编年史

南方都市报　著

南方日报出版社
NANFANG DAILY PRESS
中国·广州

图书在版编目（CIP）数据

变迁三十年 ： 珠三角城镇化30年编年史 / 南方都市报著. — 广州 ： 南方日报出版社，2014.12

ISBN 978-7-5491-1204-3

Ⅰ. ①变… Ⅱ. ①南… Ⅲ. ①珠江三角洲 - 城市化 - 研究 Ⅳ. ①F299.276.5

中国版本图书馆CIP数据核字（2014）第290179号

变迁三十年——珠三角城镇化30年编年史

著　　者：南方都市报
出 版 人：周洪威
策划编辑：周山丹
责任编辑：唐　毅　陈盈璐
特约编辑：王勇幸
装帧设计：张　博　佃燕婉
插　　画：杨阿喵　朱　楠
责任技编：王　兰
责任校对：阮昌汉　杨小洁
出版发行：南方日报出版社
地　　址：广州市广州大道中289号
经　　销：全国新华书店
印　　刷：佛山市浩文彩色印刷有限公司
开　　本：787mm × 1092mm　1/16
印　　张：19.75
字　　数：280千字
版　　次：2014年12月第1版
印　　次：2014年12月第1次印刷
定　　价：38.00元

投稿热线：（020）87373998-8503　读者热线：（020）87373998-8502
网址：http://www.nanfangdaily.com.cn/press　http://www.southcn.com/ebook

序一

以南方视角，记录珠三角城镇化大势

莫高义

珠江三角洲，一片创造了太多神奇的热土。许多国家需要经历上百年甚至数百年才能完成的城镇化转型，在这里，短短30年内就实现了华丽转身。这本《变迁三十年——珠三角城镇化30年编年史》，正是深入剖析巨变前因后果、为全国新型城镇化提供有益借鉴的应时之作。

习近平总书记指出："在我们这样一个拥有13亿多人口的发展中大国实现城镇化，在人类发展史上没有先例。"李克强总理指出："新型城镇化是关系现代化全局和几亿人生活改善的大战略，是最大的结构调整。"党的十八大报告、十八届三中全会、中央经济工作会议、中央城镇化工作会议对城镇化均有深刻阐述——"走中国特色新型城镇化道路""新型城镇化是以人为核心""城镇化是扩大内需的最大潜力所在""推进城镇化对全面建成小康社会、加快推进社会主义现代化具有重大现实意义和深远历史意义"。中央把推进城镇化作为我国经济社会发展、实现"中国梦"的重大战略。

改革开放以来，广东城镇化发展取得了巨大成就，城镇化与工业化一道，成为推动广东经济社会发展和现代化建设的主要动力。1978年至2013年，广东城镇化率从16.9%提高至67.76%，珠三角城市群成为我国三大城市群之一，城镇化实现了历史性跨越。广东已成为全国城镇化率最高的省份，城镇化率已基本达到中等发达国家水平。珠三角是全国城镇化率最高的区域，其城镇化率已经达到发达国家水平。

中共中央政治局委员、广东省委书记胡春华指出："经过了30多年城镇化快速发展的历程，吸取过去的经验和教训，我们在推进城镇化发展上要变得更加聪明、更加科学。"30年风云激荡，30年春华秋实，30年回味无穷。经过周密策划，2013年7月，南方报业传媒集团与国家发改委城市和小城镇改革发展中心联合主办、南方都市报承办的"中国新型城镇化之路"大型系列报道启动，立足珠三角，放眼全中国，展现珠三角30年来波澜壮阔的城镇化历程，记录总结城镇化的得失，为新型城镇化提供宝贵经验。取"30年"整数，是经过充分论证的。1984年，国家具有战略意义的城镇化举措首次施行，改革重点从农村转向城市，放宽建镇标准，全国城镇数量迅速增加。这一年，也成为珠三角城镇化的起点。

这一大型系列报道，由国家发改委城市和小城镇改革发展中心主任李铁担任总顾问，深入贯彻中央和省委部署，把历史和现实紧密联系起来。报道由"读城十记"和"珠三角城镇化 30 年”两个系列组成。前者选取国内城市样本，聚焦新型城镇化的改革突破口，从户籍制度改革、农民工市民化、棚户区改造、土地制度改革、城市群博弈、污染治理、历史文化建筑保护和乡愁等八个方面进行剖析和解读。每期采访一位权威专家，形成高端系列访谈，为新一轮城镇化把脉问诊，建言献策。后者全面展示了构成珠三角 30 年城镇化进程主体的几百个小城镇的崛起过程，通过大量的一手采访，回顾了全国城镇化发轫之地得改革风气之先的珠三角蜕变之路。

南方都市报分布在珠三角各市和北京的 50 多名记者投入采访，延续了以往“改革开放 30 年”“中国农民工 30 年迁徙史”大型报道的风格，又更加注重事例和人物的典型性，挖掘历史细节，主题厚重与文字生动融于一体；结合众多揭秘故事和人物口述，可读性极强。报道延续半年，共刊出 40 余篇，反响强烈，成为学政商各界探讨城镇化进程的依据，获得 2013 年度全国省级晚报（都市报）好新闻奖连续报道类优秀策划奖。报道还衍生出低碳论坛、新型城镇化论坛等多场落地活动，在所报道的珠三角城镇举行，抚今忆昔，展望未来。

为了进一步扩大报道的社会效果，南方都市报将系列报道编辑成《变迁三十年——珠三角城镇化30年编年史》一书，选取了30多个能展现某一阶段典型特征的样本，通过对这些样本的描摹和剖析，既关注城市的变迁与格局，也关注政策演进和人物命运。该报道集中诠释了城镇化的“珠三角模式”，即产业集群方式，通过产业集聚带动人口集聚，进而实现城市周边地区快速发展。广州南华西街、深圳南岭村、东莞虎门镇、中山崖口村、顺德容桂镇、南海狮山镇、惠州大亚湾、江门司前镇等街镇在大模式之下百花齐放。通过记者的深入采访，一个个当下或曾经的“明星村镇”，在城镇化进程中的典型意义充分体现出来。它们在实践过程中或狂飙突进，或螺旋上升，或步履蹒跚。作为占领城镇化大潮时代先机的珠三角地区，最早具备了从城镇化向新型城镇化转变的动力并加以实践，如人口红利结束、社会管理创新、跨行政区域的城镇融合、打造新城市中心等。相关研究尚有限，在新型城镇化阶段亟须关注，记者的深入采访填补了这方面的空白。正因如此，这本书为尘封的历史赋予新生命，具有高度的新闻价值，更具有高度的文献价值。

珠三角城镇化历程的30年，也是南方报业发展壮大的30年。南方报业扎根于广东，是广东改革开放的记录者和推动者。改革是广东的根，也是南方报业的魂。南方报业通过自身的改革创新奠定了在业界的领先地位，当前，面对新的历史机遇，要责无旁贷地创新主题宣传，做好热点引导，为全面深化改革提供强大的舆论支持和智力支持。经过多年耕耘，《南方都市报》在珠三角各地根深叶茂，形成了自己独有的报道特色，深受政府欢迎和群众喜爱。《变迁三十年—— 珠三角城镇化 30 年编年史》这本书，是南方报业“深耕主业”战略的成功体现，印证了无论传播方式如何变化，有质地、有情感、接地气的新闻内容仍是报纸的根基。同时，这本书也体现了鲜明的南方视角：以高度的政治觉悟和时代责任感，自觉履行新闻工作者的使命。既高屋建瓴，又掷地有声；既主题宏大，又切口细微；既回顾过去，又观照当下。可以说，系列报道和这本书，是新闻专业主义的典范，也是践行群众路线和“走转改”的典范。

目前，广东已出台全面放开本科以上学历毕业生落户限制等新措施，推动实现超大经济强镇改市，并将启动国家新型城镇化示范省创建工作，为全国新型城镇化建设提供有益经验。必须要看到，珠三角常住人口城镇化率达到 83.84%，而粤东西北地区只有 48.3%，城镇化发展的空间仍然很大。这给南方报业提出了新课题，要进一步了解省情国情，充分发挥党报集团的思想引领、舆论推动、精神激励和文化支撑作用，关注珠三角和全省的新型城镇化。

推进新型城镇化，是全面深化改革的重要内容，是一项伟大的创新事业。南方报业将以高度的责任感和强烈的使命感，继续参与其中，深刻认识城镇化发展的大趋势，深刻认识推进城镇化对广东发展全局的重要意义，为广东实现“三个定位，两个率先”的总目标而不懈努力。

是为序。

2014 年 12 月 17 日

（作者系广东省委宣传部副部长，南方报业传媒集团党委书记、管委会主任）

序二

务实、尊重规律，珠三角城镇化的路径选择

李铁

从 20 世纪 80 年代起，我在中央农研室工作，因农村调查，到过珠三角许多次。我记得那时候不仅仅是珠三角，全国经济发展最快的五个省份——广东、浙江、江苏、山东和福建，经济总量的百分之七十都在县以下，原因在于乡镇企业。当然珠三角的乡镇企业以外向型为主，所谓“三来一补”是区别于长三角和环渤海的广东特色。因为有了乡镇企业，我们才开始见识到小城镇的发展，尽管那个时候城镇化的提法仍然是理论探讨的一个禁区。可以说，没有乡镇企业的发展，就没有乡镇财政的积累，也就没有珠三角小城镇蓬勃发展的势头，所谓的珠三角城镇化进程也就无从谈起。

城镇化是农村人口进入城镇的过程。在世界上普遍称为城市化，因为国际上的城市没有大小之分。而在中国，由于城市的设置要经过严格的行政管理和审批程序，数量极少。然而，真正与农村有着天然联系的是乡镇，乡镇企业生于此。人口从农业就业伴随着乡镇企业的发展转向了非农就业，虽然在空间上向乡镇所在地的小城镇聚集有一个过程，但毕竟在三十年内，这个转移过程基本上实现了，也就意味着珠三角的城镇化进程已经达到了一个新的起点。令人感到非常欣慰的是，南方报业传媒集团在进行城镇化跟踪报道时，抓住了珠三角城镇化进程的主体，即无数个乡镇企业和小城镇生长、发育以及逐步成熟的进程。因为小城镇承载着本地农村人口和外来人口聚集而成的就业大军，而他们已经是珠三角城镇化人口最重要的组成部分。成就在这里，未来的问题也集中在这里。

研究珠三角的城镇化进程，离不开一些最主要的问题：是什么促进了乡镇企业的高速增长？为什么在珠三角的小城镇如此发育？而且在众多决策者心目中，存在的问题多多。其实在改革开放政策的推动下，能够使得城镇化在小城镇这个载体上迅速发育，还是根源于特殊体制条件下的低成本过程。如果没有集体经济充分地利用廉价的土地优势，通过租赁厂房与外资、港资合作，就没有珠三角的今天。廉价的土地吸引了大量的投资者，同时也带来了大量的外来劳动力，他们从珠三角外纷纷来到了这里，图的是工资收入远远高于农业收入。虽然劳动力成本廉价，但是与过去微薄的农业收入比起来，已经是非常重要的转变和提升。从这里可看出工业发展的低成本优势源自于土地的廉价。这种土地制度的优势，可能有远离于中央政府管制的原因，也有当地政府对于长期落后的广东沿海地区所给予的政策宽松条件，当然更离不开珠三角的农村集体经济组织的管理者在改革开放浪潮下勇于突破传统体制的胆识和魄力。我们回过头看，现在珠三角农村的用地形式，在法律上可能还是存在着“违规”，已经安置了大量农民工的出租房，在用地性质上可能无法给予明确的认定，尽管当地农民已经充分地体验到所谓宅基地的财产性收益为自己带来的好处，充分地探索了集体土地作为厂房租赁出去给农民带来的各种股份制收益，而这些已经是农村集体经济组织下农民的主要收益来源。我们在曾经的调查中，还为这种财产性收益的认定是否为劳动所得而担忧，而到今天，这已经成为一种普遍性的规则。从这里看，土地低成本产生的优势，带来了劳动力的低成本，使得珠三角迅速地在一个痛并快乐着的过程中走向了沿海发达地区领先的行列，在这种特殊的制度条件下为城镇化进程奠定了最好的基础。

当我们还在为珠三角农民的身份而纠结时，其实城镇化任务的完成已经在以下几个方面充分显现出来：一是大部分农民已经远离了农业产业；二是农业所占的比重已经到了个位数甚至更低；三是原来的土地大多已经转向了非农用地；四是我们在法律上认定的农村集体土地实际上是已经城镇化的一部分社区拥有的土地；五是这里所谓的农民其实早就是仍然保留集体土地所有权的城镇居民。从这个意义上看，城镇化的认定，已经完全超出了传统意义上的农民和市民之分，而是在现今制度条件下对历史身份的认定，即如何承认既成事实而重新界定。

本地农民的城镇化已经基本完成，而外来人口基本上已经被统计为城镇居民，并且为珠三角城镇化水平的提高做出了统计上的贡献。然而，这种低成本的发展过程，虽然已经完成了珠三角的城镇化，但是仍然面临着新的挑战。

低成本发展的时代随着土地成本的大幅度提高已经成为了过去。当经济高速增长伴随着收入增长的同时，过去的集体土地所有者对于征地的模式和占地的模式都有了新的理解。低价征地已经不可持续，意味着农民对自己土地权利的珍视。低价、粗放的用地模式和廉价的出租厂房显然已经成为了过去，提高土地利用效率已经成为这些土地所有者的共识。因此，无论是政府还是集体土地所有者，都在面临着转型的考验，但是如何转型还是受到了传统的用地模式和制度的约束。在这里，过于分散的企业分布和人口社区分布，已经严重阻碍了土地价值的提升，毕竟高密度的城市发展道路才可能使土地从工业用地向服务业用地转换，实现最大的价值提升空间。在征地和管理模式中，制度也限制着集体土地所有者自行对土地利用进行置换，因为国有的征地过程对集体用地实现价值转换，仍然是主要的约束条件。农村集体土地的自行开发，还受到了规划的约束，城里人特别是“理想主义”的规划师们，极其不认可当地农村集体土地所有者的土地开发过程，认为是对视觉的破坏。所以在评价珠三角城镇化进程时，要看到多重因素的制约使得用地制度改革远远落后于现实。

看珠三角的城镇化真的不能只看到广州、深圳、佛山等大城市主城区，而真正带来农村人口向城镇集中，容纳了更多的外来人口打工的地方，基本还是小城镇和已经行政划转为城市社区的原乡镇。当我们从广州伸展到珠三角各地的高速公路沿途向两边看去，似乎这里的城镇化仍然是原始的状态，所谓的“村村像城镇，镇镇像农村”依然是这里大面积城镇化的写照。原来低价出让的大量厂房鳞次栉比地在高速公路两旁林立，农民的出租房仍然显现出一片“乱象”。如果与大城市的主城区相比，可能在管理者和决策者的印象中，这里仍然是农村。其实，这就是正在发育和成长的城市，也是高速城镇化进程中最合理的过渡中的城市。无论是在日本、韩国还是中国台湾地区，城市化进程中这种所谓的“乱象”都是必然经历的过程，而且到现在仍然没有发生改变。但是在这种“乱”之中，我们看到了产权的作用，看到了服务业发育的制度基础，看到了居民在城市视觉和方便之间所作出的选择。

珠三角的城镇化还有一个仍未化解的难题：大量的外来劳动力在城镇化过程中的地位如何确定，他们如何能够在新型城镇化规划和政策中，享受到与当地居民同等的公共服务水平。确实，珠三角面临的压力远大于内地多数省份，如此巨大的外来人口群体，如果真是要转化为本地人口，会带来非常深远的经济和社会的变化，也会招致当地居民对政策的抵触。其实，政策的稳步有序推进应该和产业调整有机地结合起来。低成本的工业化依赖路径在向服务业转变过程中，人口结构的调整会自动发生。这里既有劳动力成本上升的倒逼机制，也有资本和技术密集型的“机器换人”的替代机制，更有传统工业被淘汰出局的更新机制。但是无论如何，面对外来人口应采取更加开放和公平的政策，在珠三角推进城镇化政策中还是需要有更大的包容。

珠三角的城镇化三十年，为全国城镇化改革和发展提供了最好的探索和经验借鉴：不在于城市建设得是否漂亮，不在于GDP增长速度有多高，而在于务实的精神和态度；在尊重集体经济组织和农民的土地权益中，或者是在城镇化发展的形态中，顺其自然，尊重经济规律和城市发展规律，从低成本的发展路径，向创新和结构调整转型，应该是合理的选择。

2014 年 12 月 17 日

（作者系国家发改委城市和小城镇改革发展中心主任）

变迁

|编年史第二部| **千帆竞渡　鬻地为舟**

（1992—2004）

| 编年史第三部 | **产业平衡　落地生根**

（2004—2014）

综述

城镇化的意义：沟通城乡

过往30年间，伴随着城镇崛起，劳动力从乡村转移至城市，改变了华夏大地的城乡格局，也改变了许多中国人的生活方式。风起于青蘋之末，城镇化大潮从微细之处源发。得改革风气之先的珠三角地区，不啻为全国城镇化发轫之地。几百个小城镇的崛起，构成了珠三角30年城镇化进程的主体。回眸30年珠三角城镇化的进程，可见城镇化绝非只是高楼大厦的冒起，而是人口和生产要素得以在城市和农村自由流动的发展进程。

一、理论准备

当下，“新型城镇化”屡被提及，被寄予维系经济增长的厚望。“城镇化”源于何处？回望历史，1984年对于城镇化大发展是个重要节点。1984年11月22日，国务院同意民政部《关于调整建镇标准的报告》。国务院放宽建镇标准，全国城镇数量迅速增加，珠三角建制镇的数量从 1983 年的 32 个逐步增加到现在的 420 个。同年，国务院还下发了《关于农民进入集镇落户问题的通知》。

国家具有明确主观策略意义的城镇化举措首次施行，国家改革的重点从农村转向城市。屈指算来，自 1984 年到 2014 年正好 30 年。30 年之后，城镇化再次成为国家方略中的重要战略。

新型城镇化，先解决“什么是城镇化”的问题。最早提出城镇化理论的城市学家之一、英国的埃比尼泽・霍华德在其 1898 年的著作《明日的田园城市》一书中提及，要建设一种兼有城市和乡村优点的理想“田园城市”。后来发展的城市化理论也多从城市与乡村、工业与农业的关系中论述城镇化。在 20 世纪 60 年代的理论研究中，多偏向“城市中心”，如“刘易斯—拉尼斯—费景汉”模型，提出二元经济是发展中国家经济发展的模型，现代部门与传统部门共存，加速城市发展、工业增长必然会导致剩余劳动力、资源、资金从农村农业部门转移到城市工业部门。

20 世纪 70 年代后期以降，由于“城市中心”的理论偏向指导，发展中国家中出现剥削农业以发展工业化的政策，导致乡村阶级和城市阶级之间的冲突，资源的流向不利于乡村的发展，甚至使穷人更穷。理论界开始提出新的主张，强调城乡关系由对立走向融合。西方学界首次提出了乡村城市发展战略，通过适应地方要求与城市发展相关联，乡村的发展才可能取得最好的效果。

在中国，正是这近 30 年间，无论是学界理论、政策布局还是社会实践，城乡关系逐步由“对立”走向“融合”。

学界理论方面，中国著名社会学家、人类学家费孝通在1983年《小城镇大问题》里提出，“城镇看似是城的一部分，实际上是乡的中心，是城和乡的沟通”。他在总结苏北调查的《小城镇・苏北初探》一文中，提出了通过乡镇企业发展带动城镇化的“苏南模式”。和“苏南模式”并举的，就是经济学家们提出的珠三角的“以城带乡”的城镇化模式。“苏南模式”和“珠三角模式”都代表着城乡关系融合下的城镇化发展。

不仅学界理论的变化，还有政策层面的准备也为城镇化大潮做好了铺垫。

政策层面，从计划经济时代的“人民公社运动”到“户籍制度”改革，到改革开放初期一度鼓励农民入城，再到“大力发展乡镇企业”，到20世纪90年代提出的“加快新型工业化，大力发展现代农业和城镇化建设”，到十六大提出“实施城乡统筹发展战略”，十七大再次强调“统筹城乡发展”的战略决策，到十八大的“城乡发展一体化”“全面建成小康社会”。从一系列的政策变迁中可以看出，城镇化越发强调“城乡沟通”，强调“人口和生产要素在不同城市和农村自由流动”这一城乡沟通的意义。

国民经济和社会发展五年计划（规划）是国家统领五年经济社会发展的纲领性文件。改革开放以来，城镇化及其相关工作，是历次五年计划（规划）重点关注的领域。

国家“八五”计划（1991—1995年）中首次出现“城市化”一词。“八五”计划在“城乡规划建设”一节中提出“要加强城乡建设的统筹规划。城市发展要坚持实行严格控制大城市规模、合理发展中等城市和小城市的方针，有计划地推进我国城镇化进程，并使之同国民经济协调发展”“城市新区的开发或旧区改造，要实行统一规划，进一步提高城市功能和环境质量”“乡村建设……以集镇为重点，以乡镇企业为依托，建设一批……具有地方特点的新型乡镇”等。

国家“九五”计划（1996—2000年）没有提及“城市化”或“城镇化”一词，仅在“促进区域经济协调发展”一章，强调要“正确处理全国经济发展与地区经济发展的关系，正确处理建立区域经济与发展各省、区、市积极性的关系，正确处理地区与地区之间的关系”。尤其应该注意的是，计划的“实施可持续发展战略”部分中提出“有序地发展一批小城镇，引导少数基础较好的小城镇发展成为小城市……”等内容。

国家“十五”计划（2001—2005年）对城镇化问题高度重视，专门的一章“实施城镇化战略，促进城乡共同进步”中提出“提高城镇化水平，是优化城乡经济结构，促进国民经济良性循环和社会协调发展的重大措施”，认为“我国推进城镇化的条件已渐成熟，要不失时机地实施城镇化战略”；“走符合我国国情、大中小城市和小城镇协调发展的多样化城镇化道路，逐步形成合理的城镇体系；有重点地发展小城镇，积极发展中小城市，完善区域中心城市功能，发挥大城市的辐射带动作用，引导城镇化密集区有序发展；加强城镇规划、设计、建设及综合管理，形成各具特色的城市风格，全面提高城镇管理水平”等。计划还提出了“改革城镇户籍制度”“改革完善城镇用地制度”“建立城镇建设投融资新体制”“科学制定设市设镇标准”“加强政策协调，改进城镇化宏观管理”等政策要求。对比之前的五年计划，“十五”计划中不再提“严格控制大城市规划”，这是中央正式文件对城市发展的指导原则发生了变化。随之而来的是强调“大城市的辐射带动作用引导城镇化密集区有序发展”。在这一点上，加强“城乡沟通”的重要性越来越明显。

国家“十一五”规划（2006—2010年）开始重视城镇群的作用和农民工问题的解决。如有专门的一章“促进城镇化健康发展”，其中提及要“坚持大中小城市和小城镇协调发展，提高城镇综合承载能力……积极稳妥推进城镇化，逐步改变城乡二元结构”。规划还提出要“分类引导，鼓励人口进城并转化为城市居民……把城市群作为推进城镇化的主体形态……加强城市规划建设和管理……破除城乡分割的体制障碍，深化户籍制度改革，建立健全财政、征地、行政区划设置和管理模式等配套政策”等。

国家“十二五”规划（2011—2015年）创新点在完善城市化布局和形态以及加强城镇化管理。在“促进区域协调发展，积极稳妥推进城镇化”一章中提及“科学规划城市群内各城市功能定位和产业布局，缓解特大城市中心城区压力，强化中小城市产业功能……要把符合落户条件的农业转移人口逐步转为城镇居民作为推进城镇化的重要任务……合理确定城市开发边界，提高建成区人口密度，防止特大城市面积过度扩张……预防和治理城市病”。

国家“十三五”规划正在编制中。国务院发展研究中心资源与环境政策研究所副所长李佐军在《人的城镇化，不是地的城镇化》一书中提及，十八大后，李克强总理多次讲话，将城镇化这个最大内需和改革这个最大红利结合起来，标志着这是新一轮改革的开始。“城镇化应该是消除体制和制度障碍，使人口和生产要素在不同城市和农村自由流动，通过这种流动自然形成一个城镇体系，这才是正确的方向。至于究竟以哪一类城市为主，那是由人口和生产要素在一定制度环境下自由选择的结果，没有一定之规，它在不同的发展阶段是不一样的……中国目前这个阶段，推进城镇化的重点应该是推动城镇化的改革，消除市场的障碍，而不是推动城镇化的建设，城镇化的建设应该交给市场去做……旧的城镇化道路，就是政府大拆大建，搞房地产，搞造城运动，然后大投资，追求 GDP 和财政收入，这是不对的。如果接着这个道路走下去，会是一场更大的灾难，不能再沿着这条路走了。这次中央提出推动新型城镇化，其含义包括人本城镇化、市场城镇化、文明城镇化、绿色城镇化和城乡统筹城镇化等等。”

二、乡村变革

到 1983 年，从 1978 年民间自发推动到后来自上而下推动的农村家庭联产承包责任制已在全国普遍实行。这一制度安排在促进农村经济繁荣的同时，也成为城镇化的首波“推力”，随着农村释放出大量的富余劳动力，附着于小城镇的乡镇企业成为经济发展的重要力量。据统计资料，1984 年，全国乡镇企业的个数为 606 万个，吸收非农产业就业人数为 5208 万人，占全国非农产业就业比重的 30.1%。

1984 年间，国家改革的重点从乡村转向城市，通过户籍、城镇建设等一系列政策的放松，城镇数量得到了极大的增长。

1984 年，国家改革的重点是国务院放宽建镇标准，全国城镇数量迅速增加，建制镇的数量从 1983 年的 2786 个猛增到 6211 个，一年内新增的数量超过了 30 年来建制镇数量的总和。而在珠三角，建制镇的数量从 1983 年的 32 个逐步增加到现在的 420 个，城市数量则从 5 个增加到 25 个（包括县级市）。与此同时，“珠三角”这个概念也在变迁中，1985 年确定的珠江三角洲经济开发区不过 4 市 12 县，2008 年国务院批复《珠江三角洲地区改革发展规划纲要（2008—2020）》的范围已经扩大到珠三角 9 个地级以上市。

1984 年，国务院下发了《关于农民进入集镇落户问题的通知》，规定“凡申请到集镇务工、经商、从事服务业的农民和家属，在集镇有固定住所，有经营能力，或在乡镇企事业单位长期务工的，公安部门应准予落实常住户口……统计为非农业户口”。这是政府层面对农村人口流入城镇的第一次肯定和认可。后在 20 世纪 80 年代中期，中央再发布规定，要求所有在城市地区居住六个月以上、年满 16 周岁的流动人口申请暂住证。这一政策的意义在于，农村居民在法律上被允许到外地务工居住。

这次对珠三角城镇化 30 年建设史的整理，以 1984 年作为开端。在珠三角，“珠江水、广东粮、岭南衣”崭露头角，资源和劳动密集型轻工业最初是以食品、饮料、服装、自行车、手表、缝纫机加工制造业为代表。到 20 世纪 80 年代中后期，家用电器与装饰材料行业的冒起，又带动了第二波专业镇的发展。

1984 年 12 月 26 日，广东省委、省政府向中央报送《关于珠三角经济开发区的初步意见》，标志着广东省的城镇企业由窗口试点向区域全面开放铺开，香港的劳动密集型加工业转移到广东，极大加快了珠三角的城镇化进程。城镇人口迅速增加，据《珠江三角洲城市群发展规划（1995—2010）》披露的数字，到 1993 年初，珠三角城镇总人口达 877.6 万，城镇化水平为 42.7%，比全省平均水平高出 13.7 个百分点，比全国平均水平高出 21.7 个百分点。

1984—1992年，农村富余劳动力进入乡镇企业、外出务工等，促进了城镇的发展。乡镇企业发轫之端，珠三角各地已有积极动作。如当年东莞一些村集体，为了腾出更多土地从事工业生产，通过上报虚高的农业单亩产量，瞒报土地用途变更，在向上级缴纳的统征粮不变的情况下，腾出土地开厂办企业。又如南海早期的股份合作，都需要为政者放开思路。又如江门，一些技术人才通过积攒资本，设立小作坊承接来自“三来一补”“大进大出”的加工贸易订单，跻身创业者的行列。

国家统计数据也见证了乡村面貌的变迁。以推动城乡经济互动的第三产业为例，1985—1992年，第三产业占GDP的比重由24.5%提高到了34.3%，就业人数由8359万增加到了1.3亿。非农领域就业规模的扩大，也为紧接下来的城市扩张埋下了伏笔。

三、城市扩张

1992 年是一个重要的时间节点。这一年邓小平视察南方，给一度停滞的中国改革带来新的活力。全球第二波资本转移，珠三角城镇被纳入全球化链条，工业区遍地开花。回望 1992 年后的十余年间，离不开一个关键词——土地。1992 年，邓小平南方谈话后，仅 1992 年至 1993 年这一年间，全国设立县级以上开发区 6000 多个，占地 1.5 万平方公里，比当时城市建设总用地面积还多 0.16 万平方公里。这只是土地开发大潮的序幕。

最初发展过程中，城镇没有全面纳入统一规划的要求，随着各地乡镇企业的发展，逐渐进入无序、无配套的状态。随着国家“八五”计划（1991—1995 年）提出的“城市新区的开发或旧区改造，要实行统一规划，进一步提高城市功能和环境质量”，开发区、工业区的设立，让乡镇企业的发展得到进一步规范，从政府政策层面也给予了更多配套建设，使无序状态得到抑制。

由于开发区、工业区的定位与发展水平的错位，政府政策层面的决策失误、缺少长远眼光的规划等因素，开发区的发展并非一帆风顺。据《“十二五”中国城镇化发展战略研究报告》，珠三角 GDP 每增加 1 个百分点，需要消耗耕地 5.08 万亩。部分地方城镇化发展后劲不足，修了机场没有飞机，“七通一平”圈地运动后却招不来商等情况屡见不鲜，造成巨大的浪费。

不久后，市场经济体制确立，土地市场随之建立。1993 年前后，土地出让开始推行招拍挂制度；1998 年起，国家为了应对亚洲金融风暴对国内经济的影响，调动民间资本，启动了住房货币化改革，停止福利分房，巨大的房地产市场由此诞生。

这一阶段，土地成为城乡之间“交流”的主体，但处理方式各有不同。江门里村 20 世纪 90 年代在村委会主持下“讨回”的一块 120 亩土地，在 2010 年时拍出了 1.44 亿元，成为该村后续发展的保障之一。深圳南岭村则是依靠村规民约绑定集体经济分红，推进村民融入城市，实现“市民化”。

三水布心村则是另一极端的例子，在 1992 年村民变成城市居民后的 20 年间，布心村出现了奇异的发展停滞：没有一条水泥路，没建一栋新楼，没有一个公共电话亭，没有一盏路灯，迟迟难以实现“人”的城镇化。

被卷入土地开发大潮的珠海三灶和惠州大亚湾，当年通过全国招商引资开发，在 1993 年首次房地产调控下泡沫破灭。珠海三灶如今仍然要地方政府分期偿还当年债务，大亚湾虽然有石化大项目的进驻已经恢复元气，但“空城”的帽子暂时还戴在头上。

除了土地以外，进入 1992 年之后，党的十四大确立建立社会主义市场经济体制，使私营企业、中小外资企业大量崛起，依托于早期社队企业、乡镇企业建立的初步专业镇格局，自此珠三角产业群进入了快速发展阶段。相关统计数据表明，1998 年，珠三角地区有 100 个镇已经形成明显的聚集现象，约占全部建制镇的 25%，这些专业镇的产业集群规模一般都超过 20 亿元，甚至超过 100 亿元，其产品在全省乃至全国市场的占有率在 20%—30% 之间，多者达 50% 以上。

这时期的珠三角，创造出了“珠三角模式”的产业集群方式，即通过产业积聚带动人口积聚，进而实现城市周边地区快速发展的模式，乡镇企业和民营企业集中的中心镇是发展的最大依托。在产业集群快速发展阶段，政府也参与其中并发挥积极作用，促进产业集群对地方经济的反哺。专业市场逐步建立，会展经济同期发展，政府主导的创新平台有力支持。以中山古镇为例，目前古镇有 10 余家大型灯饰批发市场，每年两场会展，镇政府大力支持，鼓励人才落户，推进了品牌的形成。最早的批发市场、会展，地方配套基础设施也带动了城镇化的发展。

当产业集群形成后，两拨人几乎同时出现城镇化意识觉醒。一是乡镇企业开始着眼产权改革、企业转制，尤以顺德北滘为典型，当地大部分乡镇企业家对改革充满期待，何享健、杨国强是其中积极性最高的两位。回头再看，他们都已是位列百亿富豪榜的企业家。二是农村人出现了城市人的冲动。顺德几乎所有法定的“村”一夜之间都变成了“管理区”。而在南海下柏村，当地人发明的“土地股份所有制”如星火燎原，南粤大地成长起数百万股东。土地股份合作制的推行，实现了土地与资本的结合，满足了工业化、城市化规模用地的需求，也刺激了更多有分红的农民投身第二、第三产业，旧村从此换新颜。再加上外来人口不断涌进、融入，一个个新城镇也因此生成。

四、转型发展

珠三角城镇化的前两个阶段，城镇化主要承受着来自两方面的压力，一是城乡统筹问题，二是区域协调发展。这两方面既是珠三角城镇化发展的压力，也是动力。第三阶段与前两个阶段的不同，主要在于城镇化发展到一定阶段后，需要面对投资主导型城镇化环境成本过高、社会成本过高两方面的新压力。

环境成本方面，根据《中国环境与发展国际合作委员会报告（2009）》，2004 年中国出口商品消耗的能源总量约占中国能源消耗总量的 25%，而进口商品所占的能源总量仅占到当年能源需求的 10%。如果以能源消耗换取经济增长的模式继续下去，中国城镇化的快速发展将对全球环境造成巨大压力。

社会成本方面，2004 年以来，珠三角城镇化的最大特色在于珠三角一体化进程明显加快，同时，珠三角各城出现了差异化发展格局。在这一年，“民工荒”一词开始见诸媒体。以劳动密集型产业带动的城镇化所依靠的人口红利是否要终结，开始成为一个命题。“外来务工人员”自此成为热门话题，各地开始关注土地城镇化之后，提高入城农民的生活质量。同时，城镇化高速发展过程中，公共危机隐现，如番禺的垃圾焚烧厂争端，如众多城市中出现的城管和摊贩的矛盾，如地方政府强制拆迁、大城市房价持续上涨、土地财政等。

环境成本过高指向产业转型，社会成本过高指向人的城镇化。这是近 10 年来珠三角城镇化发展中的关键词。

产业转型与人的城镇化往往是一个问题的一体两面。正如新加坡国立大学房地产研究所的符育明提出的观点，改革开放以来珠三角城市利用地理和政策优势，融入国际产业链后，成为全球重要制造业基地。但由于这些农村劳动力没有城市身份，失去在城市享受教育和社会福利的机会，无法形成具有规模性的人力资本。在 2008 年的金融危机后，珠三角城市的产业升级、技术创新、吸引人才的优势有所下降。

产业转型方面，中国加入WTO的一些后续效应也开始逐步显现。从2005年开始，人民币面临升值压力，出口贸易受影响，原材料成本开始上升，《劳动合同法》开始施行，官方开始高调提出产业升级转型，淘汰落后产业，企业外迁被广为关注，“新生代农民工”一词开始出现，本外之争、权利意识、融入城市、户籍制度、劳资纠纷、群体事件、社会治安、环境污染、村民自治、村镇负债，这些词语开始成为热点话题。同时土地红利日益枯竭，传统增长方式难以为继。2008年以来国际金融危机爆发，国家对转变发展方式、扩大内需、构筑更加均衡的发展模式空前重视，国土开发向纵深发展，新的增长极不断形成，中央和地方利益诉求呈现出新的特点。

人的城镇化方面，根据《珠江三角洲地区改革发展规划纲要（2008—2020）》制定的目标，需要逐步推进教育、医疗卫生、保障性住房、就业和社会保障体系的建立。这些目标意味着必须将原有的社会福利与保障供给制度进行重构。《中国发展报告（2010）》测算，每个农民工纳入社会保障体系的最低成本为 10 万元。珠三角需要解决的农民工数量为 2500 万人，即 2.5 万亿元。这些都迫切需要珠三角在城镇化方面有新的创新。

实际上，在珠三角城镇化的过程当中，土地城镇化包括由土地城镇化带来的人口名义城镇化大大早于人口生活质量城镇化过程。由于“村改居”，被纳入城镇户口的村民随着身份的改变，部分城镇化的人口继续享受土地红利，但更多的城镇化人口失去了对土地的控制权，更重视起民生诉求。

2004年以来，珠三角各城大力推进交通基础设施建设，高速公路、轻轨、地铁的连接大大方便了相互间的往来。银行、证券、保险、评估、会计、法律、教育、医疗等领域的相互合作，医保、社保、通信等民生事项的发展，为一体化提供了支持和便利。一些原本属于城镇化边缘地带的乡镇也纳入了“城”的范围。这是另一类的造城运动，这些乡镇的新移民往往是在大城市工作的人员，他们的到来，给这些乡镇带来管理思想的变化。例如广州华南板块和以金沙洲为代表的同城化区域的发展，不仅是地理意义上城镇化的蔓延，也带来小区业主自治等社会治理层面的城镇化。这种现象在珠三角九个城市都有案例，也促进了民生诉求的进一步深入人心。

民生诉求主要在于对社会保障制度、环境保护、土地利益的迫切需求；与此同时，由于“村改居”、镇改街，城镇化过程对农民的生活方式也带来了较大的变迁。从城市角度来看，20世纪90年代及21世纪初，国有企业改革后，城市大量的下岗和失业职工给城市的稳定和发展带来了巨大的挑战，急需新型的再就业政策与脱离企业身份的社会保障制度。几方面的因素相结合，促进了新一轮基层管治架构的改革。

体制方面的改革加速。村民诉求增加，外来人口增多，集体资产增长，原有的大包干式的村委会显然已不能适应社会发展的要求。村委会改组为居委会，提供社区服务。

论及新型城镇化，李克强总理提出“让居民望得见山，看得见水，记得住乡愁”。城镇化不仅指向高楼、大厦、钢筋水泥，城乡沟通，促使人口和生产要素在不同城市和农村自由流动才是城镇化的目的。

1984—1992

编年史第一部

百舸争流　自然生长

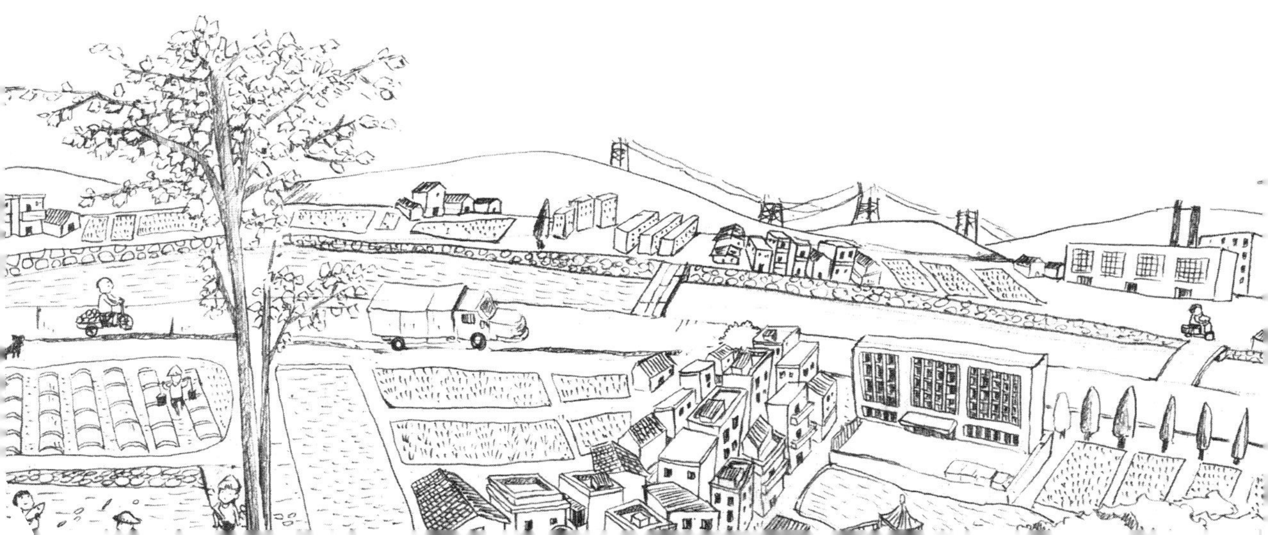

开篇语

1984 年春节过后不久在南海获得开办五金厂个体户牌照的徐才、20 世纪 80 年代初在东莞投资建厂的香港张氏兄弟、因为从北京化工厂采购原料然后销售，被省市化工原料公司以“投机倒把”为由向化工部告状的孔繁波等，他们都经历了同一个时代，1984 年至 1992 年，珠三角城镇化发展的“自然生长”时代。

在中国，从没有哪个时代能和过去 30 多年的变迁相提并论：狂飙突进的造城运动和前所未有的劳动力迁徙，让中国的城镇人口在 2011 年历史性地超过了乡村人口。风起于青蘋之末，城镇化大潮从微细之处源发。得改革风气之先的珠三角地区，无疑是全国城镇化发轫之地。1984 年至 1992 年间，几百个小城镇的崛起，构成了珠三角 30 年城镇化进程的主体。在这里，每一个城镇都有其光芒，有其独特的故事。

1984 年至 1992 年，这段时间可以说是珠三角城镇化的起步期，各地凭着最朴素的思维和冲动，就地取材，因势利导，摸索到各自不同的发展路径。也是在此期间，1987 年，新华社报道首次提到“广东四小虎”的说法，珠三角镇域经济发展开始被广为关注，并被与“苏南模式”广为对比。此时呈现的还是一种“自下而上”的城镇化。

自下而上的首波推力来自农村的改革。1978 年以来的农村家庭联产承包责任制，促进了农村经济的繁荣，释放了大量的农村富余劳动力。与此同时，附着于小城镇的乡镇企业成为经济发展的重要力量。据有关统计，1984 年，全国乡镇企业总数增加到 606 万个，吸收非农产业就业人数 5208 万人，占全国非农产业就业比重的 30.1%。在珠三角，“珠江水、广东粮、岭南衣”崭露头角，资源和劳动密集型轻工业最初是以食品、饮料、服装、自行车、手表、缝纫机加工制造业为代表，到 20 世纪 80 年代中后期，家用电器与装饰材料行业的冒起，又带动了第二波专业镇的发展。

解放富余劳动力过程中，让人印象最深刻的是各地的“土政策”。南海大沥的“民间贺富”，东莞黄江的经济农业“偷种橙树”，顺德容桂的“三来一补”，中山靠国企带动中小企业发展，江门司前的“拆战斗机”，珠海三灶大力发展房地产，深圳渔民新村靠运输业和租房经济起步，广州南华西靠调配全国资源起家。可以看出，那个年代的各个城镇的发展各有特色，各自有各自的“土政策”。这些土政策有些成为后来推广至全国的大政策，如“三来一补”、经济农业。有的则在调控的时代潮流中一时兴衰，如最早的房地产过热在宏观调控中一蹶不振。通过联营调配全国物资的销售网络，在全国商品经济迅速发展的大潮下，也难再独步天下。

当下人们所熟知的华夏大地城乡格局，其雏形正是 1984 年至 1992 年间伴随着劳动力从乡村转移至城市的城镇崛起，当年的变革不仅仅支撑了珠三角的经济增长，更深刻改变了珠三角乃至全国许多人的生活方式。

南海大沥：马路起步　民间“造”城

关键词　大规模民间“造”城

20 世纪 80 年代初，社会上“姓资姓社”的争论还没结束，南海率先给个体户批出经营五金牌照，当地政界连年向“万元户”“贺富”，掀起了全民奔富的浪潮。到 20 世纪 80 年代末，大沥镇政府提出修建 38 条路。路建起来，两边也陆续盖起工厂、商铺、专业市场，大沥城区快速发展起来。城镇化初期，各地凭着最朴素的思维和冲动，就地取材，因势利导，在摸索产业发展从农业步入工业，进而推动由乡入城的发展路径中，大沥是个带头冲锋的“勇士”。

1982 年，当南海县人均收入已经超过 400 元，成为全国首富县时，大沥当时的城区面积只有 0.3 平方公里。

当年《人民日报》发表系列报道介绍南海致富经验，多是介绍其农业副业发展。然而真正改变南海面貌和当地人生活的，是伴随着全民奔富的热情而来的大规模民间“造”城。

在珠三角城镇发展史上，大沥是个带头冲锋的“勇士”。20 世纪 80 年代末，大沥镇政府提出修建 38 条路。路建起来，两边也陆续盖起工厂、商铺、专业市场，大沥城

| 广佛路早期（大沥镇政府 供图）

区才真正快速发展起来。

大沥在享受拔得头筹的胜利的同时，也因披荆斩棘而浑身是伤。由于缺乏前期长远的规划控制，大沥城区发展犹如脱缰野马横冲直撞，也造成了如今“城不像城，村不像村”的尴尬局面，后来更被桂城这样的城镇化后起之秀赶超。

在珠三角城镇发展史上，大沥是个样本，但绝对不是一个孤本。

书记贺富

官员领队给“万元户”“贺富”，在南海持续了三年多。当时社会上“姓资姓社”的争论还没结束，南海此举可谓大胆，梁广大也被人取了个外号“梁胆大”。

准是有人“庇护”了徐才，因为1984年春节过后不久，他居然拿到了开办五金厂的个体户牌照。

| 广佛路今貌（张明术　摄）

1984 年至 1992 年是珠三角城镇化的起步期，各地凭着最朴素的思维和冲动，就地取材，因势利导，摸索产业发展从农业步入工业，进而推动由乡入城的发展路径。南海早期的发展路径，最大的特点就是重拾了五金“老本行”，南海主政者营造的宽松的政治环境，为重拾“老本行”保驾护航。

南海丹灶人徐才后来才知道，他所在公社为了批准这个个体户牌照，开了一整天的会。会上争论不断，反对的人说：“给徐才批了这个牌照，以后就得全面放开了。”牌照事关重大，虽然已是 1984 年，但搞了多年阶级斗争，很多人都还担心“秋后算账”。大沥麦边村村民张志华还记得，20 世纪 80 年代初的一天，他发现村里有个年轻人白天在工厂上班，晚上却暗地召集两三个工人开作坊。一台冲床，只做电缆里的铜线零件。村里人暗暗称奇：“这个人胆子真够大的，不怕被批斗吗？”

“牌照是最难搞掂的，当时还没有个体搞工厂。”徐才回忆。徐才曾参与创办南沙村第一家五金厂。1983 年，村里将五金厂承包给私人，徐才自己跑到外面承包了一个五金厂，短短10个月就赚了几万元。1984年春节过后，公社干部劝徐才回村里来做，徐才提出了两个要求，一是牌照，二是厂房。

当地主政者对“先富起来”的一拨人的“庇护”，其实早在20世纪80年代初就已逐渐显现了。1981年春节，南沙村村头响起了喧天锣鼓声，时任南海县委书记梁广大带队抬来6头烧猪、10坛美酒，乐呵呵地“祝富贺富”来了。当晚，他们带着100万响的鞭炮和烟花燃放了半个多小时，庆功宴一直摆到大街上。

这样的“贺富”，在南海持续了3年多。时任大沥镇镇长炳叔，也曾带队对大沥的第一个“万元户”“贺富”。1983年初，南海县委、县政府专门下发红头文件，表彰600名专业户、重点户。当年1月24日，南海先富起来的“万元户”们，在政府门前合影，接受表彰，还获颁“劳动致富，富裕光荣”的大奖状。当时社会上“姓资姓社”的争论还没结束，南海此举可谓大胆，梁广大也被人取了个外号“梁胆大”。

全民奔富

当年很多人说大沥本不应是一片农田这副模样。大沥位于佛山市南海区东部，与广州荔湾、白云接壤，交通位置显要。因得天独厚的地理位置，南海县一度想在此建新县城。

在当地政府的“庇护”下，“全民奔富”的氛围在南海渐渐形成。

在外人看来，当时南海的“全民奔富”极富震撼力。“我还在云南上学时，有次去看露天电影，电影介绍的就是南海盐步（后属大沥镇管辖）农民如何致富的，画面中鸡鸭鹅成群。你想想，我远在云南都能看到南海的宣传片，南海当时的影响该有多大？”南海区委副秘书长谢晓云说。

谢晓云回忆中的1980年的南海以鸡鸭成群享誉云南，大沥当时却是一片农田。很多人说大沥本不应是这副模样的。大沥位于佛山市南海区东部，与广州荔湾、白云接壤，交通位置显要，广佛公路与广云（浮）公路在大沥分开两路，多年来是广州前往佛山、云浮、广西等地的必经之路。因为得天独厚的地理位置，南海县一度设想在此建新县城。城镇化专家们将1958—1978年这段时期，视作中国城镇化停滞期。大

| 20 世纪 80 年代初，南海西樵山远眺（蒙敏生 /FOTOE　供图）

沥也不外如是。

1980 年，南海人均收入已达到 300 元，到 1982 年已超 400 元，成为全国首富县，其致富的速度还惊动了中央，《人民日报》发表系列报道介绍南海致富经验，并发表评论号召全国学习。

1973 年，一个头扎白羊肚毛巾、穿着对襟上装的山西老农，在大沥转了一天后不无羡慕地说，“你们这里山上银行，山下粮仓，比山西好”。

40 年过去了，当年陪同过这位山西老农的炳叔，做过大队、公社干部，退休前曾任大沥镇镇长，如今已年过八旬。他说：“我们这地方算得上地肥水美，连陈永贵都夸比山西好。”原来那位山西老农，就是时任国务院副总理陈永贵。

陈永贵所说的“山上银行，山下粮仓”，在如今当地老人们的记忆中，无非是除却年年高产但交了公粮就不够吃的农田，还有一条小小的兴隆老街。这条不到 300 米长的泥泞路上，街边多是低矮民房，街上只有一间小百货公司和一个猪肉铺，且全要凭票供应。

五金崛起

五金业的崛起，离不开当地的政策背景。富余农村劳动力撬动城镇化发展，是20世纪80年代珠三角城镇化的概念和模式初步建立的一大特征。

就在国内许多地方非公有制经济仍受政策歧视时，南海包容的政策环境推动小五金、小化工、小塑料、小加工、小冶炼等乡镇企业在大沥大量涌现。1984年底，大沥人邝锦华、梁灼林等投资150万元开办了大沥第一家铝材厂——谢边铝型材厂，这也是当时全国仅有的几家铝型材厂之一。之后，铝型材及相关行业企业在当地如雨后春笋般成长起来。

五金业的崛起，离不开当地的政策背景。1982年推行的家庭联产承包责任制解放了农村劳动力，一大批人抽身去了其他产业。富余农村劳动力撬动城镇化发展，是20世纪80年代珠三角城镇化的概念和模式初步建立的一大特征。当时，全国范围的大规模的人口迁徙尚未出现。1984年，珠三角有30万打工者，但是大多属于“进厂不进城，离土不离乡”的广东本土居民。

大沥附近的里水村民李兴浩，高中毕业后在家干了10年农活。1982年，他卖冰棍赚了几百元，就用这笔钱开了家抹布厂，赚钱后又开了家服装厂，之后又做过五金、空调维修……这些看似琐碎的尝试，为他日后的“志高空调王国”积攒了原始资本。

民间创富的能力一旦释放，能量不可限量。据《大沥街道志》记载，1979年，大沥居民储蓄存款只有607万元，一年后增至1020万元，增加近一倍。

与此同时，大沥20公里外的小塘南沙大队（现丹灶镇南沙村）当时更成为全县首富，村民大胆搞副业，织箩、运输、建筑，尤其是大队的五金厂，创造了村里七成的财富。据记载，南沙村1980年的年终分配，社员人均年收入达500元，并涌现出20个“万元户”。

纵观那个时代留下来的记录，我们很容易发现“五金”一词反复出现。“这不过是大沥人做回了老本行。”炳叔回忆，大沥有色金属加工业历史悠久，早在解放前，就有大沥人在广州、香港等地从事小冶炼、压铸等有色金属加工。解放后，广州原来的金属街关闭，大量技术工人及家属散落在临近广州的大沥。而在20世纪六七十年代，广州原来的队办企业扩大生产，诸如电镀、冶炼等环节也曾放在大沥。因而改革开放后，大沥有色金属深加工业如雨后春笋般蓬勃发展，铝型材行业更成为其中的主导行业。

1984年，南海县委、县政府提出“国营、集体、个体经济一起上”，县、公社、村、生产队、个体、联合体企业“6个轮子一起转”的发展策略，使南海步入一个以五金业为代表的中小企业崛起时代。

马路经济

20世纪80年代末，大沥镇政府提出修建38条路。路建起来，两边也陆续盖起工厂、商铺、专业市场，大沥城区才真正快速发展起来。

经济腾飞的同时，大沥停滞了数十年的城镇化步伐也在加速。1983年7月，南海县出台“四给”措施——给钱、给权、给地、给企业，加快农村小墟镇建设。“给地”，意味着政府开始主导城区扩建。

时任大沥镇委书记冯灿荣还记得，当时狭小的大沥城区被农田“包围”着，要进行城镇建设，发展工业，就要征地。

1984年，大沥沿着广佛公路（325国道一部分）周边征地300亩，用来建商铺、私人住宅和工厂。

当时，广佛之间还未通高速，广佛公路是来往两地的必经之路。来自四川、广西、重庆甚至海南的汽车，都得通过广佛公路前往广州，大沥成了广佛之间最重要的节点之一。在那个物资奇缺的年代，从外地来的卡车司机们在广州卸完货，为了不空载，大都喜欢在经过大沥时拉点货物带回去。

而大沥人似乎从来都知道什么好卖。

黎绍英于1985年上任大沥供销社（后改为大沥供销企业集团）后，第一件事就是开摩托车门店。“政策放宽了，大家慢慢有了钱。当时我们有间华侨商店，华侨每人有一个指标，就是可从外面带辆摩托车回来。华侨商店向他们收购的摩托车，一放到店里很快就被买走。”

1988年，他召集底下13家分公司负责人开会，要求每家分公司都开一家摩托车门店。一开始大家有顾虑，“结果生意好得不得了，最高峰时门店达到35家，光嘉陵这一个牌子的摩托在一年就卖出1万台”。

其他人见有利可图，也纷纷开起摩托车门店。一时间，大沥成为远近闻名的摩托车交易集散地，广西、湖南等周边省区的人都过来批发。

当地人还记得，那时大沥这16.5公里长的广佛路成了一个全国货物集散地。进入20世纪90年代，改造成水泥路后的广佛公路变得更加繁忙，货车总能把整条路塞满，严重时车龙直接塞到广州。

而后，类似这样依托广佛公路而发展起来的“马路经济”逐步推开。

20世纪80年代末，大沥镇政府提出修建38条路，大沥原来只有广佛路、广云路、兴隆街几条小路，后来建起江南路等。路建起来，两边也陆续盖起工厂、商铺、专业市场，大沥城区才真正快速发展起来。随着专业市场的集聚发展，又带动商贸业等行业的发展，大批星级酒店和商店随之拔地而起。

1989年，黎绍英盖起了大沥第一座真正意义上的百货大楼——大沥供销企业集团供销大厦，“那时里水、桂城、官窑等地居民都跑过来买东西，商场天天挤得不行”。不远处，后来南海县政府所在地的桂城还是一片农地。

“自然”生长

回头再看，当时大沥的这种依靠民间与市场合力推动城镇化的模式，因为缺乏长远的规划来规范，导致大沥如今“城不像城、村不像村”的面貌。这也是南海一大批先发展起来的专业镇所面临的共同问题。

大沥的城镇化并不只是广佛公路的“进化”，更多的是或主动或被动加进来的周边村落和区域的发展。

沥中村位于广佛公路旁，下辖10个村小组，从20世纪80年代末期大沥城区扩建开始，这个村已逐步成为城区的一部分。“沥中村历经了多次政府征地，其中包括城区扩建时征用的一部分，后来此地建了大沥商业步行街”。沥中社区党总支书记黄国铭说，20世纪80年代中期，村里也开始建设物业出租，比如商业步行街有部分铺面是

| 20 世纪 90 年代，广佛高速公路俯瞰图（马虎猪 /FOTOE　供图）

村里的，广佛、广云路边也有部分商铺是村里出资建的，“从 20 世纪 80 年代至今，物业出租是村里的主要经济来源”。

“这里早就没有传统意义的农民。”黄国铭说。

交通基础设施、公园、商场、专业市场等在政府、民间的合力之下加快建设，大沥城区迅速铺开，从改革开放前到城区第一期工程扩建完成时，由 0.3 平方公里扩大至 6.5 平方公里，城区面积翻了 20 多倍。

20 世纪 80 年代后，大沥也历经数次改名，并和周边地区分分合合。1983 年，原先的大沥公社、盐步公社改为大沥区、盐步区；1987 年改大沥镇、盐步镇；1988 年设黄岐镇；1993 年 9 月，撤销大沥、盐步、黄岐 3 镇，设立大沥、盐步、黄岐 3 个街道；最后在 2005 年，又撤销大沥、盐步、黄岐 3 个街道，合并设立大沥镇。

城镇的发展伴随着人口的聚集。据统计，南海 1982 年第三次人口普查时，总人口为 820157 人，城镇人口比重为 3.03%。到 1990 年第四次人口普查时，城镇人口比重升至 16.85%，是 1982 年的 5 倍，年均增长率 27.4%。后来并入大沥的盐步镇、黄岐镇城镇人口均高于全县平均水平。

尤其是1984年这一年，南海非农业人口就增长26.24%。

在这些大幅增长的人口当中，除了本地“离土不离乡”的农民，还有不少是外来务工人员。据《大沥街道志》介绍，1978年改革开放前，大沥没有外来人口，改革开放以后，周边省区湖南、广西、贵州等有大批农民工前来。1982年此地外来人员370人，1990年则猛增至6676人。

黄国铭介绍说，20世纪80年代初期，随着城镇化进程的开始，大沥开始兴建楼房，从湖南来的建筑工人应是第一批外来人员；在此过程中，大沥室内外装修开始逐渐淘汰钢、铁、木、水泥门窗，新型的铝合金门窗逐渐进入装修市场，从广西来的装修工人是第二批外来人员。之后，外来人口越来越多。

1992年以后，由于国家鼓励第三产业、非农产业发展，中国农村剩余劳动力进入全方位大规模转移阶段，政策和人口红利推动各地城镇化速度更加迅猛。大沥也不例外。

回头再看，当时大沥的这种依靠民间与市场合力推动城镇化的模式，因为缺乏长远的规划来规范，也导致大沥如今“城不像城、村不像村”的面貌。这也是南海一大批先发展起来的专业镇所面临的共同问题，同时也是这些城镇面貌大不如桂城等城镇化“后起之秀”的原因所在。

大沥镇政府有关人士认为，这可能是当时一批先发展起来、城镇化进程比较早的地区的弊端之一，“谁也想不到城区会扩展得如此厉害”。

东莞虎门：借船出海　从村到城

关键词　农业商品化　农村富余劳动力　“三来一补”

东莞当年所提的农业商品化，其实是将一半的耕地改种经济作物。此举，一方面使农业收入连翻几番；另一方面将农业人口从种粮的桎梏中解放出来，腾出的大量富余劳动力，又刚好可填补刚刚出现的“三来一补”企业的需求，一举两得。

1978年冬，东莞虎门南栅大队支书王应森和相邻的龙眼大队支书张旭森各有各的烦恼。

来检查冬小麦种植任务的县委书记突然造访，这让王应森惴惴不安。当时南栅大队的冬小麦种植任务只完成了不到三分之一。南栅滨海，当地农民实践证明，这里的土地不适合栽种小麦，种马铃薯的产量倒比种小麦高出不下10倍。王应森以为他将面对的，是县委书记的一通狠批。

张旭森的烦恼则是如何“借船出海”——截住早年从本村逃港的张铭、张超两兄弟，让在香港发了财的他们回乡投资；如何说服部分思想还没有转过弯来，说他“让地主阶级的孝子贤孙回来剥削贫下中农”的基层领导。

不料，了解情况后的县委书记没有批评王应森，得知张旭森的想法的公社书记也对他的决定表示支持。

几个月后，时称“农业商品化”的一场旨在对土地和劳动力重组的农村改革在东莞兴起。这场农村改革释放出的要素满足了东莞的需要，为其之后的工业化发展奠定了基础。

曾任东莞县委书记的李近维认为，这才是东莞城镇化的源头。

经济农业

一封举报信让东莞县领导班子激动起来，信上说黄江北岸大队有农民偷种橙树，不想东莞的领导班子却从中悟出了门道。

在此之前，迎着改革春风跃跃欲试的东莞，曾考察过通过乡镇企业实现非农发展的“苏南模式”。遗憾的是，“苏南模式”取得成功的关键在于上海强大的工业辐射能力，而当时的广州工业落后，根本无力辐射周边。县委领导班子还曾考察通过筹办大型国有企业快速发展的中山，但相关计划因无银行贷款而落空。

于是，领导班子只好把目光转向自身，想办法在东莞相对优越的土地和劳动力上做文章。其间，一封举报信让他们激动起来。

举报信上说黄江北岸大队有几个农民在村角一块山沟地偷种橙树，一个收获季节下来，腰包鼓实了不少，村里人见有钱赚便纷纷模仿，连邻村人也跟着种上了，大队干部非但没有及时制止，反倒腾出部分耕地用来种橙树。

举报者的本意是想举报黄江北岸大队擅种经济作物，不想东莞的领导班子却从中悟出了门道。

事隔30余年，在曾任东莞县委书记的李近维看来，北岸村民的大胆尝试解决了东莞发展过程中的老大难问题，那就是东莞120万亩不适合种水稻的山林、坡地、滩涂的出路问题。

在接获举报信的当晚，东莞县委领导班子开大会算了两笔账：首先是一亩水稻只能收获两三百元，改种橙子收益则是2000元；再是一个农民不一定能种好一亩田，可一个农民却有希望管好十亩橙林。如果把东莞一半的耕地改作经济农业，那东莞的农

| 1971 年的虎门（梁清　翻拍）

业收入完全有望连翻几番，其间腾出的大量富余劳动力，又刚好可以填补刚刚出现的“三来一补”企业的需求，一举两得。

随后，漫山遍野的香蕉、橙子、荔枝在东莞出现，荒废了几十年的山丘也顿时成了香饽饽。东莞这股改种热潮一直持续到 20 世纪 80 年代中期，到 1984 年东莞确立“农村工业化，城乡一体化”的发展路径时，东莞领导班子的梦想已然实现，东莞 120 万亩耕地过半已种上了经济作物。

“三来一补”

张旭森想截住早年从本村逃港、在香港发了财的张氏兄弟回乡投资，有人却称“不能让地主阶级的孝子贤孙回来剥削贫下中农”。

早在王应森因为县领导的检查而惶恐不安时，与南栅大队相邻的龙眼大队支书张旭森则有另外的烦恼。

在一次田间地头的闲聊中，张旭森无意中了解到本村早年逃港的张铭、张超两兄弟在香港发了财，有意回内地投资。张旭森决定截住张氏兄弟，让他们回乡投资。

张旭森约张氏兄弟在深圳香蜜湖密谈，发现破落地主家庭出身的张氏兄弟有顾虑。张旭森当场把胸脯一拍，说："我用我的全部身家性命来担保你们的安全。"

那时，距国务院制定《对外加工装配和中小企业补偿办法试行条例》已近半年，中国第一家民间自发开办的"三来一补"企业——太平手袋厂在虎门也已成立数月。只是，不少基层领导的思想还没转过弯来。

主管政法的公社领导在政法会议上不点名批评，虎门公社驻龙眼片区的领导也称："张氏兄弟家庭出身不好，不能让地主阶级的孝子贤孙回来剥削贫下中农。"

张旭森连夜给公社党委写报告，次日花了近6个小时赶到广州，向当时正在省委党校学习十一届三中全会精神的虎门公社党委书记黎桂康汇报。黎桂康当即表示支持。

事隔30余年，在任香港中联办副主任的黎桂康解释说，当时虎门已引进第一家"三来一补"企业，城乡一级可以搞，村组一级肯定也可以搞。龙眼村以前以农业为主，非常落后，一个主要劳动力在村里每年的分配只有300元。而据张氏兄弟的办厂合同，进厂农民一个月的收入就有300元。这是大好事，没理由反对。

次年4月，张氏兄弟投资的龙眼发具厂正式开工，厂址就设在张氏祠堂。这是有据可查的全国农村引进的第一家"三来一补"企业。

不久，几乎整个龙眼村都成了它的加工厂，家家户户都可从发具厂拿到加工费，

| 2003 年的虎门（梁清　翻拍）

一个月下来平均每户都有几百元进账。而当时，虎门公社党委书记黎桂康的月收入还不到 35 元。

之后，张氏兄弟在香港成了龙眼村的投资环境义务宣传员。不到两年工夫，龙眼村引进的“三来一补”企业已达 20 余家。

到 1984 年底，龙眼村 800 多名壮劳力已悉数转化为工人，来自阳江、梅州的外来务工人员也开始在这里出现。

各显神通

龙眼村的成功让东莞各大队八仙过海，各显神通。到 1984 年，东莞 GDP 和农民人均年收入迅速增长，分别为 1978 年的 2.6 倍和 4.4 倍。这一年，刚刚正式出任东莞

县委书记的李近维提出了“农村工业化，城乡一体化”的发展口号。

龙眼村的成功在当时的东莞传递出了一个消息：农村可引进外资办厂，引进外来资金、外来技术、外来市场，借船出海，搞活集体经济，农民也可“洗脚上田”当工人、管理者和老板。一时间，东莞各个大队八仙过海，各显神通。

北栅大队支书陈灿安打出乡情牌，在荔枝成熟时节把在香港的乡亲请回来品荔枝，叙乡情，也借机招商引资。两届荔枝节下来，香港乡亲捐钱办了学校、医院，还把手袋厂、毛织厂、五金厂带到了北栅。

大宁大队支书陈振权把村后大板地推平，辟出园林式的工业园区；把相邻的长安五点梅水库的水引入园区，建起自来水厂；还在园区附近兴建外商别墅区，并建好饮食购物、娱乐休闲等配套设施；之后才正式招商引资。这招一试就灵，大宁大队短时间内就引进毛织厂、电业厂、成衣制造厂等大批外资企业。

王应森所在的南栅大队此时已完成新老交接。当时的南栅地处死角，周边没有大道穿行，村里的集体资产又极其落后，无法兴建厂房，成了虎门的“西伯利亚”，不受外商青睐。新上任的支书王牛女大胆闯出一条以钱赚钱的新路径，办起虎门第一个农民投资站，吸纳民间闲散资金，集腋成裘建厂房。只5个月，南栅就建起了2万多平方米的厂房，成功引进5家“三来一补”企业，当年获利200余万元，两年收回全部成本。再之后，南栅大队更一鼓作气，采用股份合作模式扩大集资，陆续建起4个现代化工业园区，引进外资企业130余家。

放眼整个东莞，类似的招商传奇比比皆是，大多已化作时代记忆铭刻在当地人心中。《厚街镇志》上亦记载了类似故事，说有个何姓客商在厚街办制衣厂，有次接到一个大订单，可距交货限期只有一天时还有大批产品未完工。心急如焚的老板登上制衣厂顶层企图自尽。当地政府获悉后，果断号召全镇服装行业人员昼夜加工，再用专车将货物运抵香港。抵达时，离远洋货轮起航还剩不到半个小时。

正是这样的招商热情和服务意识铸就了东莞传奇，到1984年，东莞共签订“三来一补”协议近2000宗，涉及金额达7亿多美元。东莞的GDP和农民人均年收入迅速增长，分别为1978年的2.6倍和4.4倍。也就在这一年，刚刚正式出任东莞县委书记的李近维提出了“农村工业化，城乡一体化”的发展口号，力争在5年内把东莞七成以上的农村劳动力转移到工业和服务业上来。

新城序幕

1988年，南方日报一名记者来龙眼村采访时，早年炊烟袅袅、鸡鸣牛哞的小村庄已完全淹没在日益扩张的现代化建筑群中。记者带着惊讶追问张旭森：“你说现在的龙眼究竟是个村，是个镇，还是个市？”

李近维强调的是以优化投资环境为主要目的的城乡一体化。东莞政府相应出台五级财政政策，即县、镇、村、生产队及个人，奉行统一开源、分级截流、以丰补歉、减少劫富济贫的原则。简言之，谁赚钱谁花钱。

龙眼大队支书张旭森再一次走在了前头。一年后，凭借村级财政截留的大笔“三来一补”企业缴费收入，他请来国家化工部地质队专家对龙眼村进行整体规划，把整个龙眼村的版图划分为生活区、工业区、商业区，由八条大道互相连接，入村的大道至少保证30米宽，入区大街至少保证26米宽，入屋小巷则不低于6米宽，以确保以后每家每户都能进汽车。

张旭森的这个决定在最初引来不少非议。当时整个龙眼村只有11辆小车。可不到两年工夫，一个个崭新的工业园区在龙眼出现，龙眼又一次成了东莞的典型，来参观的支部书记一拨接一拨。比支部书记们对龙眼村更感兴趣的是台商。当时台湾也开始新一轮产业转型，大批电子企业对大陆跃跃欲试，龙眼村良好的规划让他们产生浓厚兴趣。短短几年，20多家台资企业进驻龙眼村。

张旭森乘势兴办起酒店、商店、银行、医院、邮电所、储蓄所、电影院等一系列生活设施。到1988年，南方日报一名记者前来采访时，早年炊烟袅袅、鸡鸣牛哞的小村庄已完全淹没在日益扩张的现代化建筑群中。工厂民舍如雨后春笋般涌现，当地居民的住宅大多已别墅化，街上跑的自行车不多，新潮的摩托车和私家车却不少，一个城市所必备的各种基础设施都已具雏形。记者带着惊讶追问张旭森：“你说现在的龙眼究竟是个村，是个镇，还是个市？”

不单单是龙眼村，整个虎门都在加速工业化的步伐。1985年，虎门与太平合并成立虎门镇，新一届党政领导班子认识到商贸突围必须城市扩容，于是虎门新规划出现：建设新城对接虎门区，向东拉到人民路，向西贯通威远岛，向北扩宽中心路，向南拓展太沙路。一年之后，一批标志性建筑如商厦、宾馆、大桥、车站、农贸市场、货柜码头、职业学校、文体中心、电视台等相继落成。

此时的虎门神采飞扬，新城已具雏形。也就是这一年，虎门被《人民日报》誉为珠江口的一颗明珠。

城市基础设施的完善也让越来越多的当地村民习惯了城里人的生活方式，喝早茶，逛电影院，跳广场舞；城市商贸设施的出现又让村民找到了致富的机遇。昔日贫为贵，今日富为荣，越来越多的村民走出工厂，走上摆摊、开店、搞运输的新路径。

顺德容桂：“三来一补”诞生之地

关键词 调整产业结构　工业扩镇

由工业化催生城镇化的发展路径，在顺德容桂（容奇、桂洲）最为典型：发展乡镇企业，从“三来一补”起步，通过劳动密集型产业解决就业，还清负债，实现原始积累后调整产业结构，转向家电业的规模化生产。工业化的过程加速了人口的流动和集聚，当传统工业镇容奇面临用地、人力资源等瓶颈时，农业地区桂洲的并入为工业规模发展提供了可能，随之而来的人口自然迁徙形成新城区，打破城乡界限，城镇建设就此起步。

顺德容桂这个面积80余平方公里的小城，在改革开放初的20年间兼具了农业镇和工业镇的气质——容桂由容奇和桂洲合并而成，容奇原本就是建制镇，最初只有1.5平方公里，虽为顺德经济中心，却无法解决7000多名职工的就业问题；桂洲原是农业区，农业占镇内产业结构的九成比例。

不过，由工业化催生城镇化的发展路径，却令这本是相异极大的两镇，在改革开放初期到1992年的10余年间走向了惊人相似的路径：发展乡镇企业，从“三来一补”的大进制衣厂起步，通过劳动密集型产业解决就业，还清负债，实现原始积累后调整

| 20世纪80年代的广东容声电饭锅厂（郑俊彬　翻拍）

产业结构，转向家电业的规模化生产。工业化的过程加速了人口的流动和集聚，迁徙让城乡界限被打破，城镇建设就此起步。

穷则思变

因怕失业曾反对工业，可最终还是“失业”让容奇在工业化带动下发力城镇化。20世纪70年代，20亩竹林估价20万元，是容奇最重要的资产。1972年，林场工人因怕新建厂房占用了竹林进而导致他们失业而强烈抗议。最终是7000多名职工的就业问题让容奇思变，和隔邻因为贫穷搞起农业改革的桂洲从1978年起站在了同一阵线上。

1972年5月，容奇的林场旁，发生过这样一场对峙。

其时容奇二机厂的第一个厂房选址此处，70多名工人用竹、木简单搭建了一些棚子，拉来车床，打算开工，却不料惹来林场工人抗议。周惠兴是当年70余名工人之一，至今仍记得当时场面的火爆：“他们说我们霸占了他们的地方，担心工厂规模扩大、发展起来后，侵占的地方会越来越多。”

老干部黄德荣于1970年2月赴任时，听银行行长汇报容奇资产情况，说有20万元，约相当于现今的2000万元。这资产数目在当时不小，但指的却是林场山上的一片竹林，20亩竹子，1亩估值1万元。

容奇当时是建制镇，仅0.9平方公里大小，没有农业，至1976年，仍只有10家镇属企业，近5000失业人口无从消化。二机厂的兴建，意味着林场面积缩小，也意味着林场工人最怕面临的失业。

竹子当时在容奇人的生活中颇有分量。周惠兴至今记得一种来自“劈竹子”的痛。这是当时容奇家家户户都从事的副业，书记、镇长家也不例外。劈竹子的过程稍有不慎手指便被刀削伤，竹片倒刺扎入肉里，痛得很。周惠兴在1971年被招入容奇机修厂当学徒，一年后因二机厂建厂而被调入。

就在周惠兴为这场对抗惴惴不安时，隔壁桂洲农科站的技术员吴应奇则正因为难以施展而烦恼着。

桂洲面积有80平方公里，其中超3.8万亩也即约25平方公里是稻田，但桂洲人养不好桑蚕，得花钱从外面买才能补足上缴任务，算是亏损的。而占地最广的水稻，年产值也就900多元。

这让吴应奇很头疼。这个顺德杏坛人于1962年从农校毕业，被分配到桂洲报到。

困境因1977年的农业改革而打破。1977年，新调来的镇委书记周邓良提出了“两保粮食，主攻蔗鱼”的农业改革。以周的思路，桂洲将从稻米种植面积3.8万亩的农业大镇，慢慢变成粒米不种。这一行动隐含了要为日后桂洲的工业化铺平道路，腾出土地、人力的寓意。一个月人均只能吃上4两猪肉，凭票购买还得天没亮排队的穷困让放手一搏的呼声取得了压倒性的胜利。农业改革在质疑声中推开，最初的一年，桂洲的农业面积就从3.8万亩减少到了3万亩。也是因为这一改革，1978年，农业镇桂洲与形态不同的容奇站在了同一阵线上。

原始积累

说起1978年中的一场中央主持下省里与港商的会面，顺德容奇老干部黄德荣依然用“很神秘”来形容。这场会面后，全国第一家“根正苗红”的“三来一补”企业——大进制衣厂落地容奇的“出世纸”就此签订。

城镇化起跑线上的容奇与桂洲，这时已显“面黄肌瘦”。刚经历“四清运动”和“文化大革命”，缺乏资金、技术、设备，大量劳动力被闲置。以制衣行业为主的劳动密集型产业凭着其需依靠大量劳动力、对技术和设备的依赖程度低的特性，成为这个地方工业起步的首选。

来料、来样式、来件装备装配，依托港商的一批“三来一补”企业在20世纪70年代末80年代初以乡镇企业的形态涌现于顺德容桂、大良和北滘等地。

尽管后来关于谁是中国第一家仍存有诸多争执，但黄德荣依然坚持容奇大进制衣厂为全国第一家“根正苗红”的“三来一补”企业——虽然在政策明确前，东莞虎门已开办有“三来一补”企业太平手袋厂，但政策明确后，首个拿到政府“三来一补”牌照的是大进制衣厂，他就是大进制衣厂建厂的操办者。

早在中央1978年8月下达《对外加工装配和中小企业补偿办法试行条例》的两个月前，中央人民政府对外贸易部就委托香港华润公司操办大进制衣厂的开办事宜。临近8月，在香港华润的见证下，外商李灼文和杨钊与广东省纺织品进出口公司签订了合同，容奇被打了个招呼，要求提供一间厂房。

容奇1949年前就建有直通香港的港口，设有海关，每日有固定航班到港，是供港农产品出口地，这都被黄德荣归结为中央会选择落子容奇的原因。他用“很神秘”形容当时的接洽过程，称被要求完全不能向外泄露，因为未知成功与否，但被告知当时尚未有第二个地方开办。“这完全是一个自上而下的试验，是一种新的外贸形式，并非一个地方政府能拍板搞掂的。”

当年 8 月，大进制衣厂建成投产，第一批产品是牛仔衫，专门出口美国。工厂中多是顺德本地人，四个车间最初吸纳了工人约 400 人。不再是“做又 36（元），不做又 36（元）”的定额工资，而是“按件记工”，员工工资平均超过 60 元。

黄德荣当时 42 岁，跑去跟时任顺德县县长吕根汇报。“他听了非常高兴，跟我说，德仔，这个一定要搞，而且一定要搞好它，有什么事县里负责。”

随后几年间，同类型乡镇企业雨后春笋般破土。这些以“三来一补”形式出现的乡镇企业沿 105 国道分布在顺德版图上。

初级工业化积累了资金。就容奇而言，至 1984 年其工业产值已过 1.1 亿元，超过中山小榄和新会会城。原来资不抵债的容奇，账上有了近 500 万元的存款，人均年收入已达 1703 元，而那时候的火柴是 1 分钱一盒，雪糕是 5 分钱一支。

就当时的历史环境而言，这批早期的乡镇企业解决了就业，积累了资金，提高了乡镇干部素质。但在后人看来，它们的产值和效能不高，落得五六年后便开始遭市场抛弃的结果似乎是意料之中。

工业扩镇

工业的发展为容、桂两镇积累了原始资本，至 1984 年开始第一波转型，产值和效能不高的纺织行业被腾退，家电产业成为主流。囿于土地资源不足，容奇扩镇，由原 0.9 平方公里扩张至 7.7 平方公里。

由于土地资源有限，容奇选择将一些早期的企业淘汰掉，这让在体委工作的陈福兴得到了一个施展抱负的机会。这个顺德技工学校毕业的男人，爱好发明研究，在体委时发明了乒乓球自动发球机。

他被胡兆群相中。胡兆群时任容奇镇副镇长，分管工业。1983年，“三来一补”企业仍如火如荼时，他却埋头写了一份《建冰箱厂的可行性报告》。报告中提交了一组数据：当时电冰箱在日本普及率已达到98%，而在中国则仅为1.7%，且集中在大城市，农村的普及率基本为0，“电冰箱、电饭锅等家电在中国有非常大的潜力，会慢慢走进千家万户”。

镇里拨了30万元“巨款”让胡兆群牵头成立了一个工业研究所，以便为挺进家电产业做准备，当时顺德的风扇制造在桂洲和北滘已成规模，故研发产品中不考虑风扇。和胡兆群气质相近的陈福兴被胡相中，当了所长。胡兆群抱怨“文革”刚过去，技术人才严重缺乏，只能“矮中挑高佬”。所里最终搜罗了4个人——一个湛江归来的退休老电工、一个化工行业爱好者、一个身体有残疾的大学生，还有一个没大学文凭的土技术员。

1983年，珠江冰箱厂的一台103升的双门小电冰箱在这里试制成功，是参照日本乐声牌的同型号机型仿制的。陈福兴被认为是最大的功臣。

容奇开始申请建厂立项，但碰了钉子。其时有上级干部指乡镇企业与国营企业争原料、人才和市场，认为有必要“砍掉”40%的乡镇企业。胡兆群找到省二轻系统的对口单位，也被斥“小地方搞什么电冰箱”而遭驳回。

但这立项少不得，因电冰箱生产部件之一的压缩机需要从外国进口，没立项是过不了关的。一群人不死心，绕道机械厅，没想到就成功了。

其间，囿于土地资源不足，容奇扩镇，经顺德县政府将桂洲的容山和振华、大良的南江这三个生产队划归所有，由原0.9平方公里扩张至7.7平方公里，并于1983年立马在容山和振华两地实施征地，在容山划出一片，建起工业园。征地连同建园，容奇向银行贷款9000余万元。

一年后的1984年10月，在如今的桂洲长桥伟雄集团所在地侧，珠江冰箱厂成立，冰箱的品牌是“容声”，创始人潘宁出任厂长，这便是科龙公司的前身。陈福兴最初出任副厂长，后任科龙的副总裁，一直主管技术事务。

抱负得以施展的当然不只有陈福兴。一个叫梁权的男人，也在相邻的桂洲，在当地的家电行业发轫过程中扮演了相类似的角色。

| 桂洲第一风扇厂（郑俊彬　翻拍）

因为拥有大量土地这一最重要的生产资料，桂洲并不曾出现如容奇需要“扩镇”才能继续工业发展的窘迫，相比也更从容。梁权是桂洲农械厂的厂长。1978 年，他从香港带回了一把风扇，拆卸研究，在桂洲镇政府的支持下建立了桂洲第一风扇厂，主要生产吊扇和豪华楼底扇。借助旅港顺德商人牵线，1979 年即出口 1 万台风扇。梁权也顺理成章成为历史潮流中的功臣。

人口迁徙

容桂的城镇化从 1983 年至 1984 年开始起步。在桂洲，大量人口开始自发地从东部的农田迁徙到西部的乡镇企业集聚区居住。适逢国家开始土地管理制度的改革，从土地使用费（税）而来的财政收入让城镇基础建设大幅提速。

民间的顺应时势者，创造了一个个“神话”。比如，桂洲的第一个“万元户”“豆腐伟”的发迹。

20世纪80年代中期，就在乡镇企业发展得最为红火之时，一场从东到西的自发的内部迁徙正在桂洲悄然进行。此时桂洲的农业改革尚未结束，东部仍遍布水稻，而西部的105国道沿线几乎集聚着容奇和桂洲的所有乡镇企业，赚更多钱的欲望促使东部的人口大量涌向西部乡镇企业。交通不畅，他们开始迁徙至西部聚居。而因为没有规划，也无须报建，直至1987年建委成立前，这片土地上的买地建房一度处于混乱状态。

狮山是当地的一座小山丘，有人站到了狮山顶上环顾桂洲，目之所及尽是新建的红砖房。有钱了建新房，这在当时当地合乎逻辑。红砖是建房的必需品。绰号“豆腐伟”的桂洲人黄伟嗅到了这个信息，建起了一家私营红砖厂。抓对了时机，他成为桂洲第一个“万元户”。搞建筑的当然也赚钱。一个大赚一笔的建筑包工头很快建起了一幢三层小楼，所安装的空调数量为镇上之最，吴应奇特意跑去数过，一共10台。

人口急速集聚，但公共交通道路、教育、医疗等基础设施建设却停滞不前，桂洲得了一个新外号——“百万富翁乞丐镇”，催促着当地城市建设的起步。

20世纪80年代起，国家开始土地管理制度的改革。至1988年，国务院决定在全国城镇普遍实行收取土地使用费（税），与此同时开始试行土地使用权有偿转让，定期出让土地使用权。

正是利用土地使用权有偿转让所得的3000多万元做启动资金，再联合民间资源，斥资100余万元委托中国规划院深圳分院做城市功能布局规划，桂洲的城市规划和建设才在1993年正式起步。道路的畅通，将横穿整个容奇、桂洲的时间从1个多小时大大缩短到20分钟。不少原迁居西部的容桂人返回东部家园居住，短暂的东西迁徙结束，“豆腐伟”们已大赚了一笔。

| 1988 年 11 月 12 日，狮山公园落成（郑俊彬　翻拍）

在容奇，原有的公租房在 1983 年被容奇镇政府直接低价卖给了原租房者。用所得资金，容奇政府在新获得的土地上兴建新房，这些新房最后以扣除地价、只收取建造成本的方式，卖给了当地的住房困难户，即人均居住面积不足 6 平方米者。这两个举动解决了镇内住房困难户的需求。而随着容奇镇内大量房地产项目建设的兴起，至 20 世纪 80 年代末 90 年代初，容奇已基本实现居者有其屋。

中山石岐：从田园变“小香港”

关键词 国企改制 城市转型

正当珠三角各地都在大力发展“三来一补”加工业、乡镇企业的时候，中山的国有企业可谓异军突起，以“国企舰队”的集体身份在市场经济的大浪潮中引领地方经济起步，成为地方经济的重要支撑。在国企组团发展的带动下，中山完成了从农业为主向工业为主的转型，国企资本引进的大量优秀人才也为城市民营企业的起步提供了更高起点。

1984年，中央一号文件《中共中央关于一九八四年农村工作的通知》称，允许农民自筹资金，自理口粮，进城务工、经商。文件的发出，打破了原有的务工方式，自此，卷起裤脚种地的农民迎来了一种全新的生活方式——洗干净泥腿子，放下裤脚，背上行囊，进城务工，简称“洗脚上田”。正当珠三角各地都在大力发展“三来一补”加工业、乡镇企业的时候，中山的国有企业可谓异军突起，成为地方经济的重要支撑，以“国企舰队”的集体身份在市场经济的大浪潮中破浪前行。

威力、千叶、精细化工等国有企业成为国企舰队的排头兵。20世纪80年代的它们，建厂时间多在20—30年间，已经形成了系统的产品链条以及管理模式，当时的它们如青壮年一般，充满着激情和活力。一次又一次的扩大生产、技术改革，使得企业在珠

| 20 世纪 80 年代的民族路商业街（吴进　翻拍）

三角甚至全国乃至东南亚地区都享有盛名；在此背后，企业为员工生活所做出的努力，也给中山市带来了莫大的改变。在本地老百姓的眼里，20 世纪 80 年代的中山及其所发生的种种变化，与国企有着不可分割的关系。

农业重镇

“农业重镇”，那是一代中山人对 20 世纪 80 年代以前中山的记忆。在历史上很长的一段时间里，中山以农业为主，大头菜、萝卜等都是中山享誉周边地区的特色农产品。工业的最早出现也是围绕着农业生产来布局的。

江门人辉哥至今还记得他刚毕业时来到中山报到的情景，当年同事们日常交流以讲石岐话为主，基本没有什么外乡人。那是 1983 年，中专毕业的辉哥拿着一纸毕业报到证来到石岐玻璃总厂报到，成为玻璃厂的一名员工。

为了大力发展农业生产，作为中山县政府所在地的石岐，出现了许多围绕着农业生产工具或者农产品加工而进行生产的工厂，如农药厂、农具厂、面粉厂、饼干厂等等。由于中心城区面积过小，这些企业多分布在石岐城郊，也就是今天我们所说的城乡接合部。整个20世纪六七十年代，中山的工业都是围绕着农业生产展开的。用工业服务农业来形容这个阶段的中山工业最为贴切。

至于外来人口，在辉哥的回忆中，和普通的农业县没什么两样。据相关统计数字显示，1982 年中山的总人口数仅为 102.7 万人，其中外来人口仅为 10 万人左右，占总人口比例不到 10%。

谁也没有料到，就这样一个平凡的农业县，再过几年竟然被誉为“小香港”。中山民间流传着一个故事：几个水性好的年轻人趁着天刚擦黑，就朝着东南方向出发，穿过一片片农田、桑基地之后来到一条河边，黑夜中，河对岸霓虹灯闪烁、人头攒动的场面显得甚是繁华。看到黑夜中的灯光，这几位年轻人仿佛注入了新的活力，他们一起纵身一跃，跳入江中，拼命地游到对岸。结果上岸后听到路人满口石岐话，天亮后一看，这竟然是石岐。其实，他们此举的目的是偷渡去澳门。这段故事实际上给后人们描绘了一幅 20 世纪 80 年代中山的辉煌画面。

“小香港”暗示着中山石歧对香港的模仿，在生产产品上，这种“仿造”最为明显。原中山市二轻局员工吴先生回忆，在一段时间不知道生产什么产品的情况下，中山有不少市属企业前往香港、澳门等地，购回各种家电产品，然后进行产品分拆，自制图纸，自制模具，再生产出自己的产品。“若是用现在的话来说，这就是一种山寨，不过这的确帮助中山的市属企业在短时间里占领了商品市场，并赚到了第一桶金。”

吴先生的回忆，在威力洗衣机厂和中山玻璃厂的发展史上得到了佐证。20 世纪六七十年代一直以生产农用机械为主的中山农械厂在 70 年代末 80 年代初期推出了自己的第一台洗衣机——“洁白牌”单缸洗衣机。到了 1983 年新厂区建成时，农械厂正式更名为威力洗衣机厂，主产威力牌双缸洗衣机。而一直以生产平板玻璃为主的石岐玻璃厂则在 20 世纪 80 年代初从港商的手里得到了几个玻璃马赛克产品，工厂里的技术工人随后拿着这几片马赛克苦心研究了好几个月，终于推出了玻璃马赛克这种适用于建筑外立面的装饰产品。

引进人才

技术是伴随着人的到来而聚集到中山来的。1984年中央一号文件《中共中央关于一九八四年农村工作的通知》允许农民自筹资金，自理口粮，进城务工或经商，到同年底就有1万多名外来劳动力涌进中山。

模仿归模仿，发展还是需要人才。以威力洗衣机厂为例，1984年初从安栏路搬迁至孙文东路大柏山附近（现金鹰广场所在地）时，企业生产用地为100亩，新上了年产10万台双缸洗衣机的生产线。

为了得到更多的技术支持以开发新产品、占领市场，威力开始着手人才引进的工作。他们将眼光停留在华南理工大学的毕业生身上。从1986年起，威力就从华南理工大学招来了一批批应届毕业生。威力洗衣机厂老员工张阿姨回忆，在威力的鼎盛时期，大学生的总数以百来计算。大学生太多，技术部门安排不了，他们当中的有些人就在车间里工作，都成为车间的技术骨干。这在那个大学生是稀罕物的年代，绝对是件了不起的事情。

高级知识分子的加入，使得威力在产品研发上有了技术保障。而来自广东各地的农民工也如“蜜蜂扑花”一般，涌入中山。没有技术技能的他们，在威力厂里从事着安装、包装等工作。他们的到来，为威力的产能提供了保障。据此，1988年，威力自主研发的威力牌XPB20-S双桶洗衣机获得国家质量优质奖银奖，而威力洗衣机厂则于1989年被国务院企业管理指导委员会命名为“国家一级企业”，其为全国家电行业首批、中南五省首家获此殊荣的企业。

正当中山各市属企业打开大门迎接来自各地的人才以及工人的时候，如何安置这些“远道而来”的员工，让他们能够在企业里安心工作，成为当时技术改革之后，中山各市属企业所要解决的问题。而在吃、穿、住、用等系列问题中，首要解决的是吃住问题。

今天，位于孙文东路大柏山附近的威力洗衣机厂厂区已经被金鹰广场所取代，但厂区对面的威力村依然穿着威力那身老旧的蔚蓝色外衣，站在路旁静看中山二十几年的变化。小区门口那块大石头上的“威力村”三个字，则时刻提醒路人们这里曾经的

| 民族路商业街今貌（吴进　摄）

辉煌。威力村从1985年底开始兴建，入驻时间为1988年。兴建屋村的目的是为了解决厂里几百员工的住宿问题。

就在威力洗衣机厂在城东建新厂和宿舍的同时，位于城西北向的莲员路、湖滨路以及湖滨中路的大片厂企宿舍区也在兴建过程中。短短几年时间里，逸仙湖公园（原叫人工湖）周边以及北向区域的农田就出现了各种工业厂房和企业员工宿舍，田园风光不再。

城建起步

在发达工业的影响下，中山于1988年升格为地级市；在“国企十大舰队”的护航下，中山1991年的工农业生产总值达102.52亿元，是1988年51.61亿元的两倍。在国有企业良好的经济效益之下，城市建设有了坚实的经济基础。

人才的到来，带来了技术改革的机会，中山工业局、二轻局开始对市属工业进行整合。

| 2009 年的石岐全貌（叶志文　摄）

据《中山年鉴·工业总论（1991—1997）》记载，20 世纪 80 年代中后期，市属工业以骨干企业为主体，以大宗名牌产品为龙头，通过行业内的联合、兼并，先后组建了威力以及精细化工、玻璃制造等行业的 12 个集团公司，联结的企业占当时市属企业的 30%，产值和税利却占了 50%—70%，形成了多元发展、支柱突出的结构格局。

在许多 80 年代企业职工的眼里，自己所处的企业属于市属工业。但在各工业企业的上级主管部门中，却有着明确的分工：国有企业归口管理为工业局，集体企业的归口管理为二轻局，而这两个局的顶头上司则为中山市经委。据原中山市二轻局干部吴先生介绍，大概在 20 世纪 80 年代末期，中山市经委做出了工业局、二轻局成立若干行政公司的决定。其中，二轻局麾下就有机电工业公司、食品工业公司、化工工业公

司等若干个工业公司。这些工业公司并没有实际的生产车间，不管企业的日常经营以及生产。其中，食品工业公司就将咀香园、饼干厂、糖厂等食品厂管起来。他们充其量就是将同一行业的国企分类别进行管理，执行的是行政管理的职能，如人事任命、数据统计、项目审批等等。

将市属工业进行分类管理后，龙头企业的带动效应反倒在短时间里凸现出来。如威力洗衣机厂的蓬勃发展，带动了机械厂里电机设备的生产。后来，威力洗衣机厂还在环城开办了占地100多亩的威力工业区，工业区内的企业均为威力的配套厂、附属厂，专做威力自己的零配件，后来还曾生产过钓鱼竿。

在国有企业良好的经济效益之下，城市建设有了坚实的经济基础。1988 年，中山兴建了西郊行人天桥（现国际酒店天桥），长堤路、兴华路、民族东路、湖滨北路等城市道路也于 1988 年破土动工。这意味着城市进一步扩容。同年，专门为解决困难户而兴建的柏苑新村、江畔新村中的 52 栋楼完工。1989 年，中山程控电话新增电话装机容量达 24600 门，中山路、孙文东路建成通车。在中山工作的外来务工人员眼看着中山从一个农业重镇逐渐发展成为工业化、现代化城市。更让他们觉得安心的是，中山从 1992 年开始实行临时工养老保险、全市职工待业保险制度，免去了劳工们的后顾之忧。

洋货流行

吃进口奶粉、用日本原装电器、收看香港无线电视，这在今天的中山人看来是再平常不过的事情。在 30 年前，生活逐步好起来的中山人就已有对高品质生活的追求。

中山虽然在此前一直以农业为主，但因毗邻港澳，外加丰富的海外华侨资源，地处珠三角腹地的中山，其商贸活动一直都非常频繁。改革开放初期，中山除了国有企业、集体企业等市属企业进行产品线调整之外，也迎来了港商在中山开办企业的热潮。港商们频繁来往中山与香港之间，吸引了不少华侨以及港澳同胞。作为当时最高级的招待所，华侨大厦在 1980—1985 年间是华侨和港澳同胞回乡的首要落脚点，经常出现人满为患的现象，客人最多的时候连走廊、会议室都住满了。

酒店内宾客络绎不绝，酒店门外的路边和岐江边上，也多了一群兜售外汇的人。在那个年代，许多港澳同胞、华侨带着自己居住地的货币回到中山，需要兑换成人民币方能使用，而当时银行兑换的手续颇为烦琐，进而催生了酒店门前的这一黑市行当。兜售者们从港商、华侨的手中购买外汇，然后再卖给有需要的人。

不少中山市属企业的技术、采购、销售人员，因为工作的需求，需要前往港澳地区与当地的企业、经销商联系。此时，市属企业员工的手中比 20 世纪 70 年代松动了一些，开始追求较高品质的生活。他们大多会趁着去香港、澳门地区出差的机会，给自己以及家人购买一些日常用品和进口的家用电器。此时，酒店门口的外汇黑市成为他们经常光顾的地方。

吃进口奶粉、用日本原装电器、收看香港无线电视，这在今天的中山人看来是再平常不过的事情。可若放在30年前的中山，这已经算是高品质的生活了。父母双方均为国企中层管理干部的阿芸，从小就吃着进口奶粉，看着日本原装进口的电视机。她说这都得益于其父母经常到港澳地区出差的购物便利。

直接奔赴港澳地区购物，需要办理通行证，但前往免税店购物只需要准备好钱就行。故此，开设在珠海吉大的免税店也是当时中山市民“买洋货”最便捷的渠道。一到周末，总有中山人拿着港币到免税店购物。也正因如此，华侨大厦旁的黑市外汇生意得以红火起来。

深圳渔民村：曾经拆了洋房建“握手楼”

关键词　集体股份制　中国第一个“万元户村”　旧村改造

面积仅 2 万多平方米的深圳渔民村，因中国第一个“万元户村”和邓小平视察成名。从最早水草寮棚捕鱼捞虾度日的小渔村，到 20 世纪 80 年代初吸引港商推进工业化，曾经一度建起连片洋房；但经历农村城市化股份制改造后，当地村民为了租金等收益纷纷拆了洋房建“握手楼”而沦为“城中村”。直至 2001 年 8 月，渔民村旧村改造，通过“村股份公司自己组织改造、村民自筹资金”的独特改造模式建成新式小区，渔民村和它的村民们才真正融入城市。

面积仅 2 万多平方米的深圳渔民村，因中国第一个“万元户村”和邓小平视察成名。但这个名村的城市化路径并未一帆风顺。

从最早水草寮棚捕鱼捞虾度日的小渔村，到20世纪80年代初吸引港商推进工业化；从经历农村城市化股份制改造，到拆了洋房建“握手楼”而沦为“城中村”，渔民村的城市化之路迂回曲折，甚至彷徨反复。

33 栋洋楼

20世纪70年代末政策稍有松动，不甘贫穷的渔民村人立即开始搞起“副业”。1979年，已经有珠宝加工厂等几家香港工厂在渔民村投产。厂房租金都流入了村民口袋，成为渔民村人的第一桶金。

渔民村的集体收入，在1981年就达到了60多万元。当时全村35户人家，160口人，人均年收入2571元，每户平均10588元，一举成为全国率先实现的第一个“万元户村”，并建起了33栋小洋楼。

据渔民村“村史”记载，渔民村人最早是漂泊在东莞一带的水上人家。20世纪上半叶，这些被称为“水流柴”的东莞人在路过罗湖桥时，无意间发现深圳河水清鱼肥，于是决定顺东江漂来，居此而渔。20世纪50年代，在政府的鼓励和帮扶下，渔民们上岸搭草棚、辟鱼塘，但生活依然非常清苦。

“三年自然灾害”时期，这个紧挨着香港的小村，成为“大逃港”的主要通道之一。本村人也在偷渡。宝安档案馆资料显示，最严重外逃时间是1957—1958年，渔民村有31人在这一年逃到香港，占当时村里总人口约1/3。几乎家家户户都有在香港的亲戚。

到20世纪70年代末政策稍有松动，不甘贫穷的渔民村人立即开始搞起“副业”。老村长邓志标是带领村民见证第一个“春天”的人，早在1979年，渔民村已经有珠宝加工厂等几家香港工厂在渔民村投产。厂房租金都流入了村民口袋，成为渔民村人的第一桶金。

随后，渔民们又买了两条货船，开始跑运输，从中山、东莞贩运水泥、钢材到深圳卖。有了启动资金后，又搞起了车队。而当时运输车辆奇缺，脑瓜子灵活的渔民便跑到香港买二手货运汽车转卖。

1980年8月26日，中国宣布深圳经济特区正式成立。似乎一夜之间，此前捞虾捕鱼的村民们纷纷放下了渔具，开起了货车，运起了钢筋水泥。

现任渔丰实业股份有限公司董事长的吴惠权记得，1984年深圳“三天一层楼”建国贸大厦时，他担任渔民村运输队长，带着8个年轻人，号称“八大金刚”，从深圳河中开挖淡水沙，运输到工地上。当年金刚之一的吴耀辉如今也是村里的村官，他说：

“运输车白天不能上路，我们就倒过来，夜里干活白天睡。”

1984 年 1 月 25 日是老村长邓志标人生中非常重要的一天。当天上午，渔民村接到通知：中央重要领导要来视察渔民村。至于“重要领导”是谁，大家都不知道。

邓志标穿上自己最好的衣服——一件双面机恤棉衣，唯一的皮鞋也擦得锃亮。车队过来后，村民们惊喜地发现，小平同志第一个走下车，面带笑容朝人群走来。

在村里，老人家先到老渔民、村支书吴柏森家中做客。

吴柏森指着渔民村的一排排共 33 栋新楼房和自家的彩电、冰箱、洗衣机、组合音响等家用电器，向邓小平汇报，村里的小洋房是渔民村人在改革开放政策指引下，依靠集体力量于 1981 年花费 70 万元统一兴建的，每户四房两厅，面积 130 平方米。

此时，全村人均年收入 5970 元，户均收入 3.3 万多元。坐在一旁的邓榕怕听力不太好的父亲听不清，便大声说：“老爷子，比你的工资还高呢！”邓小平听了，很高兴：“好，就是要共同富裕！”

看完渔民村的房子后，邓小平说，全国农村要达到渔民村这个水平恐怕要 100 年。陪同参观的深圳官员赶紧插话说，在他老人家的理论指导下，用不了那么长时间，可能用 50 年时间就可以了。

邓小平坚持说：“我们国家大，情况复杂，不用 100 年至少还要再奋斗 70 年吧。”

工业大厦

村民身份的变迁随着工业大厦的兴建而来。1983 年，渔民村建工业大楼实行集资入股，以每户 2 万元为标准，诞生了改革开放后最初形式的集体股份制公司。与香港人合办工厂，成了渔民村增收的一个重要途径，村民既是股东又可以参加劳动领工资，收入越来越高。

渔民村村民吴耀辉回忆，1984 年邓小平来了以后，报纸广播纷纷报道了渔民村的情况，来这里参观的代表团络绎不绝。改革开放第一个“万元户村”从此声名大噪。这一年，渔民村集体年收入首次超过百万元。

一时间，渔民村成了全国劳动致富的典范，邓小平的到来也让这里的人进一步放开了手脚。邓志标说，小平同志来渔民村视察过，所以渔民村的知名度比较高，香港的人要来投资，要来搞来料加工厂，指定要来渔民村。

当时深圳特区外商投资中港资占70%以上，使深圳城市化快速发展，渔民村能养鱼的水面越来越少，货运生意竞争也很大，香港人的需求无疑成了渔民村向工业转型的一个重要契机。

邓志标组织村民盖了一栋工业大厦，给外商提供厂房，介绍劳务，办理在内地办厂的一切事务，以招揽投资方的形式先后吸引了7个香港人来村里合办小型加工厂。

老村长如数家珍地回忆：其中有一个搞表带，有一个搞手袋，有一个搞服装……

刘起棠是最早一批与渔民村合办工厂的香港人。如今他还在做服装生意，他们用罗布红麻纤维制作的新款服装，一件短袖卖到2380元，且是铁价不让。刘起棠说，当年来渔民村合办服装加工厂，看重的是这里离香港近，进购辅料方便，还有充足的劳动力。

村民变股东的故事也随之而来。1983年，渔民村准备建工业大楼时，就实行了集资入股，以每户2万元为标准，形成了中国集体股份制公司的雏形。

1985年3月25日，渔民村集体企业公司正式成立，渔民村开始向城市化的经济发展模式大阔步迈进。在这段时间里，村里上马的项目琳琅满目，如表带厂、手袋厂、服装厂、花木场、沙砖厂、宝石厂、塑料厂、胶钉厂、家具厂、卫生巾厂等。

“效益我们是分享的，一句通俗的话就是水涨船高，股份公司的效益也直接影响到我们每个股东的收入。”现任股份公司副总经理黄兴炎说。

但由于缺乏管理经验，最终这些企业没能坚持下来。

尽管如此，渔民村村民的收入依然年年有增长。邓志标说，那个时候就不是“万元户”而是“万元人”了，村民的收入远远超越了政府机关、国企的一般人员。

城市居民

随着深圳推进“农转非”，渔民村人也同步在一夜之间成了城市居民。1992年11月28日，渔民村改制成“深圳市渔丰实业股份有限公司”，这是全国第一批村办股份制公司之一，实现了集体经济向股份制经济的转变。

1989年，渔民村的第一个大学生吴颂球毕业，他坚决放弃了去政府机关工作的机会，作为村里引进的人才回村工作。回来以后就被安排到工厂做厂长，工作主要是协助外商办理一些与政府有关的工作，为他们的投资带来方便。

1992 年 1 月 19 日，邓小平再次乘专列抵达深圳，第二次视察南方。已经 88 岁的邓小平一到宾馆，就从房间出来，急着要看一看深圳有什么变化。这次，他没有重访渔民村。

但是，邓小平在深期间说了句话：坚持 100 年不动摇。吴颂球对这句话印象最深，“100 年不动摇，我们就绝对不怕了”。

1992 年这一年，深圳迎来了大发展的第二个春天。这一年，深圳搞了第一次“农转非”，即把特区范围内包括罗湖区、福田区和南山区的 68 个行政村、173 个自然村和沙河华侨农场的 4.5 万农民一次性转为城市居民，行政村转成了居委会。

深圳特区从此没有了农村，也没有了农民。

事实上，在那时候，以渔民村村民为代表的原住农民比城里人的日子过得滋润多了。每个村都办企业，依托天时、地利，村办企业每年都有可观的收入供村民分红分利。原住民的户口反倒比城市户口值钱得多，因为那是村里分红的凭证。曾经有笑话说，如果你得罪了村干部，就罚你当城里人，叫你“农转非”。

这次是政府推进的“农转非”，渔民村人也同步在一夜之间成了城市居民。同年 11 月 28 日，渔民村改制成“深圳市渔丰实业股份有限公司”，这是全国第一批村办股份制公司之一，实现了集体经济向股份制经济的转变。

在股份制改造时，最初叫“渔民村股份公司”，但不少渔民村人觉得，这个名字有点“老土”。于是有人提议说，改革开放了，村民富裕丰收了，就叫“裕丰”吧。

老村长邓志标大手一挥说：“不能丢掉渔民村，就叫‘渔丰’吧！”大伙拍手叫好，“渔丰实业股份有限公司”由此而来，董事会应运而生。村民们对邓志标的称呼也变了，改叫他总经理。

改制后的原村民人人都当上了股东，每人每年能分红 1 万多元。由于外来人口增多，对住房的需求增大，村民出租房屋也成了家庭收入的主要来源，每户每月仅靠出租房屋一项就净收入 1 万余元。

邓志标比画说，小平同志来视察时，全村总资产约 300 多万元，到了 1992 年前后，

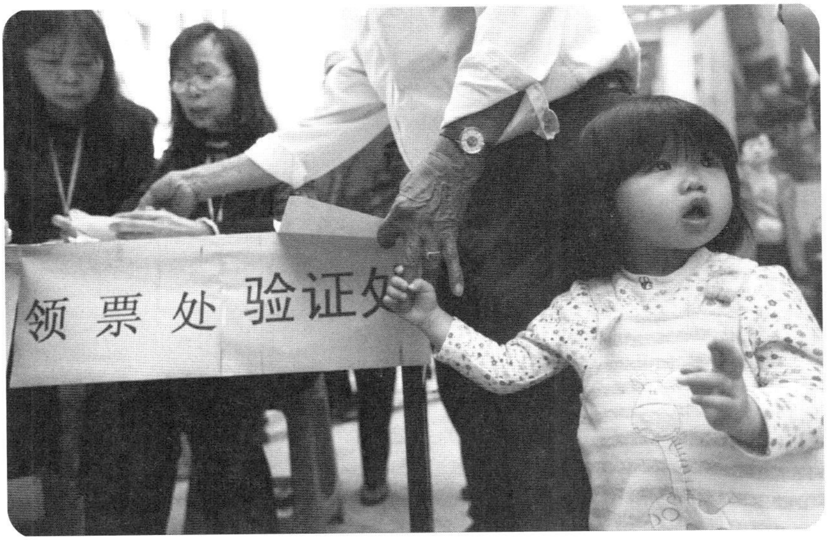

| 渔民村社区居民投票选举，众居民前往投票参与（陈以怀 摄）

全村资产已达 800 多万元。那时候，全村 140 多人，个个年收入过万元。

渔民村人甚至还“衣锦还乡”，回到祖宗故地——东莞，买下 3000 多平方米的地，盖起 8000 多平方米的厂房，办起了工厂。

新的难题

时光回溯到 1992 年，深圳特区新一轮城市化开始，渔民村村民在一夜之间成为市民，随着土地被征收，出租屋成为这些新晋市民的主要收入来源。当年让小平盛赞，名扬天下的“小洋楼”，也在向城市进军的过程中拆了盖，盖了加。整个渔民村陷于一窝蜂地抢建狂热中。不久之后，当年的 33 栋别墅式“小洋楼”已完全成了“握手楼”，渔民村成了典型的“笼民村”。

| “握手楼”时期的渔民村（《南方日报》资料图片）

然而，在经历了20世纪80年代的高速发展后，渔民村面临一个新的难题。

和吴颂球的路径类似，邓国华是渔民村的第五代，这个“80后”小伙子从小生活在这里，大学毕业后顺理成章地回到渔丰实业股份有限公司工作。

在他的印象里，渔民村是“十年一变样”。20世纪90年代，随着经济发展和外来人口的增多，很多村民为了增加房租收入，纷纷把房子往上盖，渔民村一时间抢建成风。

那时候的楼房，彼此挨得很近，所以被形象地称为“握手楼”。“由于缺乏管理，村里的卫生很差，污水横流，老鼠乱窜，治安环境也不好。”邓国华说，当时的渔民村已经风光不再，跟其他村子没什么两样。

其实早在20世纪80年代初期，许多中国人对房屋租赁还十分陌生，但对正启动改革大潮的深圳而言，大量建设者的涌入，助推了房屋租赁市场的早期发展，直接受益者是深圳本土村民。

渔民村是其中的典型。当时租金便宜，100多平方米的房子租金才300元，以后开始每年翻倍涨。正是在巨额租金的诱惑下，渔民村村民们尝到了“种房子”的甜头，开始想尽办法多建房。

到20世纪90年代初，深圳这座城市在膨胀式发展，聚集在深圳的外来人口超过百万，到渔民村租房的人络绎不绝。

村民们为了增加房租收入，把自家的房子一层一层往上盖，两层楼的地基加盖成五六层的出租屋。住户之间不是“不见天”，就是抬头看“一线天”。“握手楼”“亲嘴楼”“拥抱楼”，密密麻麻，随处可见。

一栋房子与一栋房子之间，往往只有几十厘米的间隔，每层楼被隔成很多小间出租屋，空气中弥漫着难闻的气味。村里治安、消防隐患重重。

走在村过道中，逼仄昏暗，空中到处是蜘蛛网一样乱拉的电线，地上散落着烟头、避孕套。这个2万多平方米的村子里，发廊就有10多家，不断“疯长”的房子里，聚集了大量的外来人员。偷抢案件频发，村民甚至都不敢单独出门收租。

渔民村这个中国最早的“万元户村”，失守成为脏、乱、差的“城中村”典型，更早地体会到了农村城市化的痛楚和蜕变。

时任渔丰公司副总经理段成文至今提起当年就头疼：连续多年都发生餐厅油烟着火事故，起了火打119，有急病打120，但狭窄的通道使消防车、救护车根本开不进来。

华丽转身

渔民村和它的村民们真正完成城市化要到新世纪之后了。

进入新世纪，在经历了近10年的城中村乱象后，渔民村人痛定思痛，在深圳第一个提出重建村庄。很快，罗湖区将渔民村改造列为城中村改造的重点。

渔丰实业股份有限公司也多次与规划、国土等部门商量解决办法。多方努力下，

| 经改造后的渔民村景观（《南方日报》资料图片）

渔民村走出了“村股份公司自己组织改造、村民自筹资金”的独特改造模式。

2001 年 8 月，渔民村旧村改造开始，也拉开了深圳全市城中村改造的序幕。3 年后，渔民村小区建成，12 栋漂亮的楼宇合围成一个簇新的小区。除了增加绿地、文化广场、停车场，小区还有了自己的图书馆。

至此，渔民村和它的村民们才真正完成了城市化。

江门司前：五金祖师爷“拆战斗机”起家

关键词 民营经济 分散型工业 逆城镇化

1984年，司前的农业人口超过6万，但墟镇面积只有0.5平方公里，人口不到5000。在短短的十几年间，司前从生产小五金起步，快速成长为一个五金不锈钢专业镇。在司前的整个产业中，民营经济是主导发展的绝对主力，占总经济比重的92.7%。但是最初的分散发展，让司前居住环境有所污染，大量高端消费群体流失，后期第三产业停滞不前。司前的辉煌过去后，其专业镇的经济实力仍在，但出现了常住人口外迁而逐渐成为工厂区的逆城镇化势头。

司前镇，位于江门市新会、鹤山、台山、开平四个市（区）的交界处，这里有自己独特的“司前话”，也有自己独特的发展历程。1984年，司前的农业人口超过6万，但墟镇面积只有0.5平方公里，人口不到5000。在短短的十几年间，司前从拆战斗机外壳生产小五金起步，快速成长为一个五金不锈钢专业镇。

五金产业的崛起，推动了司前经济的快速发展，不仅在经济结构上一步步使司前

| 司前镇旧貌（孙振飞　翻拍）

从农业镇向工业镇发展，也让这个小镇人口快速聚集，逐步走向城镇化。与很多地方的集体经济或国有经济主导发展不同，司前的整个产业中，民营经济是主导发展的绝对主力，占总经济比重的92.7%。但是由于最初的分散发展，司前居住环境被污染，大量高端消费群体流失，后期第三产业停滞不前。

“倒卖军产”

“汤德钧要有大麻烦了！”1976年夏天，这个消息在司前村委会迅速传开了，因为汤德钧不知从哪里搞了一架报废的战斗机，拆了飞机做原材料，在生产队的小五金厂里生产鞋扣。然而很多人都没有想到，这个当年因为“倒卖军产”“挖社会主义墙脚”而入狱的汤德钧后来竟然被封为司前五金业的鼻祖，成为一代传奇人物。

据新会仅存的一份有关汤德钧的档案资料记载，他在1966年以前曾在广州市机电工业局任会计，后来因为“文革”，被迫回到了乡下。汤德钧所在的爰处坊（生产队）人多田少，人均只有不到两分地，只能勉强维持生计。于是，从1968年开始，汤德钧就带着一群想要靠努力勤奋致富的农民在生产队的作坊里做起了五金制品，主要生产小五金产品，有缝纫机线芯、自行车曲球、文胸扣、鞋扣等。“看着是不起眼的小产品，但在那个物资极度匮乏的年代，效益可不差。”78岁高龄的汤宁，曾和汤德钧一起做工。回忆起当年的效益，他显得非常自豪。“那时别的村一个人一天只能挣4分钱的工分，而我们爰处坊已经达到1块钱了。”也正因如此，汤德钧受到了村里人的一致尊崇。“也或许正因如此，让别人眼红了，才会去举报他。”时隔37年后，老人仍有此猜测。直到今天，人们都不知道当年汤德钧到底是通过什么途径购买到报废的战斗机外壳的，但毫无疑问，人们都相信汤德钧有做生意的聪明头脑和渠道。

1976年，“文革”的影响尚未结束，国家实行计划经济，各种原料供应紧张。后来，汤德钧就靠着自己在广州的人脉，购买了一架报废飞机的外壳，用于制作五金产品，这让当时爰处坊村民欢呼雀跃，汤德钧却因此进了大狱。在汤德钧入狱的四年时间里，整个司前的五金制作都停滞了，直到1980年他出狱后重操旧业，司前五金产业才开始进入高速发展期。

“他可能注定就要做五金。”在汤德钧的孙女汤美玲看来，爷爷成为司前五金业的鼻祖似乎是早已注定的。“他的本名叫汤德均，但是他自己不喜欢，就改成了汤德钧。尽管户口本和身份证上都是汤德均，但是他自己签名都是汤德钧。”汤美玲认为，从“均”到“钧”的变化，是汤德钧心里的一份坚持，也似乎预示了汤德钧从事五金业的必然。

三千奖金

1980年，承包村里小五金厂的“三剑客”就尝到了甜头，开工当年每个工人年终就分到了2300多元年终奖，第二年就达到了3000多元。这在当年是一笔巨资。

1979年，改革开放的号角刚刚吹响。在1979年2月13日召开的江门市三级干部

| 司前镇今貌（孙振飞　摄）

会议上，时任江门市委书记周溪舞指出，江门已经具备了工作重点向经济建设转移的条件，随后当地启动经济体制改革。

很快这一制度在五邑地区开始得到落实，在当时司前区主管经济的领导邀请下，汤德钧的儿子汤锦泰和徒弟何劲洽联手承包了村里的白庙五金厂（司前五金二厂），一年后随着汤德钧另一名徒弟方明的加入，司前五金业“三剑客”开始了一起创业的生涯。他们也成为司前改革开放后的第一批民营企业家。

“当时只需要每年上缴给村委会 1 万元，剩下的都是自己的。”在何劲洽看来，那是一个极大的商机。自主经营后，这个小厂创造了丰厚的利润。1980 年，也就是投入生产的第一年，他们就赚到了第一桶金——5 万余元的利润，除了上缴给管理区的 1 万多元，每个工人年终都分到了 2300 多元，第二年就达到了 3000 多元。“那时政府部门的干部月薪也只有二三十元。”何劲洽回忆。据官方统计，1980 年司前镇的人均收入只有 117 元。

就在五金“三剑客”创业的同时，汤德钧被平反了，后来和司前村委会合作主持司前五金厂的工作，这一合作就是一辈子。很快，汤德钧在五金方面的才智开始得到发挥，他发明的一种铝制饭盒获得了国家专利，长期脱销。“当时一个药企将饭盒全买了，作为药品的包装盒，结果很多人就冲着那个饭盒去买药。”汤美玲至今还印象深刻。

赚到了钱，人们就要消费，但由于当时还处于计划经济时代，物资不丰富，于是人们开始将视线转移到了精神生活上。1982年4月，在一片欢呼声中，拥有1300个座位的司前影剧院顺利落成了。“在当时，司前影剧院是全广东最大的镇级影剧院。村民们可以像城里人一样晚上没事就去看场电影。”分管文化的司前镇党委委员程秀琼认为，当年文化市场的发展是司前开始真正走向城镇化的标志。

1984年，投资145万元建成的第一水厂（日供水量2000立方米），让全镇一半的人口都用上了自来水，成为当时新会第一个用上自来水的农村镇。改革开放之前，司前墟镇内仅有石路两条，路面宽2—3米。1985年，墟镇中心街道由过去2—3米扩宽至6米。新河沿岸两边也各铺设了两条宽6米、长3公里的马路，南岸还铺设了水泥路面，这为后来这里发展房地产埋下了伏笔。

遍地工厂

后来，在“三剑客”的影响下，司前五金厂的很多工人都开始陆续出来开厂。“司前后来大大小小的五金厂基本都是从司前五金厂出来的人创办的。”但是由于当时政策还没有完全放开，加上创业初期需要启动资金，于是大家都选择了“挂靠”村委会。“村委会收取少量管理费，却可为企业贷款提供担保。”回想当时这个做法，曾任司前村委会书记的吴仲良认为那是一个大胆而冒险的创举，因为最大的贷款额高达500万元至600万元，一旦这些企业有个三长两短，后果不堪设想。

民营经济的发展离不开政策支持。1984年，江门市被定为经济体制综合改革试点城市，继而被定为甲类开放区。当年夏天，中共江门市委颁布施行了《关于“松绑”放权，搞活经济的若干暂行办法》，提出了20条给企业松绑放权的意见。《办法》明确了可以进行个人承包经营企业的行为，同时对特别困难的企业，还可给予免征所得税和工商税一至两成的照顾。很快，江门的制造业开始崛起，鹤山美雅毛毯、金羚牌自动洗衣机等一批国内知名品牌产品畅销国内外。

有了市里的政策支持，加上村委会的挂靠政策，司前的创业者们有无比的冲劲。仅仅在1984—1986年，司前村就涌现了近20家五金厂。同时在该村的影响下，沿着新开公路两边又不断创办了近百家五金厂。据《新会画报》报道称，1985年，司前无论集体还是个人，都出现了兴办工业的热潮，区、乡、村、户和联合体办的工厂企业已达1124间。时任司前区（镇）委书记邓伟生的报告显示，1984年司前区的工农业产值已经接近1亿元，1985年已经达到1.1亿元，其中工业产值比例已经达到73.3%。“个体户办的五金产业正蓬勃发展，我们区将大力支持。”

随着企业家们口袋越来越鼓，大家越来越渴望提升生活品质，购买汽车无疑成为最大的突破。1990年，东兴村的何拉在村里购买了第一辆私家车，激起了众多企业家的购车欲望，于是司前镇很快就兴起了一股购买小车的风潮。“那是一部丰田小霸王，大概20多万元，买回来的时候，好多人过来看。”何拉的侄子回忆起当时的情景还历历在目。尽管谁是司前镇上第一个购买小车的企业家，一直有争议，但毫无疑问的是，在20世纪90年代初开始，私人购买小车的步伐已不可阻挡。

在众多司前人的记忆中，20世纪90年代是司前最辉煌的时期，也是司前城镇建设的高潮。1986年，原本宽7米的新开公路开始征地扩建，到1991年，新开公路全路段从沥青路变成了水泥路，路面也扩宽到30来米，加上预留地有四五十米，单向可同时通过4辆车。“修这么宽的马路干吗？用来开飞机吗？”当年负责征地工作的刘北雄记忆最深的就是由于当时过往的车辆还极少，很多人都质疑马路修得太宽了。而后来，司前大量的五金不锈钢产品正是通过这些马路源源不断地运送到海内外市场，再也没有人质疑马路太宽了。后来随着佛开高速和新台高速的修建，司前镇更成为连接广佛和开平、台山以及粤西地区的一个交通枢纽。

与此同时，司前镇中心通往各个管区（村委会）的水泥路也全部修通，打通了司前所有管区的交通动脉。而沿着新开公路两边，车站、中行大楼、供电大楼、建委大楼、农业大楼、供销大楼等一大批初具规模的建筑物拔地而起，让小镇面貌大为改观。1992年，集购物、娱乐、饮食和旅业等综合性服务于一体的柏菱酒店开张，司前人首次感受到了“Mall”的魅力。也是在这一年，司前出现了第一个小区楼盘——新河花园。在墟镇，全部街道都铺成了水泥路面，路灯工程更让墟镇的街道实现了夜间照明，灯光下的司前夜景变得更加绚丽多彩。

然而司前辉煌的90年代很快就过去了，此后专业镇的经济实力仍在，但人口聚集的城镇化发展却滞后下来。

人口外迁

“外地人进来了，本地老板却几乎都走了。”李锦祺曾经是司前镇的法律事务所主任，李锦祺说，有钱的，几乎都去了会城和江门，一个主要原因就是居住环境的污染问题。“早期的小工厂遍地开花，没有规划，导致住宅和工厂混杂，因此大家才搬出去住。”

随着司前经济的崛起，人口也快速聚集。根据统计，改革开放前司前没有外来人口，到了1992年外来人口已经突破2万人，他们主要聚集在沿新开公路的新建、司前、天等等几个村委会。大量的外来人口，拉动了这几个村的第三产业发展，尤其是出租房、餐饮业和零售业的快速发展。在天等村的中心地带，围绕着五金家具制品厂就发展了很多小饭馆、卫生站和小超市。直到今天，司前的“鱼档”仍然分布在沿新开公路两边的各条村里，生意红火。

“外地人进来了，本地老板却几乎都走了。”李锦祺曾经是司前镇的法律事务所主任，由于家乡较远，退休后就选择了居住在靠近墟镇的聚兴村。聚兴村和东兴村只一墙之隔，都是司前村委会下的自然村，早在20世纪80年代末90年代初就建起了很多两层半的小楼房，如今这些楼房或是人去楼空，或是出租给人做了小作坊，本村人已经很少住在村里。李锦祺说：“早期的小工厂遍地开花，没有规划，导致住宅和工厂混杂，因此大家才搬出去住。”

司前如今多数五金类企业的老板都已经搬到了江门或会城居住，正上演着“白天在司前，晚上去会城”的现实版双城记。何劲洽分析，这些最具消费力的人慢慢地离开司前，造成了司前第三产业从1995年往后处于基本停滞的状态。根据《新会县志》的记载，与1985年相比，1992年司前墟镇面积扩大了4倍，常住人口却只增长了20%，不到2000人，而此时外来人口已增加了2万人。

随着司前经济的腾飞，如何实现城镇化和规划化被提上了政府的议事日程。1994年底，司前镇委托广东省城乡规划设计院为该镇制作了1995—2015年的城市建设发展总体规划，并在随后的几年里开始了新工业园和新镇中心的建设，试图找出解决之道。

珠海三灶：百万富翁“炒地”炒成清洁工

关键词 土地资本运作 地产泡沫

珠海第一次大规模的城镇化于 1988 年起在三灶镇启动。初创的三灶管理区一穷二白，玩起了土地的资本运作，面向全国“卖地”筹款。来买地建房的投资者趋之若鹜，“大家就是拼了命去买地皮，炒地皮，建房子，当时根本没想过这些房子究竟卖给谁，给谁住”。三灶镇在房地产热下迅速筹集了 10 亿元启动资金。驱动三灶城镇化的最大引擎和输血管——房地产业在 1993 年宏观调控下出现崩盘，投资外撤，银根收紧，城区住宅大多空置，到处可见烂尾楼。甚至到了 2014 年，珠海市政府仍要每年分期偿还当初支持珠海西区大开发的投资者的投资款。

1988 年，广东深圳、东莞、佛山等城市的工业化热潮已经如火如荼地开展，城镇建设风生水起，现代厂房和高楼大厦取代了昔日的庄稼地和旧平房，渔村变城市的传奇几乎每个月都在上演，但珠海第一次大规模的城镇化这一年才刚刚从三灶镇启动。

总面积约 96 平方公里的三灶镇，交通闭塞，孤悬海上，连到珠海市区都要靠摆渡，工业基础近乎为零，城镇化开发起步晚，缺乏资金，决策者们只能另辟蹊径，开始用土地来运作资本，继而完善基础设施，再引入工业。第一轮房地产热悄无声息地来了，但很快又因宏观调控戛然而止。

三灶镇的第一次开发，也是珠海第一次大规模的城镇化建设之路，虽然迂回曲折甚至充满迷惑与争议，但不少当地干部强调，这一时期珠海建设了大交通、大机场、大港口，这一大格局奠定了未来几十年的发展基础。得益于此，三灶镇在十几年后破茧成蝶，于 2006 年一般预算内财政收入突破 1 亿元，位居珠海 15 镇之首。

孤悬海上

20 世纪 80 年代中期的三灶，只是隶属于香洲区的一座小岛，当时没有大桥连接，只有一天一班的渡轮，岛上的 1.2 万村民极少与外界往来。就是这样的一座小岛，时任珠海市委书记梁广大决定大开发，1988 年 12 月三灶管理区成立，动手要建大机场、大港口，还有连通市区的大桥。

20 世纪 80 年代中期到 90 年代初是珠海第一波西区大开发时期。到珠海投资后遭遇调控，颗粒无收、债务缠身的众多投资人中，李铁生是一个典型。她后来始终没能恢复元气，除了躲债，很长一段时间都在珠海市实验中学高中部当清洁工，给学生刷洗衣物。“这都是生活所迫，没办法。”李铁生说，80 年代很多人连彩电都看不上，她已经全身名牌，出入有豪车了，当初没想到会这么快就沦落下来。除了她随身携带的老照片，人们从她身上已经看不出她曾经是中国最早一批富起来的百万富翁之一。2007 年，政府终于偿还了 100 多万元工程款，她的生活才好转起来。

故事得从 1988 年说起。

1988 年之前，总面积约 1700 平方公里的珠海，绝大部分仍保持碧草连天、炊烟袅袅的田园景象，城市几乎只限于 16.8 平方公里的特区范围内。以至于事隔多年，原珠海三灶镇镇委副书记、现年 58 岁的梁关好回忆 1986 年 1 月 21 日第一次踏上珠海三灶镇时，心中的那份震惊至今仍挥之不去。

| 如今珠海三灶机场附近仍是大片农田（陈坤荣 摄）

“当时真的连死的心都有了。”梁关好不无幽默地说。当时他刚退伍，被分配到三灶镇，那时三灶还是区公所，只是隶属于香洲区的一座小岛，由于珠海大桥尚未建成，他辗转珠海横琴，乘一艘小渡船登陆岛上。当时一天只有一班船，交通不便，岛上约1.2万村民与外界少有往来，几乎都以种田和捕鱼为生，“环境很差，我也是珠海人，但之前从未到过三灶，听说分到了三灶，当时心里很不情愿”。

1988 年，同为特区的深圳等城市发展均一日千里，速度之快、规模之大震撼世界。时任珠海市委书记梁广大决定开发珠海西部地区（特区位于珠海东部），把这片沉睡的土地唤醒，于同年 12 月成立了三灶管理区，下辖三灶、红旗、平沙、南水四个镇，总陆地面积约 447 平方公里，是当时珠海特区面积的几十倍。

此前因在珠海斗门白藤湖开发出中国第一个农民度假村的钟华生被梁广大相中，担任三灶管理区党委书记兼区长。尽管比梁关好晚来三灶两年，但钟华生多年后回忆，当时三灶依然十分荒凉，交通闭塞，发展滞后，并无起色。

因为几乎没有任何工业和交通基础，当时几乎没有人看好这次大开发。钟华生说，还没上任，很多人就跑出来反对，说市区还没搞完，西区怎么建，很多亲戚朋友也劝钟华生不要来三灶管理区接这个烂摊子。而当时珠海财政吃力，市里面只给了三灶管理区40万元的启动经费，而且拖了四个月才下拨，开发资金都需要自筹，如此大的开发怎么启动，还要建大机场、大港口，钱从哪里来？

“梁广大也问怎么办，我说不怕，只要你放权，就可以调钱。”钟华生回忆。

空手套钱

初创的三灶管理区一穷二白，玩起了土地的资本运作，面向全国“卖地”筹款，当年全国不少报刊上都刊登过“今日借你一杯水，明日还君一桶油”的广告，来买地建房的投资者趋之若鹜，“大家就是拼了命去买地皮、炒地皮、建房子，当时根本没想过这些房子究竟卖给谁，给谁住”。过来人回忆当年，认为当时盲目乐观，都觉得政府搞的项目不可能垮。三灶镇在房地产热下迅速筹集了10亿元启动资金，以至于后来连梁广大都自我解嘲：“西区玩的是空手道。”

没人想到，珠海历史上第一轮大规模的城镇化建设热潮是从三灶镇的几间简陋茅棚开始的。这股热潮后来席卷全国，改变了许多人的命运。

作为西区大开发的枢纽，三灶管理区办公室设在三灶镇，但因为办公经费迟迟没有下拨，没有办公场所，于是钟华生先向红旗和平沙两个农场借了10万元，在三灶镇金海岸建了几间茅棚办公，并一直用到了1999年。

由于基础条件太差，缺水，缺电，加上交通太过闭塞，当时从三灶出去要先走泥路，再走水道，花上大半天时间，工业项目进不来。珠海西区大开发注定无法复制深圳、东莞的模式，先引入工业项目，聚集大量工人，然后大规模建房，依靠土地开发，循序渐进地发展城镇化。

外无借鉴，内无粮草，一穷二白的三灶管理区另辟蹊径，玩起了土地的资本运作，在三灶围海造地4平方公里，连同金海岸一同推向市场，面向全国“卖地”，来筹集修路、修大港口的巨额资金。作为“领头羊”的钟华生此时也将媒体利用到了极致，在全国报刊上喊出了“今日借你一杯水，明日还君一桶油”的口号，来买地建房的投资者顿时趋之若鹜。

一位已退任的三灶管理区工作人员表示，当时买地的人来自全国各地，几乎哪一个省份都有，有的是看到报纸来投资的，有的是亲戚朋友介绍的，大家排着队来交钱，蔚为壮观。梁关好回忆，原来三灶镇只有一条几百米长的旧街，但到了1992年左右，就变成了好几条街，城区范围扩大了好几十倍，政府提供的商住用地供不应求，很多投资者就找到村民，由前者出钱、村民出地一起合作建房，房屋建成后，两层留给村民，五层给投资者。

投资热催生了房地产热。钟华生说，当时西区云集了来自全国各地的建筑大军5万多人，处处都是建房的工地。这一数字比三灶镇当时的原住民多出近4倍。

珠海建筑商王燕也是20世纪90年代被吸引到三灶炒房、炒地皮的投资者之一。回忆当年，她最大的感受是“疯狂”。“当时三灶明明没有什么工业，也没有几个人，但大家就是拼了命去买地皮、炒地皮、建房子，当时根本没想过这些房子究竟卖给谁，给谁住。”王燕说，现在看来，当时改革开放不久，大家都没有风险意识，以为政府搞的项目不可能垮，盲目乐观。

梁关好介绍，当时就看到大家都忙着建房，一栋栋房子建好，可几乎都没人住，都空置在那里。

到了1992年，三灶的房地产热达到了疯狂的地步。一块地原来政府卖出去一两万元，经过层层倒手，可以卖到十几万元，房价随之飙升。这一年，三灶的房价超过了2500元/平方米，而当时国人的工资普遍每月只有两三百块钱，一年的收入才能买到1平方米房子，房价与收入比接近10∶1。即便过去21年，三灶镇目前的房价也大多在7000元/平方米左右，而对比珠海在岗职工2012年4041元的平均工资，房价与收入比为1.7∶1，仍远不及当年。

改革开放后，中国第一波房地产热就这样汹涌而至，如滔天巨浪席卷了包括珠海三灶在内的沿海经济特区。炒房一夜致富的故事通过报纸以及人们的口口相传如同瘟疫般迅速扩散，越来越多的人被感染，加入到炒房者的行列。

王燕说，炒一块地皮能挣十几万元，一夜间就能成“万元户”，当时不少内地县城的校长、政府机构都眼红不已，截留教师工资或是政府资金，来三灶炒房、炒地皮，很多人没空实地查看，在规划图纸上挑一块地，第二天就把钱打入账户，然后等着地皮上涨倒手卖掉，很多人多年后才知道，自己买的那块地还是一片汪洋大海，“当时不少银行碍于政策规定，不能直接投资，还找到我，求着我从他们那贷款炒房，好从中获利”。

依靠土地的运作，在那个物资仍然十分贫乏、“万元户”就足以自傲的年代里，三灶镇在很短的时间内就筹集了10亿元的启动资金，以至于后来连梁广大都自我解嘲：“西区玩的是空手道。”

烧钱建设

近乎失控的炒房热并非政府的初衷，顶多只是城镇化的一个副产品。原三灶管理区一名工作人员说，当时通过土地运作，只是为了筹集城镇化开发所需要的庞大建设资金，修大港口、大机场，把路建好，通过创造“五星级投资环境”，进而引进大项目、大企业。该名工作人员介绍，此前，政府也下过大力气去招商引资，办厂创收，很多投资者高高兴兴来了，结果一看三灶只有羊肠小道的烂土路，喝的是咸水，经常停电，都败兴而归。果不其然，在通过土地资本运作筹得启动基金并投入到基础建设中后，三灶也受到了投资者的青睐并有一波工业大发展，1993年，三灶镇年产值突破了1亿元。

为解决三灶长期交通闭塞，悬于海上，往返珠海市区都要乘船的问题，1991年2月11日，珠海在工商部门注册成立了珠海市珠海大桥建设有限公司，开工建设横跨磨刀门水域、全长3125米的珠海史上最长桥梁，至1993年1月建成，将珠海市区到三灶的时间从原来的大半天缩短至1个小时。

1992年，三灶镇海澄村传来一声惊天动地的轰鸣，1300万吨石头组成的炮台山定向爆破成功，拉开了珠海机场建设工作的序幕。同年，珠海还上马修建了贯穿市区与西部地区的珠海大道。

这在当时是一条震惊世人的超级大道，双向8车道建设，并且在征地时预留了至少16个车道，路宽160米至200米，且不含中间的绿化带和非机动车道。梁广大事后回忆说，修建珠海大道时，西区尚未发展起来，人烟稀少，许多人持反对意见，但现在来看，珠海大道车流如织，已经满负荷运转。“如果当初退缩了，小里小气，不超前，推倒重来的代价就大了，时机失去了，以后也难有机会了。”

| 2003 年，映月路仍未从楼市崩盘中恢复（陈坤荣　摄）

三灶通过土地运作等方式筹集的资金也有不少投入到了当时还是渔村的南水镇（现为高栏港区），建设大港口项目。钟华生说，高栏港地理条件优越，又是天然的深水良港，发展潜力巨大，但交通不便，高栏港与陆地不相连，一直发展不起来。珠海早就想在高栏港建连接陆地的连岛大堤，还设立了建港指挥部，可两年了因为没钱启动不了，梁广大就把这个烫手山芋扔给了他，“这个堤原计划投资1.2亿，工期一年半，最终我们只用了6900万元，9个月就全部完工”。

钟华生介绍，至 1992 年，三灶管理区在没有国家一分钱拨款的情况下，修通了从斗门区白藤湖直达三灶镇金海滩的 25 公里柏油马路，高栏港至市中心 43 公里高速公路路坯，开通了 2000 门直拨程控电话。

这些基础设施项目在当时都是烧钱的，但又是未来城市和工业发展必不可少的关键一环。随着基础设施的完善，三灶镇多年停滞不前的工业发展终于有了起色。梁关好回忆，1990 年，镇里出地，与一个外商合作，开办了一家名为奔腾的摩托车厂，建成投产后，生意红火，1993 年，三灶镇年产值突破了 1 亿元。而在此前，三灶镇只有

| 映月路现状（陈坤荣　摄）

一家化工厂和洗发液厂，年产值只有几百万元。

梁关好说，当时，钟华生奖励了三灶镇政府 50 万元，这在当时是一笔巨款，本意是奖励干部职工，可当时没人敢花，都用作办公经费了。

这一时期，卡拉 OK、酒吧这些代表当时潮流尖端的时髦玩意也进入了闭塞的三灶镇。“以前在三灶唯一的娱乐场所就是一个台球室，要不然就是一帮人坐在一起吹水聊天，有了卡拉 OK，终于有了点现代的感觉。”一位本地村民回忆，过去有村民外出打工，说去过卡拉 OK，大伙都羡慕不已，因此当这些场所开业时，很多人都专门赶老远跑去围观。

骤成空城

驱动三灶城镇化的最大引擎和输血管——房地产业在 1993 年宏观调控下出现崩盘，投资外撤，银根收紧，城区住宅大多空置，到处可见烂尾楼。甚至到了今日，珠海市政府仍要每年分期偿还当初支持珠海西区大开发的投资者的投资款。

如果没有1993年底的宏观调控，已经拥有大机场、大港口、大交通的珠海三灶和西区接下来会不会复制成为另一个深圳？然而，历史没有如果。

驱动三灶城镇化的最大引擎和输血管——房地产因为1993年的宏观调控出现崩盘。“原来房价最高峰卖3000多元一平方米，崩盘后就一落千丈，马上跌到了500元，都没人要。”早年在三灶炒房的李铁生感慨说，20世纪80年代她经商时，在湖南已经有百万身家，因为三灶建房热，她跑来投资工程项目，全部资金都花在了珠海，投资政府的“三通一平”工程，结果因为房地产衰落，投资商都往外撤，银行又紧缩银根，贷不到款，政府也没有钱给工程款，她一下子成了穷光蛋，过去十几年天天被人追债。

不独珠海，这一年，房地产泡沫还出现在北海、海南等地，因为炒房亏钱跳楼自杀的报道时常见诸报端。虽地域不同，却都有一个相似点：一味卖地建房造城，没有工业支撑。“在三灶，房子和地皮买来卖去都是投资商，没有几个是要住的，银根紧缩，投资商没钱，又没有刚需，房子就烂在那里。”王燕说。

三灶镇有知情人统计，1993年，该镇闲置房屋和烂尾楼超过了数百栋，城区犹如鬼城，随处可见烂尾楼。至有数据可查的2005年底，经过12年的消化，三灶仍有烂尾楼83万平方米。

此时，回过神来的投资者才发现，自己购买的土地或房屋很多还停留在图纸上，有关部门没来得及建设，但钱已经交了，而且都花在了基础项目上。投资者之后开始不断上访，讨要血汗钱，三灶管理区疲于应付投诉，工业开发也随着房地产一度沉寂下来。

由于当年欠债太多，珠海市政府至今仍需要每年分期偿还当初支持珠海西区大开发的投资者的投资款。不少投资者已经老死或病死，别说挣钱了，终其一生都没能拿回当年的投资。

轰轰烈烈的珠海第一轮城镇化的努力——西区大开发似乎生不逢时，从启动到落幕只持续了约5年时间。由于纠纷太多，二十几年后仍饱受争议。

广州南华西：区街工厂“偷运”起家

关键词　早期市场经济　“联营”模式

南华西街，这条20世纪八九十年代被称为“中华第一街”的广州老城街道，其中最有特色的是“区街企业”的发展。区街企业在改革开放初期物质、信息不甚流通的情况下，通过自有销售网络将物资进行调配“发了财”。这很快就引来全国兄弟单位到广州轮岗学习市场经济，不久后，南华西创造的“联营”的运作模式在全国遍地开花。20世纪90年代后半期，随着市场化思路不再是新鲜事物，同时“政企分开”减弱了区街企业的半垄断性质，“区街经济”竞争力减弱，南华西街逐渐退出主流经济视野。

南华西街，这条20世纪八九十年代被称为“中华第一街”的广州老城街道，在改革开放浪潮拍打之下，亦步亦趋迈向现代。

“城镇化”这个宏大命题，当然无法与改革开放脱节，然而，与珠江三角洲那些暴富城市“从乡到城”的加速度相比，拥有2200年历史的老城广州，是如何面对这股历史洪流的？

如果“乡镇企业”是解读珠江三角洲城市生长的关键，那么，“区街企业”也可

| 20 世纪 80 年代的南华西街区街工厂（高贵彬　翻拍）

以用来诠释广州老城的城镇化之路。

在《广州地方志》记载的大事记中，1986 年到 1991 年的 5 年间，南华西街多次接待中央领导，其中包括时任中共中央总书记江泽民。广州乃至全国学习南华西街“两个文明建设”的持续时间超过 10 年。

区街企业对于地方经济一度大有意义，按亲历者的忆述，南华西街是“海珠区国有企业的补充、不可忽视的一支力量”，峰值在1986年到1996年之间，从“三来一补”、自营出口的繁荣到“政企分开”而衰弱。而广州的区街企业发展到像南华西这样的规模可说是“绝无仅有”的。总体而言，区街企业难成大气候，但对区经济贡献不容忽视，“在海珠曾占40%—50%”。1991年，区街工业占全市工业总产值6.5%，成为广州市国民经济的重要一翼，也通过“飞地建设”、投资房地产业等参与了城镇化进程。

偷运风波

1976年前后，南华西街自己组装的一台柴油发电机组从广州运到湖南去卖，在经过韶关坪石时，被广东检查站扣留下来，“说我们偷运生产资料出省境”，多方协调才解决了风波。这让南华西街的主事者看到了计划经济松动的希望。

今时今日，走在广州市海珠区南华西街的横街窄巷中，很难想象这里曾经被誉为“中华第一街”。1992年4月，时任广东省委书记谢非在全省创建文明村户经验交流会上发出了“城市学南华西街，农村学南海”的号召。1995年，南华西街被国务院发展研究中心市场经济研究所、广东省人民政府社会经济发展研究中心授予“全国双文明建设中华第一街”。

南华西街最辉煌时是曾经拥有超过60家企业、5大工业区、6000余名员工的“巨无霸”街道企业集团，其所创造的经济效益在广州区街企业中“绝无仅有”，此中关键人物，熟知这段历史的孔繁波（自20世纪80年代起至退休一直任南华西企业集团有限公司副董事长）和陈青（化名，在海珠区经济管理部门工作超过30年的相关人士）两人不约而同提到韩伟煜——在“政企合一”的20世纪八九十年代，他身兼街道办党委书记和企业集团公司董事长。

1975年，当韩伟煜从街道办主任的位置被下放劳动2年多后重返南华西街道办时，街道服务站的功能仍停留在吸纳所在街区“闲散人员”就业，从国有企业接一些技术含量低的手工艺产品回来加工，比如粘纸盒之类。

根据《广州地方志》的统计数据，到20世纪70年代末，因过分强调与国营企业挂钩，广州区街企业发展自有产品受到限制，所以在1978年调整国民经济时，由于广州市汽车、拖拉机生产相继下马，区街工业也受到影响，有30%的企业处于半停产状态。

从由街道闲散人员组成的“街道服务站”一步步转变成“南华西企业集团”，这个王国的缔造，是从清理“街坊大姐”开始的。孔繁波说，早期主导区街企业的都是一些街坊大姐，她们对于经济问题一窍不通，韩伟煜重返街道后重新对人事整顿梳理，同时到国有企业找那些曾被清理返乡的、在“文革”中受到冲击的各路“三山五岳”来做企

| 早期南华西企业的龙头产品——发电机组（高贵彬 翻拍）

业工作——后来甚至有部分“街坊大姐”写揭发信举报韩伟煜用了有历史问题的人。

1976年前后发生的一件事成为开启市场的“契机”。

孔繁波记得，当时南华西街自己组装的一台柴油发电机组从广州运到湖南去卖，在经过韶关坪石时，被广东检查站扣留下来，“说我们偷运生产资料出省境”。这件事惊动了广州市政府，“当时的副市长胡楠卿还曾过问”，孔繁波说，南华西街后来找到已经调到市里工作的海珠区委前书记曾庆申反映，“我们又不是偷又不是抢，只是搞经济而已，而且框框是人定的”，通过市里的协调，省里最终对设备进行解封。

孔繁波将这件事看作南华西从计划经济向商品经济迈步的“契机”，在当时国企体制一潭死水，各省资源各自为政密不透风，一切生产资料都由国家渠道计划调配的大环境下，“搞经济发展看来是有机会的”。

在海珠区政府经济管理部门工作超过30年的陈青记得，当时反而是一批素质高的广州人奔向深圳另辟天地，红旗打字机厂的副厂长便是其中之一，作为企业管理人才被从穗引至深。

花花世界

南华西的区街企业在国家物资流通不畅顺的情况下，通过自有销售网络将物资进行调配“发了财”。这很快就引来全国兄弟单位“抢着”到广州轮岗，他们在广州见识了花花世界，见识了市场经济，不久后，南华西创造的“联营”的运作模式就在全国遍地开花。

很快情况就有了变化，企业人才外流的情况不见了，兄弟单位“抢着”来广州轮岗。

南华西的区街企业起步迅猛，不得不“联合经营”。

“讲得通俗一点，当时我们是有点发国难财。第一，在国家电力短缺的情况下我们做发电机组发了财；第二，在国家的物资流通不畅顺的情况下，我们化工的销售网络将物资进行调配发了财。”孔繁波说。

历经20世纪六七十年代的十年动乱之后，国家开始搞经济，电力奇缺，一个星期“开三停四”很普遍，而国有企业都各自为政。“生产发电机就生产发电机，生产柴油机就生产柴油机，没有人想到把柴油机与发电机拼在一起组成发电机组。”孔繁波说。韩伟煜当时听完南华西机械四厂汇报“市场需求非常大”时，“嗅到商机，立刻上马”。

于是，他们从上海柴油机厂、上海机电厂、山东潍坊机电厂、柳州柴油机厂分别买来柴油机和发电机，“配上自制的开关控制台和钢架”，以“发电机组”卖出，这座组合产品（4万—20万元/台）的利润可以翻倍甚至更多。

在南华西的区街企业中，当时搞联营与发电机组同样红火的还有化工原料，“北京化工厂产能过剩，产品卖不出去”，南华西从北京购进化工原料，通过自身销售渠道“散货”，“北京化工厂的手伸不到的地方我们都会伸到，产品覆盖珠三角和国内大部分地区”，质量更好且比当时珠三角自己生产的还便宜。

孔繁波说，1979年前后还因此被省市化工原料公司向化工部告状，“说我们是资本主义的手法，投机倒把”；后来南华西写了陈情书，“这样做主要是为了满足客户要求，降低生产成本”，通过市里向省里反映，“反对声音”立刻消失；最红火时“月营业额过亿元”。

20世纪90年代，广州市南华塑料厂门市部
（《南方都市报》资料图片）

据孔繁波说，随即，国企身份的省市化工原料公司转过头来要求与南华西“联营”，并要求安排公司的“干部子弟”进南华西的化工企业，“怕被‘无间道’，我们只会安排他们到营业员、内勤、仓库等岗位，营销队伍是不会安排的”。

1988 年在花园酒店国际会议厅召开的“广州市南华工商贸易全国化工会议”让孔繁波记忆深刻，“广州市五套班子全部亮相，全国各地 400 多个化工单位参加”。不过，没过多久，“联营”的运作模式已在全国遍地开花，落到南华西账户上的市场利润越来越薄。

20世纪80年代初期的广州，区街企业中的工人仍以本地人为主，在孔繁波的记忆中，外来者更多是“联营”兄弟单位的外省技术和营销人员。外省人热衷来穗的原因之一，是“像去了香港或者出了趟国长了见识一样”，孔繁波说，单是西濠二马路通宵营业的茶楼已让这些外来者觉得不可思议：广州真是一个花花世界。联营单位来的以技术人员为主，还有部分营销人员，每年大概二三十人，“改革开放的广州对内地的辐射作用是很强的”。

“假洋鬼子”

工业发展需要订单，但时处20世纪90年代初，外国人对内地公司没有信心怎么办？90年代南华西在香港最多设了7个公司，“香港制衣业在国际上又是强项，跟‘鬼佬’说香港在内地开厂生产，人家也接受你，实际上是‘假洋鬼子’”。

“发电机组之后怎么办？”“化工产品迈出国门之后怎么办？”——去香港开公司接单。

“联营”获得巨大成功的前提是国家电力短缺，物资调配政策僵化，但随着改革开放深化，这些问题将迎刃而解，南华西如何走下一步棋是韩伟煜急需考虑的问题，所以，他在班子会议上提出了上述两个问题。

20世纪80年代，南华西在香港开设了两家公司，分别是以服装为主的贸易公司和化工公司。后期政策越来越松，90年代南华西在香港最多设了7个公司。“外国人对内地的公司没有信心，香港制衣业在国际上又是强项，跟‘鬼佬’说香港在内地开厂生产，人家也接受你，实际上是‘假洋鬼子’。”孔繁波说，1994年至2002年是南华西服装出口最蓬勃的年代，“皮衣牛仔机织，我们的市场集中在欧美”。

“到了香港，我们认识到什么叫市场经济”，不过，比起外地人来广州受到的观念与物质冲击，一直在广州生活工作的孔繁波对香港是见怪不怪，“通过‘三来一补’的接触也慢慢了解外面的情况，这是个循序渐进的过程，并不突然”。

无论遇到比广州更“先进”的香港，抑或“后进”的内地，广州人的心态，在孔繁波看来，一直“波澜不惊”。

孔繁波认识的亲戚朋友中，也有在20世纪80年代初到“三来一补”车间工作的，但1992年规模化生产之后，广州人就“顶唔顺”（承受不住），机械化程度越高越要求眼疾手快，本地人自然而然就不做了，“有的结婚生孩子，有的在家接裁缝的活”。

南华西最早的一批外地人是联营企业来的技术人员。曾任机械四厂厂长的黎永壮回忆，1981年前后靠着老同学的关系，黎永壮托人找军工厂的负责人，最后成功引进了四五十台设备。于是，南华西街从北京找来的工程师、技术人员一边在原单位照拿工资，一边在南华西街拿工资奖金，南华西甚至帮忙解决住房问题，“后来，他们就把设备、专家、老技工带过来了”。

“飞地”拓疆

20世纪90年代，南华西企业集团在原有城区范围外“开疆拓土”兴建工业区，从一个面积不到1万平方米、拥有3万人的街区走向一个拥有超过100万亩的厂房，从横街窄巷走向广袤厂房，是当时广州所有区街企业中“疆土”最广的。

除了实业，土地开发也进入了南华西街的视线。早在20世纪80年代后期，南华西集团是当时区街企业中唯一发展房地产行业的。“1987年前后就想到房地产，当时广州市还没有人去想，不过韩伟煜对这个不感冒，如果一早就搞房地产也不至于（企业）现在死成这样。”后人如是评价。

的确，1992年韩伟煜等集团班子成员翻开地图打算对南华西旧城范围进行改造时才发现“南华西已经几乎无地可用”。孔繁波回忆，到1992年时已有不少开发商将南华西范围内的旧城地块基本“瓜分”——“但划了又不敢用，就是炒地皮，看谁来买，当时房地产还没兴起，人们都没那么多钱，全部只能划地”。

最终，南华西拿到的地皮屈指可数，孔繁波只记得，在新港西南面五羊摩托车厂附近拿了一块六七亩的宅基地，此外在北面的海联路（原属桥东生产队）拿了一块不到2万平方米的耕地。前者建成几幢7层高的楼房，其中3层分给土地所在的农民，而后者则建成东翠小区，当时地价在1000元/平方米左右，是广州最早的小区楼之一。

一边是南华西范围内无地可用，另一边则是南华西企业集团在原有城区范围外“开疆拓土”兴建工业区，从一个面积不到1万平方米、拥有3万人的街区走向一个拥有超过100万亩的厂房，从横街窄巷走向广袤厂房，是当时广州所有区街企业中“疆土”最广的。

最后建成的第五工业区位于工业大道南大干围（分东西区），面积上百亩，孔繁波回忆，当时一位女同志去现场视察，满目都是垃圾堆填区，“鞋子掉下去了找不出来，进去一趟出来要立刻洗澡”。孔繁波说，20 世纪 90 年代春茗期间，时任广州市委常委曾庆申问南华西还想不想再发展，并建议应该再拿些工业用地。

当时的地价仅 3 万元 / 亩，大干围一带 100 亩土地当时已被海珠区征去，政府打了几个包准备出让，但有些街道并不感冒，南华西最终以 3 万—16 万元 / 亩的价格前后数次拿完这 100 亩地，“拉平也就 10 万元 / 亩，加起来也就 1000 万元”。

区街工业的发展给中心城区周边乡村地带带来了城镇化大幅提速的机遇。第五工业区 6 层高的 10 幢厂房当时被誉为“最现代化”厂房，设计者陈雄后来参与了新白云机场的设计。

除了海珠区，其实，彼时广州市政府对于继续走出“横街窄巷”的区街企业都有“飞地”政策，比如与东山对口的是大塘街（白云路附近），与荔湾对口的是石井镇，市政府当时划出一个工业区给各老城区作为企业聚集区发展工业。

与现在广州“失地农民”总是希望获得更大经济利益补偿不同，20 世纪 80 年代的广州失地农民与现在的失地农民不是一个概念，彼时农民居住空间充裕且获得补偿欢天喜地，当时的土地价值与现在也不可同日而语。

57 岁的西滘村村民老黄所在的第 16 社在 1978 年前后被征去十几亩地，据他回忆，当时社里按照 1.1 万元 / 亩地的分红返还给社员，失去土地的极少数农民可以被招入征地的厂企，“估计名额早就在村干部内部消化”，吃香程度由此可见。三滘村的村民记得，30 年前，村里征地时“村民都很开心”，因为“可以少种点田还有钱分”，而且对“入厂”的村民要求很严——年轻，有思想，有文化，而且还要有“强硬”的关系。

不过，在孔繁波看来，广州郊区的农民由于有自己的物业，“很多都发达了”，有些自己办厂继续努力，有些则演变成“二世祖”，吊儿郎当导致一贫如洗。“后来经济联社的父老采取措施，要求再就业培训并找工作，否则就不再分红”，“二世祖现象”才得到遏制。

| 南华西街今貌（高贵彬 翻拍）

最后稻草

20 世纪 80 年代末开始，广州的区街企业陆续出现减收亏损的现象，南华西企业的收益虽然还在增长，但到 20 世纪 90 年代也寄发展的希望于上市筹资。但无人料到，上市筹资这根“救命稻草”却成了压倒老马的最后一根稻草。

成也萧何，败也萧何。区街企业成功的脉门在于管理上的自由，但败也败在权责不清的放纵。

隐忧早已埋下了伏笔。根据《广州市志》记载，早在 1989 年，国民经济建设经历治理整顿，市内一些区街企业出现停产半停产现象，亏损户和亏损金额增加。中共广州市委、市政府于1990年再次召开区街工作会议，做出了《关于发展区街经济若干问题的规定》，继续给区街工业以税收优惠等政策支持，大力促进区街经济发展。同时，区街企业的内部改革逐步深化，到1990年，已有80%左右的企业实行了风险承包、招标承包和企业内部层层承包。

“神欲使之灭亡，必先使之疯狂。”古希腊悲剧作家欧里庇得斯一语成谶。

具体到南华西街道，韩伟煜在位的最后几年，孔繁波认为韩表露出“家长制”，“个人迷信登峰造极”，他记得，当时正在填词的《南华西街组歌》初稿甚至对韩伟煜“点名歌颂”，后来韩要求更改歌词，“他自己也知道跳得越高死得越快”。

在韩伟煜正式退休的次年，即1996年，南华西企业集团终于上市，这也是当时班子成员多方奔走，通过多位老领导牵线搭桥，最终办成的。改制之后上市的公司包括广州特种变压器厂、广州市京广深空调设备制造工程公司、广州市南华工商贸易公司等。

孔繁波说，企业上市后可向社会直接融资，不用还本而是直接分利润，“是新的契机”。彼时，“第一个街道企业上市”的新闻也见诸报端。不过，据一名熟知内情的人士称，这对南华西而言只是一针“强心剂”——“上市公司当时是一根稻草，但由于整个体制和产业结构问题救不了，没有自主创新的管理制度在里头，而且分配制度始终不是企业化的分配制度，有个指挥棒在上空，企业赚多少赔多少由企业自己负责，但是无端端要拿出一笔款来负责别人，优质的资产去借款给一个不良资产，那你这家企业只有死的份，你欠债越来越多，资金成本越来越重，产品又没有更新，市场的竞争力就越来越弱，两个加起来就死定了。这种资金纽带管理，加速了好企业的死亡”。这根最后稻草压倒了南华西企业集团，也让南华西街道带动周边快速城镇化的进程戛然而止。

孔繁波说，上市之后现代企业管理制度步伐跟不上，加上产品转型升级的周期跟不上，发展步伐逐渐衰落。2004年前后，曾经创造年产值1700万元的南华西企业集团退市。

以“集体企业”存在的区街企业被形容为“四不像”——既不是民营性质，不像乡镇企业那样可以按照收入分成，只有企业法人而没有股权人，也不像国有企业那样拥有强大的资源调拨权。随着国家出台政策要求“政企正式分离”，区街企业纷纷转制或倒闭直至式微，街道办事处从此走上“专业社会管理”之路。自此，以“集体企业”身份存在的区街企业退出历史舞台。

曾经风光的“中华第一街”曾将广州的其他街区抛在身后——它们或因党委书记无此魄力，或因经济基础薄弱，或因企业无法摆脱小作坊各自为政的经营；相比之下，南华西街则曾有包括前国家主席江泽民等中央领导到访，曾被全市乃至全国多年倡导学习其“两个文明建设”，风头一时无两。

然而，这个曾被时任省委书记誉为“城市学南华西街，农村学南海”的“两南”之一终向历史谢幕。

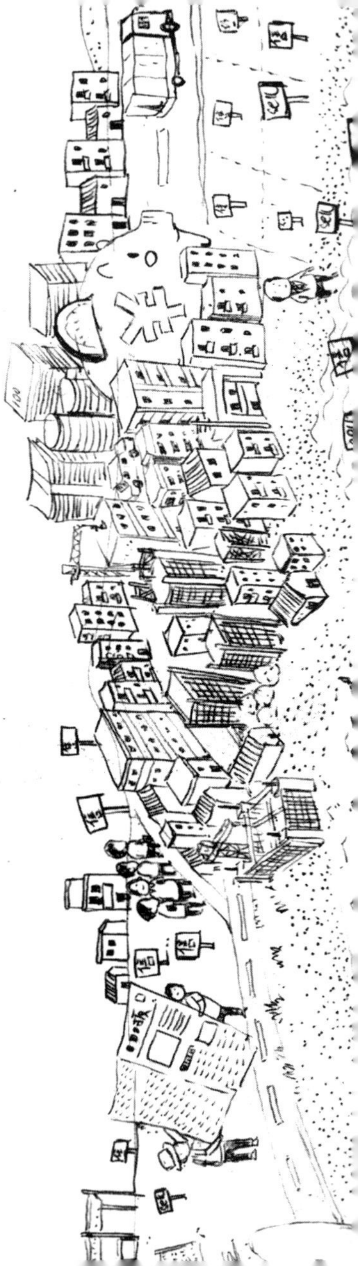

1992—2004

编年史第二部

千帆竞渡　鬻地为舟

开篇语

当肚子被填饱之后，“做个城里人”成为珠三角地区大多数人遏制不住的渴望。

1992年，邓小平发表南方谈话，为一度停滞的中国改革带来了新的活力，城镇化开始变成一种自上而下的策略。为求登岸，各地祭出形形色色的渡河之舟：试点土地入股，让农民成为“有分红的居民”；打造专业镇，以经济发展带动城镇规划建设；引来大学城，让农民直接与“天之骄子”为邻……

较之于第一阶段的产业城镇化，这一时期最鲜明的特色，莫过于土地城镇化。开发区在珠三角遍地开花，一改此前的偏远、封闭，代之以轰轰烈烈的造城运动。数据显示，仅1992年至1993年这一年间，全国设立县级以上开发区6000多个，占地1.5万平方公里，比当时城市建设总用地面积还多0.16万平方公里。

同步到来的，还有市场经济体制确立后土地市场的勃兴。1993年前后，土地出让开始推行招拍挂制度，实现了巨大的制度突破，有利于土地的合理利用和整体规划。由1998年起，国家为了应对亚洲金融风暴对国内经济的影响，调动民间资本，启动了住房货币化改革，停止福利分房，由此催生巨大的房地产市场，其深远影响，绵延至今。

市场经济的确立，还带来了私营企业、中小外资企业的大量崛起。依托于早期乡镇企业初步建立的专业镇格局，珠三角产业群进入了快速发展阶段，灯具、玩具等专业镇开始闻名天下。1998年，珠三角地区有100个镇已经形成明显的产业聚集现象，约占全部建制镇的25%，这些专业镇的产业集群规模一般都超过20亿元，甚至超过100亿元，其产品在全省乃至全国市场占有率在20%—30%之间，多者达50%以上。

纵观1992年至2004年这12年，可以看到，在第二波资本转移的背景下，珠三角城镇被纳入全球化链条。这称得上是最好的时代，制度破冰的改革红利，民工潮涌的人口红利，天时、地利、人和叠加，风正一帆悬，珠三角开始进入新一轮的爆发式增长阶段。但这也为日后埋下了诸多隐患，治安恶化、环境污染、地产泡沫、后劲不足、基建配套落后以及后来饱受诟病的土地财政，都在此阶段显现，其间的成功与失败，值得咀嚼与回味。

南海下柏村：土地入股　农民变股民

关键词　土地资本化　土地股份合作制

从分田到户，到土地入股。1992 年，发生在南海下柏的这一农村集体土地制度再创新，实现了农民的再解放，并更好地分享土地增值收益。此后“南海模式”星火燎原，南粤大地上，数百万股东成长起来。土地股份合作制的推行，实现了土地与资本的结合，满足了工业化、城市化规模用地的需求，也刺激了更多有分红的农民投身第二、第三产业，旧村从此换新颜。外来人口不断涌进、融入，一个新城镇也因此生成。

从分田到户，到土地入股。1992 年，发生在南海下柏的这一农村集体土地制度再创新，实现了农民的再解放，并更好地分享土地增值收益。此后“南海模式”星火燎原，南粤大地上，数百万股东成长起来。

土地股份合作制的推行，实现了土地与资本的结合，满足了工业化、城市化规模用地的需求，也刺激了更多有分红的农民投身第二、第三产业，旧村从此换新颜。外来人口不断涌进、融入，一个新城镇也因此生成。

如今走进下柏，城镇建设仍停留在 2000 年之前的模样。拥挤的下柏工业大道，颓唐的陶瓷、五金工厂，黑水死寂的河涌……时光似乎在此停滞。黄昏的时候，村内祠堂门口常有老人闲坐。他们偶尔还会提到20年前的那场改革，那是只属于那个时代的光荣与梦想。

田耕厌了

分田到户近10年，“大家耕田已经耕厌了”。打工每月能挣四五百元，相当于种地一年的结余，村民对土地不再依恋。

“妈，请外地民工割1亩水稻要多少钱？”

“听说是40元1亩。”

“那好，我们家不足4亩地，这是200元钱，用来请民工，今年割稻，就没我的事了。”这段对话出自1994年8月的《南风窗》，主人公是1992年夏收前夕，南海罗村下柏管理区（后改村，2011年又改为社区）的一对农民母子。

有谁能想到，这将成为下柏人的最后一次集体夏收？

此时，南海分田到户已近10年，周边的大沥、金沙等地，已经利用“马路经济”拉开了城镇化的序幕，下柏人依然不知城镇的滋味。青瓦黄泥的农舍，给人留下最深的记忆便是漏雨。时任下柏村村支书岑三根回忆，每逢下雨，村民们都得穿雨衣度日。村民陈伯则说，遇到台风天，大伙还得跑到祠堂躲避，生怕屋子倒塌。

春耕夏耘，秋收冬藏。几千年的农耕生活，到了这一代下柏人，算是过够了。

“那时大家耕田已经耕厌了。”岑三根说。1983年分田到户后，下柏人均耕地1.5亩，大多数村中劳力得到解放，到村办企业或外地打工，每月能挣四五百元，相当于种地一年的结余，村民对土地的依附愈发减轻。与此同时，随着壮年外出，田间多为老弱，农活的艰辛让他们不堪重负，抛荒者众。岑三根以自己为例：“我老婆是居民户口，分田到户时我一个人就分到2亩多，每天上完班还得耕地，割禾割得腰都疼了，想到耕田都怕！”

村支书尚且如此，何况普通农民？凌晨3点下田，冒酷暑汗流浃背，先煮猪食再弄人饭……下柏的老者们如今忆起，仍叫苦不迭。陈伯回忆，那时村里种地的多是50

| 一辆校车从南海罗村下柏祠堂前开过（张明木　摄）

岁以上的村民，年轻人都在打工，做建筑者居多。他 1985 年便到深圳做起了电器安装，每月能挣 500 多元，而在家种田的妻子一年的结余才 600 多元，“种田根本赚不到钱”。

问题不仅止于厌倦。作为全国实行分田到户最晚的地区之一，1984 年中，南海基本完成分田到户之初，便遇到“水土不服”——当地历史传承的“桑基鱼塘”具有不可分割性，无法分割到户。而在分配田地，提升生产力后，缺憾也随之显现：机械难行，耕作相互矛盾。曾任南海大沥镇干部的叶景良说，当时“你种水稻他种菜，你排水时他灌溉”。此外，土地七零八碎，无法与新兴市场经济接轨。时任罗村镇副镇长白津来回忆说，当时罗村与外商洽谈的不少项目也因土地卡壳，一个项目几千平方米地，涉及几个生产队上百户人，各怀心思导致征地难，常常“吓跑财神”。

20 世纪 90 年代担任广东省农研中心农村改革试验区办公室主任的刘季芸曾撰文指出，分田到户解决温饱问题后，在珠三角等经济迅速崛起的地区，分散的土地让农业规模经营难以实现，更让工业布局分散，城镇化规划布局难以实施。

“一拍即合”

很多村民认为，下柏之所以能成为土地股份合作制改革试点，是书记岑三根多番与上级“勾兑”的结果。

是时势造英雄，还是英雄抓住了时势？回望下柏村这段历史，这个问题令人着迷。

外面的世界早已暗潮涌动。深圳综合开发研究院宏观经济研究中心主任刘宪法的论文《“南海模式”的形成、演变和结局》称，分田到户初期，为解决“桑基鱼塘”生产方式与家庭联产承包经营方式的矛盾，南海部分地区的农民已自发尝试“集中有偿投包”模式，这可算下柏土地股份合作制改革的雏形。1988年，该模式得到省政府的认可，随即在珠三角地区推广。

随着大量农村劳力转入非农就业领域，南海等地农民开始将有偿投包的范围从基塘扩展到所有农地。1990年底，南海政府决定对除基塘之外的农地实行有偿承包，承包者除缴纳承包金外，还须“交公粮”。这一方面解决了村集体公积金和公益金的来源问题，另一方面也可完成国家的订购粮计划。实际上，下柏后期的土地股份制探索只是在此基础上更进一步而已。

罗村中心区域不断拔地而起的高楼，也让下柏人对自己的生活感到不满。《罗村镇志》记载，1985 年罗村城区面积只有 0.189 平方公里。到 1988 年，罗村增加罗湖、城南、城西三个区，将城区规划扩展到 3.46 平方公里。往西约 4 公里的下柏，在此轮城镇扩张中毫无作为。有村民愤愤不平：“同样是罗村人，为什么他们能过城里人的日子，我们还要当农民呢？”老书记岑三根也坦言，下柏区位无优势，很难有机会自己找上门。

历史终究给了下柏人机会。1987 年 5 月 4 日，南海被国务院确定为农村改革试验区，主要是试验土地制度改革和规模化种植这两个课题。1992 年春，邓小平视察南方，发表“发展才是硬道理”和“三个有利于”重要讲话。当年 4 月，南海调整粮食政策，全面放开粮食计划任务和价格，取消粮食订购计划，农村土地卸掉了长期背负的沉重包袱，可以放开手脚调整农业生产结构。不久后，下柏便开始酝酿土地股份合作制改革。

下柏为什么会获得试点机会？很多村民认为，这是岑三根多番与上级“勾兑”的结果。岑从 1964 年开始担任下柏党委书记，改变之心比任何人都迫切。但岑三根则说，这是南海党委的意思，在经联社的基础上搞股份公司，把土地资源集中利用。如何“勾兑”？岑三根含糊其辞：“当时我们有这个想法，正好上级政府也有这个意图，一拍即合。”

改革的消息很快传遍了下柏管理区，1992 年的夏收也成了分田到户后下柏人最后一次以家庭为单位的劳作。本文开篇那段母子间的对话，其实还有个后续——

又过了几天，在外地跑生意的大儿子也回到家。知道其弟用 200 元“赎”身，便也丢下 200 元，说是请民工脱粒晒谷，“不要再来烦我啦！”

——当时的下柏人对土地已无丝毫留恋，改革亦如野马脱缰，奔腾向前。

摁下手印

签字摁手印，领取股民证，那一刻，陈伯觉得，这辈子再不用辛苦耕田了，有种重生般的喜悦。

天时在手，人心也齐，如何破局？

综合老书记岑三根、老村长黄天华的回忆及多位学者的研究资料，如今尝试还原下柏 1992 年 7 月开始试验的土地股份合作制改革的轮廓：在经联社的基础上，成立下柏农业股份公司，与下柏管理区“两块牌子一套人马”，将各村小组所有的农田、鱼塘、空地统一收归股份公司，农具、仓库等也全部标价经营。下柏的土地被分为三区——农耕区、工业区、商住区，分别占比 45%、45% 和 10%。而在改革前，农耕区占比 80%。学者刘宪法在论文中评点，称此种模式将集体所有的农业用地转化为集体所有的建设用地，从而为集体土地入市参与工业化发展打开了口子。

三区土地经营沿袭了“集中有偿分包”的基本模式，800 多亩田地和 300 多亩鱼塘均通过招标实现规模经营，工业区和商住区也由股份公司通过招商规划建设，各类经营收取的标金和利润留作年底分红。

分红按股份发放，成人每人一股，16 岁以下者每人 0.5 股。主政者当时许诺：每股每年至少可分 400 元，每人每月可分得粮食 50 斤，下柏村民优先进工业区工作。

脉络理清后，干部们带着初始方案到 47 户村民家征求意见。结果显示，40 户拍手欢迎，7 户担心有风险。当年 50 岁的黄应祥时任南区村小组组长，他也参加了调研，“当时几乎没有反对的声音，担心有风险的人其实也同意搞”。黄回忆，对于股份、股民，当时下柏人并无清晰概念，“不用割禾插秧，还有钱粮分”才是对人们最大的吸引。更让村民颇有好感的是，改革并非“一刀切”，入股自愿，退股自由，股份可在村内转让，新生孩童亦可花 3000 元到村里购买股份。

有了民意支持，下一步便是完善改革方案的细节。岑三根回忆，当时最麻烦的问题是“资产评估”，即把所有生产资料货币化，“有些村小组人多地少，有的村小组人少地多，土地肥沃和贫瘠的程度都不同”。多番争论后，最终敲定按不同用途土地的年纯收入计算，用土地前 10 年的产量来衡量肥瘦。

改革方案最终在村民代表大会上获得通过，村民签字摁手印，然后领取股民证。那一刻，陈伯觉得，这辈子再不用辛苦耕田了，有种重生的喜悦。岑三根则松了口气，这个掌舵下柏近 30 年的老书记，看到了新的“航行方向”。

1992年底，下柏人领到了第一笔分红。岑三根与村民的记忆在此出现了差异。岑回忆，当时通过农信社把钱打到各家账户。但村民则称，当时是到村委会领取现金，大人每人400元，小孩每人200元。村民良伯说：“当时大家还推着车到大队领取粮食，可高兴了。”村民陈伯也记得，每家一辆木板车停满了村委会大院，热闹非凡。

研究下柏样本的学者们普遍认为，“下柏模式”直接给农民带来的分红并不多，最大的价值在于将大多数农村劳力从土地中解放出来，投身工业化浪潮中。村民陈伯也说：“改革后，土地分红的400元不是很多，但一家人都出去打工，就可以挣好多个400元。”很快，村里的摩托车多了起来，也有积蓄较多的村民开始仿照罗村中心城区的建筑风格，把瓦房重建为楼房。

名传千里

1994 年 4 月，广东省委在南海召开“珠三角农村股份制改革座谈会”，下柏改革得到肯定，从此声名远播，取经者随之慕名而来。

后方初定，风风火火的下柏人开始四处招商。但结结实实上的第一课，便是“基建”。

要想富，先修路。村口的柏罗路（今下柏工业大道）曾被乡人戏称为“水泥路”，下雨时泥水溅一身，泥泞难行不说，还九曲十八弯，短短三四公里路程，下柏人沿此到罗村要 40 多分钟。很多老板见此放弃投资。岑三根发动村民，将这条泥巴路用水泥铺直，遇到邻村土地便“2 亩换 1 亩”，工程得以顺利完工。

道路建成后，下柏人又在中山大学两位教授的指引下，将工业用地规划成三大工业区，即如今的下柏第一、第二、第三工业区。基建工程全面启动的同时，到下柏落子的企业也如雨后春笋。《罗村镇志》记载，此后远近驰名的华兴陶瓷实业有限公司就是在 1993 年成立的。

柏罗路建成后不久，村民投资 2000 多万元兴建下柏立交桥，以便疏导进出下柏的车辆。要知道，当时立交桥在国内属罕见物，高端大气，在招商推介时可算上佳的利器。不仅如此，《罗村镇志》还记载，下柏人在村内建起了汽车站，方便村民往来和货物运输。

基础设施完备后，下柏人加快了招商引资的步伐。近到佛山、南海，远至港澳。下柏算侨乡，众多乡里侨居港澳，但跟他们谈生意并非易事。“我去找以前那些地主，发动他们回乡投资，但他们一上来就跟我算旧账，说是当初批斗了他们的父辈。我只能不断跟他们解释，内地政策变了，有很多机遇。”岑三根他们的努力颇有成效，玻璃厂、陶瓷厂、五金厂等不断在下柏集聚。这些在后来虽被看作是高污染、高能耗代表的企业，在当时却能带来直接的经济增长。岑三根说：“那时的招商可以说是饥不择食，只要愿意来就行。”

下柏农民“不耕田还有钱分”的生活让周边村庄艳羡，迅速发展的工业区更受到政府高层的重视。1993 年，岑三根被选为广东省人大代表，时任广东省省长朱森林也视察下柏。1994 年 3 月，时任广东省副省长欧广源到下柏了解改革情况，在下柏住了一周，走访农家、工厂。当年 4 月，佛山市委常委、副市长邓威楹发表《从南海试验区的实践看农村土地制度建设的路向》，肯定下柏等地的探索。同月，广东省委在南海召开“珠三角农村股份制改革座谈会”，下柏改革得到肯定，从此声名远播。取经者随之慕名而来，除南海、顺德、东莞等地的村庄外，甚至千里之外的四川德阳也曾派专人到罗村下柏学习。

顶峰之后

众多农田变成了工厂，100 多家工厂中的外来工此时已有两三千人，开始超过本地人，人流车流，早市夜市，村庄已成城市。不过，这已是下柏辉煌的顶峰。其后，下柏渐渐淡出人们的视野。只有当南海农村土地体制改革再出发时，人们才偶尔回望这个起点。

星星之火，开始燎原。

在下柏启动改革后不久的 1993 年初，南海便又增设了里水沙涌、平洲夏北洲表为改革试点。与下柏的做法相似，其他试点也是农民以土地入股，划分工业、农耕、商住三区，但细节稍有不同。

1993 年 8 月，《关于推行农村股份合作制的意见》正式在南海实施，提出在两年内分批全面推行农村股份合作制。至 1995 年，改造基本完成，南海全境共建立股份合作组织 1574 个，占经联社总数的 96%，如下柏这样以管理区为单位建立股份合作组织的有 177 个，占全市管理区总数的 73%。这一年，南海的改革继续深化，开始在里水草场村试验“股权固化”，实行股权“生不增，死不减”，完善土地股份合作制。其后延伸出的“两确权”“村改居”乃至 2013 年开始试水的“股权管理交易中心”，也都是对此项改革的深化和完善。此为后话。

在漫天炽热中，当初燎原的那点星火，怎么样了？

“到1997、1998年的时候，下柏已基本有了城市的面貌。”岑三根颇为得意。那时候，村民家家户户基本上建起了三四层的楼房，摩托车替代自行车成了最常用的交通工具，小轿车也有了二三十辆。下柏工业大道两旁，商铺鳞次栉比，下柏市场也投入使用，下柏人从此再不用跑到罗村城区“赶圩”（赶集）。众多农田变成了工厂，100多家工厂里的外来工此时已有两三千人，开始超过本地人。人流车流，早市夜市……人们很难想象，这片繁华的工业城镇四五年前还跟内地的农村一般模样。

此时的下柏人，感受着生活的日新月异，也开始接触改革附带的问题。除了工业污染、治安混乱，村民们最在意的是分红增长缓慢。在城镇化的繁华背后，下柏人当时每年的分红才刚刚破千。岑三根无奈地解释，之所以分红增长慢，是因为大部分资金都用到了基建上。

事实上，那些年已是下柏辉煌的顶峰。其后，随着城镇化浪潮对整个南海区域的洗礼，改革试点的红利终究没抵过新崛起地区的区位和资源优势，下柏渐渐淡出人们的视野。只有当南海农村土地体制改革再出发时，人们才偶尔回望这个起点。

顺德北滘：经济产权改革催生百亿富豪

关键词 乡镇企业　产权改革

1992年邓小平南方谈话后，一连串重大改革率先在顺德开展，其中最为重要的是产权改革。当年的产权改革，顺德不少镇都有疑虑，但北滘人选择站在风口浪尖。北滘镇大部分乡镇企业家对改革充满期待，何享健、杨国强是其中积极性最高的两位。回头再看，他们都已位列百亿富豪榜。

1992年1月，邓小平来到顺德，在科龙前身——珠江冰箱厂逗留了近20分钟。这是他第二次到访顺德，曾经的桑基鱼塘上，农民“洗脚上田”，在工厂中挥洒汗水。

这种变化让他欣喜，他边走边说：“发展才是硬道理，必须抓住时机，发展自己。革命是解放生产力，改革也是解放生产力。”

风起南方，在小平走后，一连串重大改革率先在顺德开展，其中最为重要的是产权改革，改革助推了顺德制造大区的崛起，也催生了一个有代表性的县域成长样本。

当年的产权改革，顺德不少镇都有疑虑，但北滘人选择站在风口浪尖，北滘大部分乡镇企业家对改革充满期待，何享健、杨国强是其中积极性最高的两位。回头再看，他们都已位列百亿富豪榜。

摸到“石头”

正当北滘的民营经济势头喜人之际，1991 年底，统筹全镇乡镇工业的北滘经济发展总公司董事、副总经理周冠雄却着手草拟“乡镇企业股份制改造”方案。最终方案确定下来，明确要把乡镇企业产权逐步过渡为“集体所有制为主导、股东共同拥有”，“当时有个目标，北滘企业能够上市成为公众企业，向市场募集发展资金”，周回忆道。北滘大部分乡镇企业家对改革充满期待，何享健、杨国强是其中积极性最高的两位。

在 30 年后的今天，当人们流连于中国家电之都顺德，概叹顺德的县域经济成就时，他们总会提起一个特别的城镇——北滘。它位于顺德中部，拥有目前广东省内最大产值规模的白色家电企业——美的集团，这家企业的产值已达到 1000 亿元，在北滘镇内员工过万，设有总部大楼、工业园、商住区、高尔夫球场，这一切的存在让外来者称奇。中山大学规划学院教授袁奇峰更直言北滘是“美的城”。

每个人青春期的时候，都有自己的秘密花园。1986 年，北滘中学高中生黎镜波的秘密花园，是“美的沙漠”。

说是沙漠，其实只是一片平地，位于北滘镇三洪奇管理区，是一片被填平的桑基鱼塘，被规划为乡镇企业美的电器的工厂用房。“波仔”黎镜波和朋友们在上面追逐呐喊、盘带过人、抽射倒钩……青春的荷尔蒙，滴进滚滚烟尘里。

谁都没有料到，20 余年后，当年的波仔会在北滘新城内投资建设一栋百米高楼，定位为国际商务中心，引入华南美国商会在楼内设立办事处，与 141 米高的美的总部大楼相邻。他的商业成就，虽无法与美的总部大楼的主人何享健比肩，但他亲眼见证了美的奇迹的诞生。在这块沙漠上，他也栽下了一朵希望之花。

30 年前，时代还不属于波仔，正当红的弄潮儿，是何享健他们。

何享健其时名列北滘经济发展总公司董事会。在产权改革前，北滘乡镇工业的发展正是依赖于北滘经济发展总公司，这是一个镇政府全资控股的企业，控股 50 家乡镇企业。当时的北滘，已经以“风扇城”闻名于外，风扇远销全球 60 个国家。在全国超 10 亿元的乡镇中，排名第三位，拥有 2 家超 2 亿元产值的企业，分别是蚬华风扇厂和美的风扇厂。数据显示，1991 年，北滘全镇的工农业总产值已超过 14.97 亿元，工业

| 20 世纪 90 年代末，农田从分包改为投包（郑俊彬 翻拍）

产值占到工农业总值的 90% 以上。

在一份 1992 年 7 月出版的《北滘企业报》上，北滘经济发展总公司董事会成员共有 13 人，董事长名字不是何享健，而是杜有国。何享健在这 13 人中，排名也不算靠前，为第八位。在这份名单中，还可以看到“区鉴泉”，曾经的“全国十佳乡镇企业家”之一，排名在何享健的前一位。

在势头喜人之际，1991 年底，北滘经济发展总公司董事、副总经理周冠雄却找来广东省体改委、北京大学下属的两大机构，希望他们为北滘镇草拟一份乡镇企业股份制改造方案。

周冠雄籍贯北滘，20 世纪 80 年代末之前一直在外求学、工作，曾赴德国进修信息科学和经济管理理论。北滘发展乡镇工业后，时任镇委书记区祥贤把他请回北滘，主抓科技与工业。

“当时一些乡镇企业厂长负盈不负亏，政府反倒成了债主；也有厂长将利益往其亲朋好友输送，搞民营配套。镇政府最初想通过党纪来约束，但由于市场逐渐形成主导力量，最后决定通过产权改革来解决问题。”周冠雄回忆说。

为了得到省一级支持，周冠雄最终选择了省体改委下属机构提供的股份制改革方案，这份方案的关键在于，明确了要把乡镇企业产权逐步过渡为“集体所有制为主导、股东共同拥有”，“当时有个目标，北滘企业能够上市成为公众企业，向市场募集发展资金”，周回忆道。

周冠雄起草股份制方案后的第二年，顺德来了一位重要的党和国家领导人——邓小平，而这也加速了北滘乡镇企业的产权改革步伐。

1992 年 1 月 29 日，邓小平到顺德视察，并在珠江冰箱厂停留了 20 分钟，这是他第二次到访顺德。当他提出可以搞中国特色的社会主义市场经济时，顺德人觉得机会来了。

1992 年 2 月 24 日，广东省委召开工作会议，落实小平同志南方谈话精神。会议结束时，省委、省政府确定顺德为广东省的综合改革试点单位。当年 3 月，国务院批准顺德撤县建市，顺德市委常委会上形成了“顺德改革要胆子大些，经济发展步伐要快一点”的共识。

当年 5 月，顺德通过政府独资、控股、参股的经营方式，对 1000 家公有制企业进行产权改革。其间，北滘被定为顺德产权改革的试点镇。

区祥贤回忆，时任顺德市委书记冯润胜在推动产权改革初期，部分镇主要领导对于改革认识还不深刻，热情不高，而改革在北滘却获得拥护，北滘大部分乡镇企业家对改革充满期待，何享健、杨国强是其中积极性最高的两位。

“小平让我们摸着石头过河，北滘当时确实是摸到了石头。”周冠雄回忆说。

烫手股份

1992 年股改，美的的基层员工都分配到了认购凭证，但其中不少人对股改有隐忧，希望快速变现。部分本地人索性把认购证卖给了外来收购者，换来了一辆摩托车。

1992 年，北滘三家企业同期进行股改，分别是美的集团、裕华实业和华兴实业。

最受关注的还是美的，作为全国首家乡镇企业，美的电器企业集团开始股改，镇政府公务员和美的内部员工都分配到了一定比例的认购凭证。时任北滘党政办统计助理的列海坚记得，最初一些美的基层员工对股改有隐忧，获得认购证后，有在美的的亲戚就向他打听消息，直指政府和美的管理层有摊派任务之嫌，希望尽快变现。

“当时，包括深发展在内的深圳股票是疯涨的，一些外地人跑来北滘收购美的股票的认购证，部分本地人索性高价卖出，并换来了一部摩托车，一夜之间美的工厂内停车场的摩托车爆棚。”列海坚说。

一辆摩托车在当时的价格并不便宜，大约为10000元，相当于一名美的电器在岗一线工人10个月的工资收入。30年后，也有美的老员工在忆及当时场景时，形容是“何总逼着我们发了一次财”。

1992年与美的同期进行股改的还有另外两家企业，分别是“全国十佳乡镇企业家”之一区鉴泉执掌的裕华实业集团股份有限公司，这家企业前身是裕华风扇厂，北滘风扇产业的开荒者，1990年曾获评为“全国十大乡镇企业”之一；另外一家企业是以生产饲料为主的华兴实业集团，是一家典型的农业企业。

参与股改的裕华实业集团公司抱负不小，在发展原有家电产业基础上，还试图与南京汽车厂合作，引入组装汽车项目。如果该项目成功，一个汽车城或将在北滘形成。

1992年10月，黎镜波曾在其中踢过球的“美的沙漠”上已建成“美的工业园”，工厂旁边是一片田地，可以听到蛙鸣声。工业园在镇中心南侧，当时镇中心面积约3平方公里，与全镇面积92平方公里相比，可算一个“小不点”，环绕镇中心仅有4条主干道，分别是105国道、跃进路、济虹路以及林西路。全镇常住人口8万，分散在镇内村居中。

那一年，因为美的股改，摩托车在北滘镇内普及，这也给波仔带来了商机。他已成长为一名个体户，在碧江村开办了一间摩托车头盔加工厂。他到大良汇丰玻璃厂采购一种叫“亚克力”的有机玻璃，加工成头盔挡板，对外销售，斩获人生第一桶金。

配套建设

1992年，一个北滘建卫星城的计划，谁也没料到会酝酿出如今的一个跻身百亿富豪榜的家族，这就是后来的碧桂园集团。卫星城计划也是得益于股权改革，政府甩开了乡镇工业的包袱，集中力量做配套。同期建设起来的配套设施还有北滘经济开发区和北滘港以及一个高尔夫球场。

产权改革释放经济活力，让企业员工致富，让个体户嗅到商机，更给了政府甩开包袱的机会。退出了管制的政府，下一步该做什么？1992 年，伴随着顺德撤县建市，北滘根据自身处于顺德市郊镇的区位实际，提出建设 10 万人口规模的卫星城计划。

当时在北滘镇中心南侧，有裕华风扇厂、南方电器厂、美的电器厂、蚬华电器厂等多家劳动密集型工厂分布，为解决工人住宿，工厂周边住宅小区包括美的新村、蓬莱新村等已经开始自行生长。黎镜波所在的碧江，因靠近广州，1992年规划一个全国最大的乡镇别墅群——碧桂园，规划面积达到1.1平方公里。只不过，当时的投资者还不是杨国强，而是北滘经济发展总公司、广东发展银行、广发房地产珠海分公司和一位港商。谁都无法预料，20年后，这个房地产项目会酝酿出一个跻身百亿富豪榜的家族。

除了造卫星城，为了让工业产品能够快速出口，通过对鱼塘和滩涂地块进行改造，由北滘经济发展总公司投资，顺德首个经济开发区——北滘经济开发区投入建设，占地 2 平方公里，并配备占地 0.04 平方公里的货运集装箱码头。周冠雄记得，当时顺德已有容奇港，是属于市一级港口，部分市领导对于北滘港的兴建最初存有争议，并出现了资金瓶颈。后来北滘争取到国家科委的“星火技术密集区计划”支持，取得了 1 亿元的建设资金，经济开发区和北滘港的建设才如期推动。

1995 年，北滘的产权改革进入尾声，全镇 61 家企业成功转制。转制后的企业发展势头不一，“市场之手”已在大规模地进行着结构调整。股改后于 1993 年成功上市的美的集团，在 1995 年产值已达到 22 亿元，是改革前产值的 11 倍。而同期进行股改的裕华家电城，由于汽车项目遭遇国家宏观调控，在萌芽后不幸遭遇扼杀，再加上在企业内部管理上有“家族经营”之嫌，没有实现上市，日益从明星企业中掉队。

当年 8 月，北滘港正式通过海关验收，投入使用，这是当时佛山地区最大的货运

| 2012年，顺德区北滘镇街区给人欧洲风情小镇的感觉（卢奕诚 张明术 摄）

码头，广东省最大的二类货运码头，可将货物直通港澳，进而输送到国际市场。那一年，北滘还开始规划顺德唯一一个高尔夫球场——君兰国际高尔夫俱乐部，占地面积1平方公里。这些硬件的打造，吸引首家美资公司惠而浦签约投资北滘，生产微波炉。

“当时北滘镇的人才基本都集中到了美的，机会也比在政府机关要多。我当时也曾向镇委书记区祥贤、美的集团总经理何享健提出请求，到美的去担任总裁办行政助理。但最后区书记认为政府缺乏经济管理干部，不肯放我，后调任我到碧江村挂职村支书。”当时已升任北滘村办副主任的列海坚迎来了人生的又一个转折点。

此时的黎镜波，已将个体户的发展足迹延伸到北滘外。那一年，东芝电池、高露洁牙膏等外资商品开始进入国内市场，嗅到商机而动的他，从加工头盔挡板，延伸到加工陈列展饰、灯箱等。他在碧江村内的厂房，也从最初的家庭小作坊变为一栋3层高的厂房，并雇起了湖南、广西等地的外来工。

政企分离

北滘的股权改革，已酿造出两个百亿富豪榜家族。30 年前在“美的沙漠”踢球的“波仔”现在生意已做到了美国，回来北滘投资他的总部，还富于民。商业中心、医院、图书馆、文化产业逐渐建成，北滘被北滘人亲切地称为“魅力小城”。

已是退休干部的周冠雄此时坐在碧桂园的家中，悠闲地读报、看球。他回忆说，1996 年 10 月 6 日，他代表镇政府与杨国强等人签约，实现碧桂园产权的政企分离；20 年后的今天，碧桂园已“城”长为横跨顺德、番禺两地的大型居住社区，产权改革与造城可谓同步结果。

最新的富豪榜单显示，碧桂园董事长杨国强家族名列百亿富豪榜，与他同样进入榜单的，还有何享健家族，其财富已达到 170 亿元。新世纪到来后不久，美的集团已经完成了管理层融资收购，政府股份已全部退出，何享健家族成为 330 亿元产值的民营家电企业巨头的实际控股人。

北滘在美的完成管理层融资收购后，在保留原镇中心的基础上，北滘开始在镇中心北面、君兰高尔夫球场周边建设北滘新城，新城规划面积为 3.2 平方公里，在原来的鱼塘滩涂上，广场、酒店、医院、公园、学校等配套设施一一兴起，补强工业重镇自 20 世纪 90 年代发展以来存在的短板。

2008 年，顺德获得省委、省政府再次授权，成为省直管县，并启动大部制在内的综合体制管理改革，获得了部分地级市权限。那一年，黎镜波在北滘新城在建的美的总部大楼边，拍下地块准备建设他的总部大楼，那时他已将贸易从俄罗斯延伸至美国。

2012 年，北滘工农业产值已超过 1600 亿元，常住人口达 30 万，新城商业中心、医院、图书馆、文化广场皆已投入使用，市民在新城医院就医有医保补贴，在文化广场还有音乐会盛宴可就近享受，“魅力小城”成为北滘人自豪的称谓。

2013 年 8 月 22 日，已是云浮市长助理、佛山（云浮）产业转移园主任的列海坚再回北滘，此时新地标——141 米高的美的总部大楼已清晰可见，新城内草长莺飞，一片欣欣向荣的景象，规划中的广州地铁七号线也将延伸至新城。

珠海会同村：大学生租猪圈开酒吧

关键词　高校建设　古村开发

珠海人的“大学梦”，无意中探索出一种城镇化的新路向。北京师范大学与珠海市在唐家湾联合办北师大珠海分校，被誉为“亚洲最美丽山谷校园”的高校给曾被誉为“民国第一村”的会同村带来了新变化，学生们或以翔实的调研报告呼吁外界关注古村保护，或亲身到古村中创业，开酒吧，改建私人会所，和画家村民良性互动……大学生们为古朴的农耕经济注入了知识、商业的新鲜血液。

当大学闯入古镇，会发生什么化学反应?

这一切源自珠海人的“大学梦”，却无意中探索出一种城镇化的新路向。以北师大珠海分校为观察窗口，一个是百年名校——北京师范大学与珠海市联合办学的分校，被誉为“亚洲最美丽山谷校园”；一个是“民国第一村”——会同村，历经百年风雨，保留了大量精美的岭南古民居。除了古村落围绕大学所生发的出租屋、餐饮等初级校园经济业态，大学也以自己的方式影响着古村：学生们或以翔实的调研报告，呼吁外界关注古村保护，或亲身到古村中创业，开酒吧，改建私人会所，和画家村民良性互动……在古朴的农耕经济中，他们为其注入知识、商业的新鲜血液。

大学生租了村民的猪圈要将其改造成酒吧，改造时村民议论："怎么选在这个地方啊？"酒吧开张后，却再也没有陌生村民进来过。"他们站在外面，很好奇，但都不进来，也许觉得这是个高档场所，所以不敢进吧。"

三迁祖坟

为了建大学，燕子埔村民的祖坟曾一度"三迁"。"他们为了给园区建设提供空间，进行祖坟迁址。因为选址要么是村民不太满意，要么是学校不太同意，还曾迁了三次。我记得村民在坟前向祖先不停地道歉：'这是为了子孙后代的教育，请祖先多多原谅。'"

如果要细究大学给珠海的城镇化带来了什么，北师大珠海分校无疑是最佳的观察样本。

2000年，当现任教育部部长、时任北师大校长袁贵仁带队来到珠海考察时，这个叫作燕子埔的村庄，全然一派田园风光。预征的6000亩燕子埔村、会同村、官塘村的土地上，农田里水稻葱茏，山地上菠萝、荔枝飘香。

从一个细节可见珠海求大学若渴。据老干部们回忆，当时袁贵仁一行刚抵珠海，市委、市政府派员在上冲检查站恭迎，然后殷勤地送至石景山大酒店。时任市委书记、市长黄龙云以及多位副市长热情接待，诚挚邀请北师大入驻珠海。为了选址踩点，建设局用了短短两个月时间，花了500万元在当时几乎没有道路的燕子埔村修了一条沥青路。袁贵仁一行发现这里山清水秀，适合教学，便当即拍板，在此地建设大学。

2000年10月24日，北京师范大学与珠海市人民政府签署了合作建设北京师范大学珠海分校协议书，拉开了北京师范大学在珠海建设新校区的帷幕。"签约时，很多名人都见证了这一刻。"老干部们用这个细节来印证当时仪式的郑重。

2002年初，北师大珠海分校工地的打桩机发出第一声巨响。这声巨响的背后，是高新区会同社区的燕子埔村、会同村及官塘村等村庄传统生活的改变。

每年清明，燕子埔的长者们都会带领儿孙，到北师大珠海分校内一块俗名叫"蓑衣挂墙"的山地祭拜祖先，那是他们祖坟的集中地。在山坡上，可以望见分校的美丽全景。村民谢桂山会指着山下，告诉后辈“这里曾是我们的家园”，他希望他们不要忘记自己的“根”。

大学的到来，给村民带来的第一个影响，便是土地的更替以及附着其上的祖先坟址。

很少有人知道，为了建大学，燕子埔村民的祖坟曾经历“三迁”。“他们为了给园区建设提供空间，进行祖坟迁址。因为选址要么是村民不太满意，要么是学校不太同意，还曾迁了三次。我记得村民在坟前向祖先不停地道歉：‘这是为了子孙后代的教育，请祖先多多原谅。’”曾主管珠海大学园区的一位老领导回忆。

村民们为了教育，豪爽地腾出了土地，也为日后留下了一块心病。2006年，在官塘村一个条件简陋的平房住了几年后，谢娣妹一家住进了唐家湾新城的回迁房。按照她在燕子埔房屋的面积，政府分给了她几套70平方米的房子。除了一套自住，她将其他的房屋以每个月700元的价格出租。由此，燕子埔村民离开祖祖辈辈耕种的农田，“上楼”了。随着金鼎地区城镇化的发展，近些年，他们在唐家湾新城的空置房开始有人求租，老一辈燕子埔村人才开始靠出租房增加收入，不至于像从前一样收入微薄。

然而，燕子埔村仍存在着土地的历史遗留问题。“搬迁之前我们提出生活用地、旧村场用地共120多亩的调地，当时相关部门的领导对调地问题多次承诺，先搬迁，然后再在其他地方调用另一块120多亩的地给回我们使用。但是至今都没有兑现。”村长彭玉锦说。

高新区管委会相关人士也证实，大学园区建设征用燕子埔村128亩旧村场用地多年，没有给予补偿；因回迁房质量差、128亩旧村场用地未落实等问题，燕子埔村民多次上访，并要求政府返还土地。政府曾向官塘村征地，以调给燕子埔村，但是未能实现。由于这一事件涉及部门多，情况复杂，一直没有得到妥善解决。

“我们村民非常支持大学建设，也很信任政府，付出了土地，失去了家园，但是政府要履行承诺。我们要求并不高，只是希望返还土地给我们开发利用，提高村民收入。”彭玉锦拿燕子埔与官塘进行比较，他说，官塘当时也被征用了2000多亩地，但是他们的旧村场仍保留着，依靠着北师大珠海分校，该村发展出租屋、餐饮经济，村民收益不少。燕子埔村民认为，如果当时还留有土地供他们发展经济，这10年来村民的收入会比现在好得多。

民国老村

会同村曾被誉为“民国第一村”。村人前辈包括首任香港太古洋行总买办莫仕扬。会同村号称是广东第一个用电的乡村，还拥有广东第一个用电的私人宅院。碉楼、莫氏大祠堂、栖霞仙馆等是其标志性建筑，它被称为“岭南民居的活化石”。

2002年10月5日，一张张年轻而新鲜的面孔出现在燕子埔——第一批大学生来了。

作为北师大珠海分校第一届大学生，罗曼莉与近千名同学一起来到珠海。当时学校仅有5个院系，仅招收广东学生，罗曼莉在中文系，系里一共有160人。

刚来的时候，校园正在热火朝天地建设当中，开工短短9个月，就建好了几栋学生宿舍楼，教师楼、学生食堂、教学楼、交流中心等一应俱全。看到一半农田、一半工地的校园，罗曼莉并不感到荒凉或失望，倒是充满着新鲜感，“觉得学校山清水秀，真漂亮”。

大一时，罗曼莉第一次经过会同村。她并不知道这个村落的历史。和同学准备到一个水库游玩时，她骑车穿越会同村，青砖黛瓦的岭南旧民居中，老人们摇着蒲扇穿行，宁静古朴的气息扑面而来。

她不知道的是，会同村曾被誉为“民国第一村”。1836年间，莫、鲍和欧阳三姓族人自不同地方相约于凤凰山北麓建村，“会同”之名由此而来。会同村的大人物，当数莫仕扬，他是买办文化的代表人物之一。19世纪60年代初，莫仕扬跟随家人到香港打工，从一名普通帮工做到了首任香港太古洋行总买办。莫仕扬死后，职位由其子莫藻泉顶替，莫藻泉相传是中国最早发明挂历的人，并通过挂历推销他经营的太古糖，开了利用广告促销产品的先河。莫藻泉之后，太古洋行又传至其子莫干生手上，直到20世纪30年代洋行取消买办制度为止。莫家三代人在太古洋行任职60余年，先后援引近千族人到洋行工作。

功成名就的会同村人衣锦还乡，用积攒的血汗钱为子孙构筑家园。到了晚清同治至光绪年间，会同村在统一规划设计下进行了重建。重建后的会同村规模宏大，最有特色的是中西合璧风格的建筑，嵌填在棋盘式方格网状的宅基地中。会同村号称是广东第一个用电的乡村，还拥有广东第一个用电的私人宅院。碉楼、莫氏大祠堂、栖霞

| 会同村中一边是老建筑，一边是新建的农村洋房（陈坤荣　摄）

仙馆等是其标志性建筑，它被称为“岭南民居的活化石”。

付叶岚算是有心人。她是北师大珠海分校2006级文化产业管理专业学生。2007年9月，她和同学骑车绕到会同村，当场被精美的建筑、深厚的底蕴以及破旧不堪的现状惊呆了。

“我当时去了碉楼、莫氏大祠堂和栖霞仙馆，祠堂旁边有个五金加工厂，声音刺耳，扬起一片灰尘，跟祠堂雕梁画栋的风格和文化底蕴形成强烈反差。而栖霞仙馆荒草丛生，可以自由出入，墙面还画了不少防水、除白蚁的广告。这都让我感到很惋惜、很痛心。”付叶岚说，“会同村像一个很美丽的姑娘，但一直没有人知道她的美，保护她的美。”作为一个文化产业管理专业的学生，她觉得自己有责任让包括本校学生在内的更多人了解这个“岭南民居活化石”。

回校之后，付叶岚花了半年时间，请她的系主任及几位老师同学一起，对会同村的历史和现状进行全面调研，拍摄了大量的照片，最后形成了一份详尽的报告。他们通过展览、论坛发帖等形式，让师生们关注身边的“宝贝”。曾经与她调研的老师们，也在一届届学生的课堂上介绍会同村的历史文化。会同村成为一些北师大分校学子大学生活的共同记忆。

创业聚集

老村租金便宜，吸引了不少大学毕业生在此创业，大学生改造猪圈而成的酒吧，每个月收入多则五六万，少则一两万。

燕子埔村民所言非虚，保留有村场的会同村和官塘村的村民比燕子埔村的村民见证了大学带来的更多变化。

由于会同村租金便宜，一个偌大的老房月租不超500元，不少师生、清洁工在此租房。毕业于北理工珠海学院的蒋松雪，可说是把商业经营带到这条古村来的第一人。

2008 年，蒋松雪毕业后，开始在学校周边寻找创业机会，希望成立一间酒吧。他看到会同村周边许多农家乐每到周末都吸引许多游客，而会同也是珠海今后着重发展的文化创意产业基地，旅游肯定会越来越红火。“周边有北理工和北师大的学生，附近又没有娱乐场所，酒吧肯定有客源”，这个应届毕业生信心满满。

选址时，他找到了会同村保护区外围的一个仓库，门牌号是“2046”，和王家卫的电影同名，有点意思，就确定将其作为酒吧地址，并将酒吧命名为“会同存艺”。向房东一打听，发现这里原来是房东家的猪圈。“虽然当时是猪圈，但是我看到里面的空间和我们预想的酒吧大小刚好相符，就定下来了。”接下来，蒋松雪和自己的父亲花了 4 个月的时间，将一座猪圈改造成了会同村的第一间休闲酒吧。

建设期间，不少村民路过，都会好奇地进去看两父子装修。这个平静怡然的农村，因为经济发展不起来，加上政府政策保护老村建筑，已经许多年没有过土木建设了，所以蒋氏父子引起了他们的关注。在这样宁静又相对落后的农村，村民怎么也无法想象要建酒吧，都以为要建大排档。蒋氏父子在干活，村民就在旁叽叽喳喳地讨论：“怎么选在这个地方啊，我小时候还在这撒过尿呢……”

2009 年，当他们将酒吧装修成中国风特色，头一天把灯亮起来之后，就再也没有陌生村民进来过。“他们站在外面，很好奇，但都不进来，也许觉得这是个高档场所，所以不敢进吧。”蒋松雪说。

酒吧建成后，人气不错，每个月收入多则五六万，少则一两万。许多北师大珠海分校和北理工珠海学院的学生纷纷组团到这里消费，本村一些爱玩的年轻人也是这里的熟客。他们都和村民相处融洽。

2010年，毫无美术专业功底的蒋松雪还与父亲亲手用水泥制作了一个高两三米的李小龙像，摆放在酒吧门口。李小龙扎着马步，一条龙围绕在他身旁，威武霸气，一时间引得不少村民好奇参观，这为其酒吧增添了不少辨识度。李小龙的水泥像出现在岭南古村落里，混搭中透着和谐，它在会同村也变成了一个地标式的特殊存在。

私人会所

北师大珠海分校的几位教师、学生不久前来到会同村，开始为这里的岭南古建筑“再成长”带来新鲜的思路和开发模式——私人会所。莫氏的一间祖屋，会同村面积第二大的一间旧宅，也准备开发成私人会所。莫氏的后人就是看过他们的会所“样板房”后，才愿意将房子租给他们进行改造，“让会同村的文化得到更好的传承”，屋主说。

白天做饭做菜，给大学生送外卖；晚上在旧仓库里翻修自行车，翻新后再销售给学生。曾在北师大珠海分校读书的朱冯武，2010年毕业后来到会同村，寻找创业所需的廉价出租房。他先是租房住了下来，慢慢地租了另外几套旧屋，做起了生意，生意的对象都是北师大珠海分校的师弟师妹。生意已然步入正轨，旧仓库里的二手自行车堆在一起，多达300辆，蔚为壮观。

而他做的一件更为出彩的工作，是与北师大珠海分校一位加拿大籍教授合力改造一间旧民居，使其成为一家古朴又新颖的私人会所。

“会所”这个词，在会同村其实并不新鲜，因为早有雏形。会同村内的一个中西合璧的园林式禅院，名叫栖霞仙馆，由莫仕扬的嫡孙莫咏如于20世纪初为他的爱妾建造，也是这位成功买办消暑度假、交朋结友的乡间场所。几十年后，会同村的发展陷入停滞，老建筑日渐衰败，这个早期的“会所”也早已名存实亡。

朱冯武改造的这所老房子，位于会同社区居委会隔壁，有大约200年的历史，被朱冯武师生选定了“琴棋书画茶”主题。推门进去，质朴的竹帘悬挂，绿色盆栽映衬着小院，大厅摆着一张偌大的木桌，上面摆放着茶壶。会所还有一个书房、一个琴房兼棋房，灯饰独具匠心，古朴而又新颖，与老屋的风格相得益彰。这个会所不对外开放，只作为加拿大籍老师自己招待朋友的一个场所。

“我认为将老房子改建成会所是会同村商业发展与文化保护相结合的一个最好的方式，因为会同村的建筑物大都是民宅结构，难以用于其他开发。建私人会所既可以把古建筑保护起来，又可以合理开发，产生经济效益。政府进行保护和开发固然好，但有其局限性。私人的保护开发也是一个值得探索的模式。”朱冯武说，他的这个会所“样板房”已经得到不少人的认可，并形成效应。朱冯武表示，会同村的民居产权所有人多在海外，难以联系，而且他们往往不愿意将祖屋交给他人开发，担心祖屋受到破坏。“其实他们也希望古屋能在得到保护的基础上进行开发，只是难有这样的模式让他们放心。”

不久前朱冯武他们租下了莫氏的一间祖屋，是会同村保护较好、面积第二大的一间古宅，也准备开发成私人会所。莫氏的后人就是看过他们的会所“样板房”后，才愿意将房子租给他们进行改造。“我以后也将拓展这项工作，让会同村的文化得到更好的传承。”屋主说。

除此之外，会同村2007年建立的“画家村”，也逐渐与高校形成了良性互动。北师大珠海分校艺术与传播学院的老师曾带学生来这里交流、学习，未来这些画家或会在北师大珠海分校举行画展、论坛交流等活动。

中山古镇："所有鸡蛋放在一个篮子里"

关键词 专业镇 展会经济

中山古镇，这个只有47.8平方公里的小镇，用30年时间，穷两代人之力，通过确立专业发展灯饰政策倾斜、大办展会、引进人才等方式，形成了产、供、销"一条龙"格局，终将"中国灯都"这个辉煌的称号，加冕在自己头上。

看到商场柜台上的玻璃灯，中山古镇人眼前一亮。

这是一个充满草根意味的财富故事。它来源于这里人们灵敏的商业嗅觉、筚路蓝缕的创业历程、孤注一掷的政策勇气以及这个人人热爱光明的大时代。这个总面积只有47.8平方公里的小镇，用30年时间，穷两代人之力，终于将"中国灯都"这个辉煌的称号，加冕在自己头上。

"见风使舵"

老行家们回忆，他们原来多是做小家电的，通过寄售的方式在商场出售。一天商场专柜里的小家电卖完了，商场方见货架空旷，便从旁边的灯具柜台拿了一些玻璃灯充数。有心人发现，这些玻璃壁灯要比小家电的利润高出许多。眼前一亮的他们，迅速“见风使舵”，纷纷转行灯饰业。

古镇人做灯饰，可说是误打误撞。20世纪70年代末，国门打开，古镇与港澳的联系渐渐增多，人们发现进口小家电的利润很高。这里自古从事经济作物生产，古镇人经济头脑分外活络，嗅到了如此商机，怎能不心头发痒？

当时做进口小家电生意，一般采用寄售的形式。商家把产品寄存在大商场的柜台出售，商场统一收费，售后定期结算。老行家们回忆，有一天，专柜里的小家电卖完了，商场方见货架空旷，便从旁边的灯具柜台拿了一些玻璃灯充数。有心人发现，这些玻璃壁灯要比小家电的利润高出许多。眼前一亮的他们，迅速“见风使舵”，纷纷转行灯饰业。

这场自动自发的市场萌动，爆发出了惊人的能量。不足两年时间，数里长的海洲街道就成了灯的海洋，到处是卖灯人、灯饰店、灯具厂……不过，这些厂多数都是夫妻店、兄弟厂，他们从佛山、南海和顺德等地采购灯饰配件，进行简单的组装、拼凑和仿造后，再向全国各省市推销。

1986年，灯饰潮涌初期，经营着当时古镇最大花木场的区炳文也按捺不住，正式转行。他叫上两个合伙人，共集资5万元，成立了华艺灯饰电器厂。创业初期，一切从简。他介绍说，当时工厂请了4名工人，买回简单的生产工具，在自家经营的冈东花木场划出一块地，用树皮搭起简易棚作为厂房，“当时主要生产小五金、壁灯、音响、充电器等小物件，我们以销代产，市场需要什么我们就生产什么”。

开张4个月，到春节的时候，“中国合伙人”们就回本了，还赚了4万多元。有了近10万元，胆子大了的他们就租下了村农机维修站的300多平方米的厂房。合伙人们有勇有谋，区炳文说，当时老百姓很喜欢吸顶灯，而吸顶灯的灯罩式样是关键，制造灯罩关键在吸塑机。“当时，古镇只有一家工厂有吸塑机，我们想去看看，别人不愿意。于是我们下血本在成都吸塑机研究所买回来一台。有了吸塑机，就能抽出各式各样的吸顶灯罩，生意果然大好。”

有了产品，还要有渠道。许多业务员带着区炳文他们生产的产品，到全国各省市推销。1991年开始，古镇的很多企业就纷纷在昆明、成都、温州、沈阳等6个城市设

| 中兴大道旧貌（《南方都市报》资料图片）

立办事处。时至今日，很多古镇人都说，要感谢这些古镇的“灯饰鼻祖”，是他们灵敏的商业头脑，带动了几十家企业，激活了供销员跑外销的积极性，无形中塑造了一批销售人才，这批人员很快成为古镇民营经济拓展销售渠道的主力军。

受全国房地产热、基础设施建设热和家庭装修热的影响，1992年开始，古镇灯饰业进入更大规模的发展热潮。这一年，区炳文的华艺灯饰在古镇迎风路开店，这是古镇成规模的第一家灯饰门市店。门市店分四层半，约1700平方米。一楼作为店面、办公室，其他全部用于生产灯具。

一个篮子

古镇灯饰发展起来后，政府内部出现了分歧，社会上不少人也提出质疑——鸡蛋怎么能只放在一个篮子里？时隔多年，古镇负责人解释道，古镇只有47.8平方公里，载体并不大，全力发展一个产业已经很困难，分散资源则可能制约发展。

随着国内灯饰市场勃兴，古镇灯饰一时供不应求。腰包鼓了、腰杆硬了的古镇人不甘于小作坊生产，开始自购注塑造模设备和五金配件冲压机械，自产灯饰配件，并抓住灯饰产品以外形变化吸引用户的这种特点，不断地吸收、引进港澳台地区的流行式样，所制作的新产品甚至开始渗透到当时全国灯饰生产销售基地温州、宁波。“灯饰业的兴旺，使镇内其他行业业主，也纷纷地转行、转产或改行加入灯饰生产行业，形成了古镇第一轮灯饰制造热。”古镇主要负责人回忆道。

20世纪90年代的古镇，工业已经十分发达，全镇拥有“一商集团”“二商集团”“工业集团”“琅玛集团”等八大集团40余家集体企业。不过由于人才、技术等瓶颈，这些集体企业无法发展壮大。相形之下，灯饰产业一日千里，尤其是1992年、1993年，许多外地灯饰经销商直接到古镇取货，大批的古镇推销员回到家乡自办灯饰厂。在这种形势下，1993年，古镇正式确立了灯饰产业的“龙头”地位。

“古镇有那么多的产业，为什么要单单发展灯饰呢？”以灯饰为龙头产业，在政府内部出现了分歧，社会上不少人也提出质疑——鸡蛋怎么能只放在一个篮子里？时隔多年，古镇负责人解释道，古镇只有47.8平方公里，载体并不大，全力发展一个产业已经很困难，分散资源更可能会制约发展。

有了政策的“源动力”，古镇灯饰终于迎来爆发式增长。1996年，古镇灯饰一条街形成规模，三四百家灯饰企业入驻，形成壮观的“十里灯饰长街”。据区炳文介绍，当时许多灯饰厂根据市场需要，及时地改革生产方式和调整产品结构，购进先进的生产和检测设备，招聘各类专业技术人才和管理人才，采用电脑设计产品外形和利用电脑进行企业管理，建立国内定点销售网，形成了产、供、销“一条龙”格局。到90年代中期，古镇灯饰的花色品种已经变幻万千，层出不穷，基本上每隔三个月便呈现一次新的灯饰潮流。

发财须立品。确立灯饰为龙头产业后，古镇开始大力提高产品质量。1995年，古镇成立了中山市首家镇级质检办，将产品质量检查纳入常规工作之中。1997年，在古镇首届灯饰产品质量大会上，镇党委政府抱着不包庇、不护短的态度，对不合格的灯饰企业进行曝光、整顿。“1996年，古镇与广东省质量检测中心合作，欲扶持100家灯饰企业通过中国长城（CCEE）产品质量认证，当年广东省质量检测中心即在古镇设立实验室，对灯饰企业给予技术指导，陆续影响了近千家灯饰企业。”中山市天圣长

| 中山古镇今貌（《南方都市报》资料图片）

和管理技术咨询有限公司总经理蒋富裕当年曾是该实验室的一名技术员，他说，90年代末，古镇95%的灯饰厂通过中国长城（CCEE）产品质量认证，众多出口企业通过美国UL、欧洲CE、加拿大CSA等产品质量认证和ISO9000系列质量体系认证。

乡村风味

一场不乏乡村风味的灯饰博览会在大街上开了起来。那是在1999年，在城镇化建设刚刚起步，既无场馆又无配套设施的条件下，古镇的制灯人打定主意要一鸣惊人，甚至将“让世界认识古镇，让古镇灯饰走向世界”确立为展会主题，于是一场灯饰博览会开办了起来。

1999 年，古镇灯饰已亮遍神州。中国照明电器协会发布的数据表明，古镇装饰灯当年已占国内市场相当的份额，但在国外的影响力却远远不够，多数灯饰企业从未涉足过国外市场。墙里开花，如何香透墙外？

能否以展会为载体，把外商的目光吸引到古镇？

灯博会的创意应运而生。

在城镇化建设刚刚起步，既无场馆又无配套设施的条件下，这些大胆的制灯人打定主意要一鸣惊人，甚至确立了“让世界认识古镇，让古镇灯饰走向世界”的展会主题。

“那时我们仅有银泉酒店一家三星级酒店，许多客商只好安排到几十里外的中山市区和一江之隔的江门，每天早出晚归地派专车接送。因为没有博览会的主场馆，于是只好用古镇的‘灯饰一条街’作为博览会的主会场。在大街上办博览会，可能是我们古镇人首创的。”当年参与首届灯博会的一名负责人笑称。

在大街上办博览会，真的不是夸张之语。古镇人选了“灯饰一条街”最好的地段，全长 1.2 公里，中间统一留出 13 米宽的通道，搭建临时展位，形如一条长龙。白天遮阳，晚上各种灯光一照，流光溢彩，令人目眩。

这场不乏乡村风味的灯博会，引来四海宾朋。“1999 年 10 月 15 日，古镇和海洲两个博览会场上人山人海。谁也没有想到，会有这么多人来参加我们的灯饰博览会。当我们看到那么多喜气洋洋的古镇人、中山人，还有从北京及全国各地、海内外来的领导、朋友和商家时，我感觉太震撼了，我知道我们古镇成功了！”回忆起第一届灯博会的盛况，区炳文感慨不已。

据统计，首届灯博会不仅吸引了国内的几十万名客商，还招徕了世界各地 40 多个国家的客人，彻底打开了古镇灯饰的外销之门。展会期间，古镇灯饰成交额达 11 亿元，引进外资 200 多万美元。在灯博会的带动下，2001 年底古镇灯饰出口额由 1999 年的 4027 万美元上升到 2.5 亿美元，灯饰企业由 1999 年的 975 家发展到 1432 家。至 2002 年，古镇的灯饰年产销量达 60 亿元，在全国灯饰市场上的占有量达 60% 以上，并在国际市场上显露实力。

| 1999年，第一届灯博会期间客商在选灯饰（《南方都市报》资料图片）

经营城镇

首届灯博会仿如催化剂，迅速点亮了古镇的城镇化进程。随着散落在古镇四处的灯饰门市陆续集中到大卖场，古镇也随之逐渐蜕变成美丽城市。

2000年，开阔了眼界的古镇人提出了“经营城镇”的理念。散落在古镇四处的灯饰门市，陆续集中到大卖场，相应的配套设施随之完善，古镇由一个工业镇向商业中心、商贸镇发展。

就在同一年，古镇提出了“欧洲风格”“岭南特色”的城市规划。按照这一规划，2002年前后，古镇包括人民广场、文化中心、体育馆、灯饰广场，以及国贸广场、六坊大厦、六坊花园、乐丰花园、灯都华庭、东方明珠、冈东大厦等一大批建筑群落成，造就了古镇城建使人叹为观止的巨变。

2002 年 11 月 8 日，第二届灯博会开幕。开幕当天，古镇灯饰获得了由国家轻工业联合会和中国照明电器协会共同颁发的“中国灯饰之都”牌匾。为了打造出一个名副其实的“灯饰之都”，2002 年，古镇先后投入 10 多亿元，完善各项城镇建设。总投资额达 3.8 亿元人民币，建筑面积 8.3 万平方米，集商贸、娱乐、购物、餐饮等于一体的国贸广场，总投资 1.8 亿元、建筑面积共 11 万平方米的灯饰广场，还有综合体育馆、文化公园等相继落成投入使用。一夜之间，古镇由破败的小乡镇，蜕变成一座美丽的城市。

据古镇主要负责人介绍，自 2009 年时代广场投入使用，古镇家庭作坊式的夫妻店、前店后厂等经营方式逐渐被取代，世贸广场、灯饰大厦、银泉酒店、东方佰盛广场等一批高档专业卖场、现代服务配套和工业现代化厂房相继建成，古镇灯饰业进入一个全新的营商时代。

惠州大亚湾：
政商结盟应对地产调控

关键词 第一波地产泡沫 代资建房

改革开放后的第一次房地产热，在广东惠州大亚湾生成。然而，宏观调控之下，繁华的泡沫一夜之间被打回原形。在长达 13 年的经济疲软期中，大亚湾经济技术开发区的城镇化进程曲折前行，在国家调控政策下，地方政府财政紧张，政商选择了“结盟”——代资建房，开发商出资代政府建设，政府则待大项目落实后还钱。随着 2002 年石化项目的正式落户，寒冬方才过去。2007 年后，当房地产市场再次升温，大亚湾土地再次遭到投资商哄抢，房地产业再次迎来了飞速的发展。但房市旺人气不旺，大量深圳客在此买房后并未入住，这里被媒体形容为“鬼城”。

1992 年，潘石屹在海南靠炒房炒地，挣到了人生中的第一个 100 万元；同一年，湖南商人黄玉彪在大亚湾投资房地产，10 万元拿下的一块地，转手就挣到了 100 万元。

改革开放后的第一次房地产热，在广东惠州大亚湾生成。但没有真正的城镇化支撑，资本游戏犹如昙花一现。宏观调控之下，繁华的泡沫一夜之间被打破。

位于大亚湾澳头安惠大道的一个大型楼盘，1993 年房地产泡沫破裂之后，一直烂尾至今仍未盘活（田飞　摄）

在长达13年的经济疲软期中，大亚湾的城镇化进程曲折前行，在国家调控政策后，地方政府财政紧张的情况下，政商选择了“结盟”——代资建房，开发商出资代政府建设，政府则待大项目落实后还钱。随着2002年石化项目的正式落地，寒冬方才过去。

2007年后，当房地产市场再次升温，大亚湾土地遭到投资商哄抢，房地产业再次迎来了飞速发展。但房市旺人气不旺，大量深圳客在此买房后并未入住，这里被媒体形容为“鬼城”。

20 年弹指一挥间，大亚湾已经经历两个轮回。站在今天，哪些教训该被扬弃，哪些经验该被汲取？

以地换钱

1989年，石化项目有望落户惠州的消息传出，只有小学学历的商人黄玉彪写下“面朝大海，四通八达；背靠大山，十拿九稳”。当年任大亚湾管委会副主任的杨佛清则回忆，上面不拨款，管委会自谋出路。从湖南南下大亚湾炒地的黄玉彪因此与杨佛清结缘。一个买地，一个卖地；一个投资，一个招商。

1989 年，消息传来，中海油、中海壳牌等大项目有望在此落户，大亚湾获准成立国家经济技术开发区。“80 年代看深圳，90 年代看惠州”的说法不胫而走。

1990 年 5 月，《城镇国有土地使用权出让和转让暂行条例》出台，为土地使用权有偿出让提供了具体依据，为建立可流转的房地产和房地产市场的形成奠定了基础。刚刚建区的大亚湾在全区大范围地征地，大量的外地投资商纷纷抢滩大亚湾。1991 年，黄玉彪的邵东老乡阳富清、吴晓辉来到大亚湾炒地皮，开发房地产，一夜之间富甲一方。

当此之时，只有小学学历靠建筑队起家，人称“黄百万”的黄玉彪开始跃跃欲试，伺机南下。

但当时的大亚湾恍如混沌初开。1991 年，他坐长途汽车来到大亚湾西区，抬眼望去，四周一片荒芜，“根本就没有像样的路，澳头到霞涌要穿过一片草丛才能过去。要么，只能坐船”。

但商人的敏锐让他决定留下。眼前谜一般的海湾，大亚湾石化区的宏伟规划，让他流连忘返：“我还记得大亚湾石化区有三棵大树，有一次，我和杨佛清一起去那里，我看到了碧海蓝天，想到多年后大亚湾的景象，心潮澎湃，于是写下了两句话：‘面朝大海，四通八达；背靠大山，十拿九稳。’”随后，黄玉彪成立大亚湾广宝实业有限公司。

规划确实宏伟。但坐在铁皮棚子里办公的时候，大亚湾管委会副主任杨佛清不是没有愁过。这个时年 44 岁的干部，原是惠阳县的副县长，大亚湾此前属该县管辖。从惠阳分割出来后，一批原县领导被委以重任，负责大亚湾建区工作。当时被派往大亚湾的领导班子有 8 人，他们后来被人称为“大亚湾八大金刚”，杨佛清名列其中。

“当时大亚湾一穷二白，连路都没有一条，我记得我们的办公室是临时租用的铁棚。”杨佛清回忆道，“当时市一级领导说得很清楚，刚刚建区，上面不拨款，自谋出路。没办法，我们想到一条路，那就是‘以地换路’‘以地换钱’。”在他看来，在当时特殊的历史条件下，这是大亚湾从一个渔村晋升为现代化城镇的唯一选择。

1992 年初，邓小平发表南方谈话。随后，中央向全国传达了《学习邓小平同志重要讲话的通知》，提出加快住房制度改革步伐。全国各地数千亿元资金蜂拥扑向海南海口、广西北海、广东惠州等南方沿海城市。一时间，该地区房地产价格扶摇直上。这是中国改革开放之后有记录的第一次房地产热。

十天百万

著名地产商潘石屹的故事广为人知：1992 年 8 月，他在海南靠炒房炒地挣到了自己的第一个 100 万元。同样的故事也在黄玉彪的惠州记忆中，10 万元拿下的一块地，建筑面积 16.5 万平方米，不到十天，转手出去就是 100 多万元。“连我自己都觉得吓人，不可思议！”湖南商帮大举进军，连邵东县副县长都亲自下海。

和他的海南同行、邵东老乡一样，黄玉彪也加入了买地炒地的队伍。

与此同时，大批的外地商人来到大亚湾，而湖南商帮占据着半壁江山。湖南地产商“邵东四虎”在大亚湾更是名噪一时，即黄玉彪、阳富清、姜斌以及吴晓辉。姜斌率先在大亚湾开发的第一个大型楼盘康汇花园，取得巨大成功。

数以千计的邵东人纷纷下海来到惠阳、大亚湾，就连时任邵东县副县长金玉昆也下海与吴晓辉等人一起合作经商。邵东县公安局副局长张必能随后也来到这里与人合伙投资房地产。

因邵东商人的成功，1990 年至 1993 年之间，邵东县政府派出了 20 多个部门来到惠阳、大亚湾建窗口，县委、县政府主要领导多次带队前来考察，他们对惠阳、大亚湾房地产市场的发展前景大加赞赏。

但如电视剧《下海》剧情一样，有的人一夜暴富，也有的人一夜之间从千万富翁沦为一无所有。“我们一名老乡，一天之内，炒地皮挣了几百万，当时还不习惯存银行，他把钱绑在身上，不敢带打火机。晚上睡觉的时候，把钱垫在床上，第二天一早醒来，发现地上到处是钱。”湖南商人肖先生话锋一转，“也有老乡炒地皮亏本的，一夜之间，从千万富翁变成穷光蛋，后来跳楼死了”。

1992 年，在倒卖土地之中，大亚湾造就了很多百万、千万富翁。“当时炒地皮挣了钱，钱多得不知道怎么花，进了 KTV，叫上一大群小姐，拿出一大把钱，向空中撒去，让她们去抢。”当时因炒地皮而发达的秋长镇人叶先生说。

没有城镇化支撑的一夜暴富，也因此乱象丛生。

大亚湾与毗邻的惠阳县皆因建区、建县不久，随着大量的外地人口涌入，龙蛇混杂，治安废弛，走私猖獗。而酒店业开始起步的惠阳淡水镇为这一混乱局面提供了土壤。

湖南商人胡先生说：“当时炒地皮，第一天买，第二天卖，不方便存在银行。于是很多人把钱放在当时澳头最好的酒店中海酒店的房间里面，为了避免钱被人偷或抢走，我们专门找人守在房门口，并配备手枪。”

黄玉彪也回忆：“当时治安确实很差，为了安全起见，我也配了两把枪，一把手枪，一把猎枪。不过，1994 年，我把枪上交了。”

“有钱人多了，治安不好，当时很多有钱人配枪出行。”淡水镇人黄先生笑着说。此外，随着有钱人多了，靠近香港的大亚湾走私也日益猖獗，很多渔民加入走私的队伍。

大亚湾渔村金门塘的渔民胡先生说：“当时从香港走私宝马、奔驰，非常容易。一艘大飞（飞艇）可以偷运一辆轿车。记得有一次，我走私了一辆奔驰到惠阳淡水，当时没有驾照，又是走私车辆，有交警查车。我干脆把车钥匙给了交警，让他开走。”

政策变迁

黄玉彪和杨佛清的合作开始了。黄玉彪负责为大亚湾政府修建大亚湾至西区的一段 10 多公里的道路，而大亚湾政府则允诺在出让土地上给予黄玉彪优惠政策。“政府可以不用掏腰包把路修好，而黄玉彪则拿到了自己想要的地。”杨佛清说，这种“以地换路”的思维成为大亚湾政府很长一段时间的经济发展主导思维。疯狂的炒地在大亚湾已铺天盖地，表面上看大亚湾似乎迈进了大开发大发展的大时代，但是，平静的河面下，暗流涌动。

“以地换路”的模式让大亚湾有了喘息的机会。“现在霞涌到澳头的那条路，近 20 公里，就是通过‘以地换路’的模式开发的。那条路通了之后，大亚湾的经济真正有了起色。”杨佛清话锋一转，“当然，这种模式，也有弊端，如开发商不能及时给钱，征地时谈不拢，等等。”

杨佛清说，当时，由于大亚湾还是一个偏僻的渔村，土地尚未开发，根本不值钱，水田 3000 元一亩，旱地 2000 元一亩。“很多土地没人要，很多村希望我们多征地，因为当时土地不值钱。如果放在今天，那种情形是难以想象的。”

1992 年之后，大亚湾逐渐有了城镇化的雏形。在澳头，按四星级标准建设的中海酒店、假日酒店先后建成营运；从惠州惠城区、惠阳到大亚湾的主干道大亚湾大道、石化大道以及大亚湾区内的主干道龙海二路、疏港大道全部建成通车；在澳头海边，海洋城、望海楼等大型海鲜酒楼如雨后春笋般冒出来；在西区、澳头镇，一批新楼盘也开始动工建设。

一年之间，大亚湾由一个偏僻的渔村开始大阔步迈进，成为一个具有现代城镇特色的都市。杨佛清也升任大亚湾管委会副书记，主管财政，成为大亚湾管委会第三号人物。随后，大亚湾管委会成立经济发展总公司，负责征地开发，杨佛清兼任总经理。

不过，好景并不长，只是大亚湾的地产“大鳄”们似乎浑然未觉。

1993 年，国家宣布调整房地产政策，实行宏观调控，收紧银根，全国房地产行业一夜之间迅速降温。原本财力不足的政府以及大部分投资商炒卖地皮的金钱游戏再也难以为继，大亚湾的土地交易市场与房地产市场迅速成为受冲击最大的市场之一，很多地产商被彻底摧毁，至今元气未复。而大亚湾政府也未能全身而退。

“土地转卖停滞不前，政府没有财政收入，很多项目开展不了。石化项目也遥遥无期，大亚湾政府开始进入最艰难的时期。”杨佛清回忆当初的困境，面色凝重，“那几年，政府工作人员的工资也发不出来，虽然当时每月的工资只有几百块，有时还要找企业借钱发工资”。

1993 年 5 月的一天，湖南商人一夜之间撤走了 40 多亿元资金。繁华散尽，这片谜一般的海湾又恢复了往日的宁静。黄玉彪伤痕累累。“当时和老乡合作，筹到 3000 多万元，炒地买的土地卖不出去，银行停止贷款。很多老乡的钱还不了，他们每天都要来公司讨债。当时不到 10 岁的儿子看到家里的困境，哭着说：‘爸爸，你们还不起债，把我卖了吧。’”想起往事，他老泪纵横。

当时在大亚湾澳头工作的黎先生记得，“很多老板从千万富翁到一无所有，开着奔驰去加油，加完油发现连加油的钱都不够”。

亲密盟友

四面楚歌中，黄玉彪咬牙挺住了。“当时我就想，大亚湾的冬天，总会过去的。”官方层面，杨佛清很感叹。他说，当时很多老板都走了，坚持下来的人不多。在这时，政商开始成为朋友，在合作中走出困境。他们的合作就是“代资建房”。

大亚湾政府虽然没钱，但是，官方仍在寻找各种途径突破困局。“当时政府确实没钱，但是要搞城建，怎么办？政府想到一个办法，就是代资建房。”1993年后开始承建大亚湾多个房产项目的福建人黄弈华说，“当时我帮大亚湾政府建了大亚湾动迁办的办公大楼，但政府没钱，就由我先出资代建。直到2001年，政府还没有钱还我150万的工程款，于是，他们通过以房抵债的方式还钱。”

同样，湖南商人姜斌也以“代资建房”的方式建起了大亚湾政府的体育中心。

于是，在政府财政紧张的情况下，大亚湾城镇化的脚步在曲折中前行。

杨佛清回忆说，1998年，中海壳牌项目在海南签订了框架协议，项目的落户有了实质性的进展，于是，很多企业开始重新看好大亚湾。“不过，刚刚受挫的大亚湾仍然让很多人疑虑重重。大亚湾政府招商引资仍停滞不前。”

2002年，大亚湾终于迎来经济发展的春天。当年12月18日，中海壳牌第一根柱子在大亚湾石化区打桩，中海壳牌宣布正式落户。黄玉彪成为第一个吃螃蟹的人。

“虽然很多人知道石化项目落户了，但是，很多人还是很迷茫，没有勇气投资，担心出现1993年的情形。但是，我坚信大亚湾有美好的前景。”黄玉彪说。

“老黄比猴子还精，那时每年都往我办公室跑，了解相关的信息。而且，他在2003年之前，就把很多土地开发项目的手续都已经做好了。因为当时我还是主管领导，他找我办事方便。我年纪大了，退休之后，换了领导，他办事就不方便了。”杨佛清笑了笑说，“后来很多人都认为我和黄玉彪有勾结，收了很多钱。但我并不在意”。

2003年以后，杨佛清退居二线；2008年，杨佛清正式退休。如今，已过花甲之年的杨佛清早已淡出政坛，每天看看报纸，找朋友聊天。偶尔，他还会约上黄玉彪，两个老人开怀畅饮，追忆往事。

10年来，黄玉彪迎来了事业发展的黄金时期。随着大亚湾土地的增值和稀缺，当初拥有 40 多万平方米土地的黄玉彪成为真正的“大财主”。2002 年，黄玉彪投资数亿元兴建华南建材市场，成为华南地区最大的建材市场之一，并开发楼盘。经过 10 年的发展，黄玉彪已成为一名身家超过 10 亿元的地产商。

今日回眸

经历20年的风雨沉浮，大亚湾已由一个偏僻的渔村成为国内外备受瞩目的石化区。如今，从惠阳淡水驱车进入大亚湾，繁华的澳头城区，酒店林立，人头攒动。近年来，华润万家、沃尔玛等大型超市相继进驻。20年来，大亚湾已从一个偏僻的渔村华丽转身成为一个现代化的繁华都市。

虽然 20 年过去了，但 1993 年的经济危机仍然让很多人无法忘怀。黄玉彪说，1993 年虽然让大亚湾元气大伤，但是，大量的土地从此流入二级市场。2007 年后，当国家房地产市场再次升温，大亚湾土地遭到投资商们的哄抢，房地产业再次迎来了飞速发展。“也就是说，大亚湾的城镇化之路从 1993 年开始曲折地发展。”黄玉彪说。

值得深思的是，因大亚湾主要依赖石化产业腾飞，地理位置毗邻深圳而吸引了大量的深圳购房客。另外，由于大亚湾在经济停顿之后再次起飞，各种配套设施不全，导致大亚湾房地产市场虽然火爆，但人气不旺，大量深圳客买房后并未入住，这里曾被媒体形容为“鬼城”。摆在大亚湾政府面前的难题是，如何在发展经济的同时，完善各种配套设施，同时建立能聚集人气的商业街区，让外地投资者能够真正地成为“大亚湾人”。

巨龙房地产开发商公司董事长杨九三说，他在大亚湾投资房地产开发十余载，经多年研究发现，惠阳、大亚湾的土地有一个共同特点，就是当初政府为了建区筹资金需要大批征地，当年惠州市政府放手批地，这也得到了国土资源部的许可，以至于惠阳、大亚湾批出的土地额度超出了全国很多地方。“以后，国家类似这种大量批地的情况将不会存在。”对于这一观点，无论是杨佛清还是黄玉彪都表示赞同。历史造就了今天的大亚湾。

江门里村：收回“失地”20年后拍出“地王”

关键词 集体经济 土地经济

“菜篮子”出身的江门蓬江区里村，通过集体企业完成原始积累，先人一步，搞活房地产，保障医疗、教育、退休等福利，让村民过上城里人的生活。作为最早的失地郊区农村，里村用20年的时间，闯出了一条“工业起步、物业稳村、地产兴村”的道路，其发展过程中的“讨回”土地值得一提。20世纪90年代在村委会主持下“讨回”的一块120亩土地，在2010年时拍出了1.44亿元，成为当时江门市区的“地王”，也成为该村后续发展的保障之一。

“菜篮子”出身，通过集体企业完成原始积累，再先人一步，搞活房地产，保障村民的医疗、教育、退休等福利，让他们过上体面的城里人生活。江门蓬江区里村，作为最早的失地郊区农村，用20年的时间，闯出了一条“工业起步、物业稳村、地产兴村”的道路，不仅让自己成为周围村庄艳羡的对象，也为当地政府提供了一个城镇化的绝佳范本。

土地“流失”

20世纪90年代，江门蓬江区里村（时属江门市郊区环市镇）经历了一波工业发展，但是正当大家都沉浸在丰厚利润带来的喜悦中时，里村的土地却在大量流失。“当时各种名目的征地很多，手续也不规范，很快里村就遭遇了几乎无地可用的困境”，曾任里村村支书的梁宝俊回忆。

1969年，梁宝俊高中毕业，加入里村村委会。这个在村委会工作了40年的老书记记得，当时村里就已经有了最早期的五金制造厂，以家庭作坊的形式生产一些基本的生活和生产用具。但作为郊区的里村，当时主要经济支柱还是农业和养殖业。

据《蓬江区志》记载，1990年，随着里村、白石、水南等村工业的高速发展，环市镇正式确立了“工业兴镇”的发展思路，创办了大量的工业企业，这让环市镇迅速跨入了江门市十大乡镇行列。此时，里村的工业发展也进入了高峰，到1992年，里村共有14家集体工厂，同时还有36家挂靠企业，村属企业总产值突破亿元大关，纯利润达到了600多万元。里村家具厂的产品还被评为省优产品，成为环市镇的明星企业。

丰厚的利润让村里完成了最早期的原始积累，为后来的城镇化发展奠定了基础。里村开始逐步完善村庄的基础设施建设，到1992年，里村已经全面实现了村庄道路混凝土化、沟渠硬底化以及农村厕所的改造，向城市看齐。后来驰名国内的大长江摩托车集团也在当年创建并投产，区里开始大力发展工业园，扩大工业发展规模。区委二届十七次全会还通过了《中共江门市郊区委员会关于二十年赶超亚洲四小龙实现现代化的意见》，明确提出了工业兴区、赶超亚洲四小龙的目标。这一年，在广东省各地级市经济排名中，江门排名第4位，仅次于广州、深圳、佛山，而后来的经济强市东莞还排在第11位，中山排在第13位。

工业发展过程中，里村车队的老板施汉仪脱颖而出，成为当时里村甚至整个江门著名的能人。据村民回忆，大约在1985年前后，施汉仪就私人购买了大哥大，成为里村用大哥大的第一人，即使在江门地区都是最早用上大哥大的数人之一。“当时大哥大要两三万元，是财富和身份的象征，去到哪里放在桌子上，都能震惊四座。”一位和施汉仪较为熟悉的老干部回忆。根据他们的说法，施汉仪那时一年就能挣近20万元，

| 位于里村大道旁边的汴溪新村（孙振飞　摄）

相当于普通干部一辈子的工资收入。正是在施汉仪等人的影响下，里村很多有抱负和想法的人都开始了自己的创业之路。这一年，里村经联社的净收入达到了100.8983万元。

讨回“地王”

正当大家都沉浸在丰厚利润带来的喜悦中时，里村的土地却在大量流失，成了最早期的失地村。1992年，梁宝俊上任后做的几个大举措之一就是讨回土地，包括一块过户手续还没有办理完毕的120亩土地，这块当时仅值200万元的土地，2010年时被拍出了1.44亿元，成为当时江门市区的“地王”。

“当时每个村小组都自行卖地，手续非常乱，没有经过社员大会同意就卖了，大家都处于一种非常浮躁的状态。”正是在这个背景下，1992年梁宝俊被推上了历史舞台，挑起了里村村支书的担子。“直到我退休，还有很多朋友对我说，我太斯文，不适合做村支书。我就和他们说，那是历史的选择，是村民的信任，我只能全力以赴。”

失去赖以生存的土地，农民的心态难免浮躁。梁宝俊看到了此中窍要，这个“新扎”书记上任的第一把火，就是发钱，让失地的村民不用担心吃饭问题。很快，每人5000元就发到了村民的手中，村里一下子都静了下来。

一个四口之家，一次就能拿到2万元，这在当时不啻于一个天文数字。一夜成为“万元户”的村民开始了疯狂的消费，摩托车成为当时最时尚的消费品，一时间村里摩托车盛行。当里村的村民骑着摩托车进城时，江门城区还停留在单车时代。

新官上任的第二把火，是管理体制改革，将全村 9 个小组的土地、集体资产统一收归村里进行管理，村民的所有福利由村里统筹解决。这一想法很快在社员大会上获得了全票通过。为便于统筹，村里决定对村民的分红实行股份制，同时对股份进行固化。“所有当时有土地的村民就有股份，其他就没有股份，股份可以继承，但不再新增。”梁宝俊说。1994 年股份固化完成时，村民的年终分红人均约有 2000 元，一个正常的四口之家，年终分红就达到了近万元，里村成为当时远近闻名的富裕村。10 年之后的 2004 年，里村的农村股份合作制经验在蓬江区全区范围内推行。

第三把火至今看来，依然具有深远的战略意义，那就是“收回失地”。据当时村委会统计，全村 9 个小组加在一起只剩下不到 260 亩土地。为了让村里有更大的发展空间，梁宝俊带着村干部走访征地单位，说明村里的实际困难，希望退回还没有办理手续或者没有开发的土地。“当时有个地产商听了我们的话，很爽快地把土地退回给了我们，这才有了后来我们的泮海蓝湾项目，因此我们很感谢那些人。”

值得一提的是，当时江门市苑威贸易发展公司刚刚和村里签订了一个土地买卖合同，从村里买下后山的 160 亩土地，过户手续还没有办理。为能够挽回这些土地，梁宝俊多次找到该公司沟通，但是效果并不理想。于是，梁找到市政府有关领导，最终得到市里的支持，对于没有过户的土地按照已付款进行结算。“当时他们已经付了 200 万元，所以就按照当时的地价，给了他们 30 多亩地，剩下的 120 多亩土地，他们还没有付款，我们也就不给土地了。”今天，这 120 多亩土地已经成为里村发展的最后空间。

直到 2010 年 12 月 7 日，这块当年价值 200 万元的地块，被拍出了 1.44 亿元，成为江门市区的“地王”。此时，村民们才明白当年梁宝俊拼命挽回土地的良苦用心。

| 时任村支书梁宝俊为里村“收回失地”（孙振飞 摄）

租楼兴村

手上有地，口袋里有钱。其他地方的工业刚开始起步，头脑活络的里村人就先人一步，找到了一个新的增长点——地产。里村的地产发展并非一卖了之，而是保留了一部分物业用来出租，以维持未来一段时间里村经济的可持续性。现在，蓬江区市区旺地上的不少建筑物，也还是里村的物业，这些物业出租为里村的福利保障奠定了基础。

1986年是里村房地产业的一个起点，如今蓬江区政府所在北郊新城区域开始启动开发，里村成为蓬江区开发房地产项目的第一个村集体。直到2002年左右，该项目才全部结束，让里村在房地产业发掘到了第一桶金。

“由于项目很大，只能和环市镇以及江门市二建公司合作，利润也不是很高，但是却意味着一个新的产业的崛起。特别是在后来企业改制之后，房地产业为里村发展提供了一个新的机遇。”里村经联社的负责人说，当时的房价还很便宜，大概只有300多元/平方米，北郊新城成为江门的热销楼盘。但是里村的当家人并没有将全部楼房都出售，而是保留了一部分物业用来出租，以维持未来一段时间里村经济的可持续性。

北郊新城开发的时候，里村的工业发展正处于巅峰时期，里村的办公楼的命名也就充满了浓厚的时代色彩——“里村工业大厦”，直到今天还伫立在蓬江区人民政府对面。“今天的富尔文华、农行附近的主要建筑物，也都还是我们的物业，这些物业的出租为村里的福利保障奠定了坚实基础。”经联社的负责人表示。

第一次房地产开发为里村带来了经济上的巨大收益，同时也为里村培养了很多地产开发方面的人才，这为后来里村的其他项目开发以及独立运营“三旧”改造地产项目提供了基础。21世纪刚刚开始，里村又开始了新的地产项目。由于看好五邑大学北面的发展趋势，里村当时就在第二人民医院旁边，开发了封闭式小区管理楼盘嘉福花园。“楼盘开发过程中，逸豪酒店正好落户那里，对楼盘的热卖起到了积极作用。”随着逸豪酒店、益华百货等落户，楼盘的价格也不断攀升，这一次里村才真正尝到了地产开发的甜头。

在里村房地产业发展的同时，里村的环境也正在快速变化。1998年，随着市区迎宾路的建设，里村迎来了一个新的机遇，汴溪新村应运而生。“最初的目的就是安置迎宾路征地的拆迁户，但是后来考虑到村里还有部分村民住房困难，就将面积扩大了。”村里完成“三通一平”后，村民根据规划和要求自行建设装修，排列整齐的小别墅一下子让里村的面貌大为改观。

住在汴溪新村的嫦姐坐在小卖部前休息，她直言自己的生活状态是很多城市人都向往的。“住在这里环境很好，一点不比小区差，475平方米的住房，恐怕是很多城里人都不敢想的。”不仅如此，由于新村村口就有公交车站，加上几乎每家都有小车，交通更是便利。“出门2公里的地方几乎可以满足所有生活需要，附近有富尔文华、逸豪酒店，也有天沙河边的大排档，购物近的有永利商场，高端的有益华百货，自来水通到家，电器设备一应俱全，完全是城市人的生活。”

不做农民

2004年，蓬江区开始在环市镇试点“村改居”，在身份上，里村村民一次性全部变成了城市居民。“村改居”将村民纳入社保、医保体系，使村集体甩掉包袱，轻装上阵。村里集体经济负担得到了一定的减轻，资金更多地用于新的投资。

村民们不仅在事实上过上了城里人的生活，而且在名义上，他们也甩掉了“郊区”的帽子。1994年8月10日，国家民政部批准，江门市城区更名为江海区，江门市郊区更名为蓬江区，从此使用了10年的“郊区”之名终于谢幕。

随着经济的发展和城市的扩容，里村正在从原来的郊区蔬菜基地逐步变成城市中心的一部分。与此同时，里村人开始走出里村，融进江门这个区域中心。作为城市管理者，蓬江区开始为这些生活在城市的农村人，寻找一条解决之道。2004年，蓬江区开始在环市镇试点“村改居”，村民一次性全部变成了城市居民。这一年，里村经联社的净收入已经达到了1233.79万元。

凡事都不会一帆风顺，刚开始的时候村民尽管渴望“居民”身份，但同时也有所担忧。“最初的时候，说‘村改居’后，村民的宅基地都要归为国有，这让村民们意见很大。”遇到同样问题的各村干部很快将这一情况汇报给了环市镇和区政府，最终宅基地得以保留。

由于行政村实行村民自治，村委会承担了农村的绝大多数义务，包括教育投入、村容村貌建设管理、环境卫生、公共设施、计划生育等事务，村集体经济的负担较重。而从城市公共管理的角度看，这些公共负担应该由各级政府承担。“村改居”的目的就在于将村民纳入社保、医保体系，使村集体甩掉包袱，轻装上阵。至于里村，仅路灯的电费和维护费用每年就可以节省几十万元，加上环卫、教育方面后来都由上级政府统筹解决，村里集体经济负担减轻了不少，资金更多地用于新的投资。

当里村完成“村改居”时，村里的集体经济仍然保留了一些保障资金，例如老人全部实行退休制度，每人每月最低退休金350元。村民享受医疗福利，基本门诊每人每年发放600元，住院医疗费报销70%。

“保留人员”

1994 年是里村集体经营和私人经营的分水岭。那时候集体企业的管理体制开始暴露出明显的问题，私营企业的灵活性让集体企业面临巨大挑战，村办企业的利润开始大幅下滑，甚至出现了零利润的情况。与此同时，江门个体私营企业却迎来了一个发展高峰期。在变革的过程中，“保留人员”成为一个妙招。

据江门市档案馆的资料记载，1994 年江门的个体私营经济迎来一个发展的小高峰。这一年，市政府出台了《关于加快个体私营经济发展的决定》，把个体私营经济作为新的经济增长点来抓。

“凡是变革，必会触动部分人的利益，就会有阻力。”意识到这个问题，里村的领导班子经过调研，找到了一条阻力最小的变革之路：所有企业承包给个人的时候，都要在合同中注明企业必须保留企业原有人员。很快村里的伟豪塑料厂就被人看中了，承包了出去。但村委会的好意村民们并不领情，不久之后，在这些企业工作的村民们都纷纷离开了这些效益不佳的企业，进城自谋工作了。

当这些承包者经营效益也越来越差时，村委会只好将机器设备转让，留下厂房出租。“当时我们计算过，很多企业经营的效益还比不上我们出租厂房的效益好，所以我们就把出租厂房作为一个企业改制的出路了。”梁宝俊坦言，后来每年出租厂房的收入，约占整个村集体收入的两成。直到2012年，随着里村电子厂的关闭，里村原有集体工业企业全部破产，连厂房也在“三旧”改造的呼声中被拆除，里村的工业发展正式宣布结束。

佛山布心村：“村改居”历史遗留问题

关键词 “村改居” 失地农民

在 1992 年村民变成城市居民后的 20 年间，布心村发展停滞：没有一条水泥路，没建一栋新楼，没有一个公共电话亭，没有一盏路灯，没有任何污水处理设施。通过“村改居”，农民集体所有土地被转为国有土地，农民们拥有了城市居民身份。但由于被安置的企业经营变动，集体经济效益不彰，靠卖地吃饭难以为继，这些在市场经济中难以立足的居民，迟迟难以实现“人”的城镇化，感觉被损害而心生抗拒，其中不少人甚至怀恋过去笃定富足的农耕经济。

在 1992 年村民变成城市居民后的 20 年间，布心村出现了奇异的发展停滞：没有一条水泥路，没建一栋新楼，没有一个公共电话亭，没有一盏路灯，没有任何污水处理设施。

通过“村改居”，农民集体所有土地被转为国有土地，农民们拥有了城市居民身份。但由于被安置的企业经营变动，集体经济效益不彰，靠卖地吃饭难以为继甚或自身的文化水平不高，这些在市场经济中难以立足的居民，迟迟难以实现“人”的城镇化，感觉被损害而心生抗拒，怀恋过去笃定富足的农耕经济，则是再自然不过的心理反应。

| 布心村虽然在城市中心地带，却保留着村庄面貌（陈志刚　摄）

通过剖析布心村这个“历史遗留问题”，人们可纵观佛山的“村改居”城市化进程。前事不忘，后事之师，2011年佛山市南海区启动的“村改居”与以往不同，这次政府承诺了“五个不变”——土地所有权性质不变、财产所有权不变、计划生育政策不变、涉农政策不变、户口性质不变，给村民们派出了“定心丸”。这会否是破解“村改居”中难题的良方？

“散队”进城

“经管理区同意，你们不用再耕田了，今后‘洗脚上田’去当工人，端铁饭碗。政府给你们安排工作。”县领导的一番讲话，令布心村民的身份由此改变。时为1992年，“农转非”身份金贵，一个指标上万元。与此同时，布心村所属土地被划拨用于开发。

每天从三水最繁华的路段折进布心村，黎延涛总要让摩托车狠狠地“突突”上几声，感觉像是心里要出气一般，“就不信你能找到比这还差的村！”

失地农民、非农户口、城镇居民、失业工人、摩的司机等，这些身份串起来，就是眼前这个年已 40 岁的男人。外人不知道的是，这个“摩托佬”曾经一度当选副村长，更是布心村处理遗留问题临时领导小组成员之一。

历史遗留问题可以追溯到 20 多年前。其时，三水建制属县级市，有着“东方魔水”之称的健力宝在此孕育，风头正健。由于城区面积并不大，那时的“城里人”身份相当金贵。据黎延涛和村民们回忆，想买个“农转非”的指标，至少要上万元，“还不一定买得到”。

但他们的身份一夜之间发生了翻天覆地的改变。1992 年 3 月 11 日，所有布心村民收到开会通知，“就直接宣布要撤销建制，成立居民小组”。

据介绍，当时一名县主要领导在会上说：“布心村靠近西南，因发展需要，经管理区同意，你们不用再耕田了，今后‘洗脚上田’去当工人，端铁饭碗。政府给你们安排工作，这样就老有所依，少有所靠。散队后，把芦西公路、321 国道、广三高速公路 3 条公路围住的土地留给你们做建房用地和经济留用地。”

不过，并非所有村民都同意。“这么大的事，怎么就没让村民讨论，也没签任何协议？”在场者说，会上有村民提出质疑，但领导态度坚决，说“散队”是大势所趋，“想得通要散，想不通也要散，要边散边完善边解决”。当然，也不乏积极拥护者。据了解，当年 600 多人的布心村共有土地 4000 多亩，“特别是那些后生仔，怕耕地”，就非常盼能“村改居”。最反对的，则是那些已四五十岁的，他们的理由是，就靠种地收入，已能很好地养家糊口，“这没了地种，我们又能干什么？”

据公开资料，除布心村外，同时期在三水，西步、沙头等十几个自然村也被政府要求“散队”，共有 8000 亩以上的农地因此被转为国有。在补偿给村民安置费 600 多万元后，布心所属土地被原三水县对外经济开发总公司、西南镇房地产开发公司划去开发。

失地失业

失去土地后，政府给布心村民分批安排了工作，但随着国企纷纷倒闭或改制，大部分村民陆续下岗、失业。21世纪之初的布心，在“居民”看来，虽被包围在高楼林立的住宅小区和风景秀丽的森林公园中间，但与之格格不入，“承诺的配套设施都没有做到，没有修路，没有污水处理，更没有医院、学校，居民还是用井水洗衣，甚至有人仍然在烧木柴”。

“散队”后，村民身份变成了城市居民。如何安置他们的工作，当时三水政府确实有考虑。村民们说，具体措施是，男60岁、女50岁以上不在安排范畴内，发安置费1万—1.2万元，此外每月还有几十元的生活费，年龄在安排范畴内的，不去当工人的，一次性发8000元。

他们回忆，当年有80多人被安排进了印染、印刷、电池厂等国企工作，但还有200多人未能及时得到安置，“是分批，哪个企业里有位子了，就安排去哪里，没有了就要等待着企业有空位再安排”。

黎延涛那时还不到20岁，进了一家八宝粥厂，没编制，属签约的临时工性质。尽管在生产线担任班长职务，每月工资有四五百元，比普工要高一两百元，但干了4年后，他觉得这工作与想象中的铁饭碗相去甚远，甚至与外来的那些合同工没任何差别，于是就离开了。直至20世纪90年代中后期，这些国企纷纷倒闭或改制，同村的人陆续下岗、失业。

到这时，布心村里仅剩下80多亩留用地和宅基地，不过，到2004年左右，也都先后被征收，共补偿5000多万元。其中留用地每人分得4.8万元，宅基地每户分得11.2万元。跟“村改居”时一样，不同意这次“卖地”的，也不在少数。为表抗议，他们至今都未签收、领取这笔钱。

“现在村里的地全是国有的，包括我家的祖屋，都只有使用权。”黎延涛指着自家的老屋说，下岗失业了，又无地可耕，村民们只好自寻活路，已跟外来打工者没两样，大部分从事摩托载客、进厂打工等收入微薄的职业。

一面是现实的失落，一面是回不去的“田园”生活，布心人在纠结中陷入彷徨。

布心的莫叔，已年近六旬，家有3个孩子，夫妻俩一个月的总收入就是当初“村改居”后的每人每月170元“安置费”。他见门前的土地没有开发，就在上面种菜以维持生计，但是前两年突然来了一批人，在没有通知的情况下，就用推土机把菜地里的大

| 布心居民的生活作息习惯更接近农村（陈志刚 摄）

白菜、白萝卜、西兰花等全部铲平、埋掉，“对方说这些地不是属于村里的，已交给了开发商去经营，我属于擅自耕种，什么补偿都不可能给”，所以，当时一家人就只能眼睁睁看着。

自给自足的“农家乐”回不去了，而城市社区曾经蕴含的荣耀感也早已黯淡。佛山科学技术学院社会科学管理系主任梁绮惠于2009年曾专门调研这些“村改居”的社区，并撰文《佛山市“村改居”社区政策的问题与反思》，其中也关注到了布心村，她写道：“在1992年变成城市居民后的16年，布心村出现了奇异的发展停滞：社区里没有一条水泥路，村民没建一栋新楼，没一个公共电话亭，没有一盏路灯，没有任何污水处理设施。”

如今过去4年，这里仍是依旧。走进布心村，老式青砖红砖结构房屋很多已残破被废弃，堆积着杂物，墙面上长着青苔，水沟内一片漆黑，夹杂着生活垃圾，散发着异味。

“土地全部归国有了，村民没土地兴建房屋，想在老房原址上重修又不行，政府不批。”村民们反映说，现在村里最高的一栋6层楼，是1999年村集体投资建的，但现在已出租给他人，租金微薄，现在女孩子都不愿嫁到布心了。而“村改居”前，布心却是三水最富裕的村庄之一，大家耕种劳作，收入可观，而靠出租土地，一年分红也有2次，每次一两千元，因此也出现了不少“万元户”。这在那时已是非常富裕的家庭了。

布心的黎权（化名）已70多岁。在“村改居”之前，他是村里的风云人物，一家三口靠种地养鱼的收入，购买了村里的第一辆汽车，价格11万多元，日子过得很滋润，令村里人艳羡。但是，现在这一切已离他远去。他失落地说，夫妻俩现在没事可干，赋闲在家，别说再购小车，之前的汽车也早就卖掉了，现在一家人过得紧巴巴的，儿子也在从事司机的工作。“按照以前的发展轨迹，我们家现在应该很富足了，小车、新房早就有了，唉！”

城乡趋同

十几年来，珠三角城乡间发生了巨大变化。佛山本地的一位“三农”研究者认为，由于此前多数农村的土地已股份化，这已能为股民们提供相应的分红及其他福利，城市居民这一身份其实早已失去价值。

十几年来，三水已发生了天翻地覆的变化。一座新锐城市正在兴起：工业园发展得如火如荼，产业成集群发展，大企业陆续落户投产，GDP翻了几番；城市建设向一线城市看齐，路通珠三角，近年来一直保持着20%的经济增长速度，到2013年底GDP达到840亿元。

当看到周边地理位置远不如自己的一些村庄，近年来靠种地、卖地而富裕起来，布心人的心理更是难以平衡：“那些村现在发展得都比我们好，他们种菜种地收入都很高，又不用交农业税，村里办有很多企业，他们年年都有分红，我们村一分钱分红都没有。他们村每年都是换旧楼盖新楼，我们村根本就没地建楼。”

彷徨失落中，城镇化的车轮依旧滚滚向前。2001年7月，和三水同属佛山的顺德出台《关于进一步深化农村体制改革的决定》，这也是顺德城镇化最重要的一项改革。

根据方案，顺德要对农村区域进行重组和开展“村改居”等配套改革，对区中心城区和各建制镇城区规划区内的“城中村”以及位于城乡接合部、人均耕地面积低于全区平均水平1/3的村，撤村改居，村委会改为居委会，原村民的农业户口转为非农业户口，原属农民集体所有的土地转为国有土地。据公开资料，经过合并和调整，全区村的数量从原来的191个减至109个，居委会总数则增至88个。

顺德的改革，当时就带有试点使命。果然，到2004年，佛山164万农村人口，在一夜之间全部转为居民户口。时任广东省委常委、佛山市委书记黄龙云说：“经济发展到现阶段，‘三农’问题日益突出，如果解决不好，就会妨碍城市化进程。”以顺德为例，据统计，尽管农民养鱼种花每亩产出可达1万多元，但由于农业成本高，人多地少，人均6分地，人均农业收入并不高。顺德40万农村劳动力人口中，有12万人属于失地又失业。土地被征用，征地款用完，找不到出路，便出现上访、闹事等现象，影响当地经济社会的持续稳定发展。

这次的全民“农转居”，也送出了一份大“利市”，试图就此开出药方：此后在佛山，只要男的满60岁，女的满55岁，且所在村征地超过该村土地2/3的农村居民，都可每月领取一定数额的“退休金”。

不过，它所带来的“后遗症”要一直到几年后，才不断展露。譬如，2009年开始的“家电下乡”补贴政策，佛山人突然发现：因为已没有农业人口，可能无人能享受这个优惠。

土地的权属问题，同样尖锐。2011年，顺德大良街道新滘居委会的冼玉英拿到了国土局的一份答复，她惊讶地发现：原来村里的所有土地都早已因“村改居”被划为国有。“我们这么多村民都反对征地，难道就因为已是国家的，就失去表决的权利了？”

佛山科学技术学院社会科学管理系主任梁绮惠曾指出，一方面随着改革开放的深入，附着在户籍制度上的就业、教育、住房和社会保障等政策，城乡的差异在逐步弥合，转为城市户口的经济收益在日益降低；另一方面农村集体经济的发展，加上国家对农民所实行的各种优惠政策，这些地方农民享受的社会福利，往往高于目前城市居民所享受的福利待遇。此外，由于自身文化水平普遍偏低，难以在市场经济中立足，农民对实施城镇化有抗拒的心理。

佛山本地的一位“三农“研究者认为，由于此前多数农村的土地已股份化，这已能为股民们提供相应的分红及其他福利，城市居民这一身份其实早已失去价值。

寻找出路

三水布心村的旧事是“村改居”过程中的个别案例。自 2004 年国务院禁止擅自通过“村改居”将农民集体所有土地转为国家所有后，佛山也在思考“村改居”的新方向。其中，南海区引入民意表决，并承诺“五个不变”，寻找新的出路。

早在2004年10月，国务院就发布《关于深化改革严格土地管理的决定》，其中明确规定，禁止擅自通过“村改居”等方式将农民集体所有土地转为国家所有。到2011年底，国务院办公厅《关于积极稳妥推进户籍管理制度改革的通知》，再次提出，禁止借户籍管理制度改革或者擅自通过“村改居”等方式非经法定征收程序将农民集体所有土地转为国有土地。

就在《关于积极稳妥推进户籍管理制度改革的通知》出台前，佛山的南海区启动了佛山最新一轮“村改居”。此前南海全区有224个村，占到全市总数的46%。2011年1月11日，南海区委、区政府颁布《南海区推进“村改居”工作实施方案》，核心是要“政经分离”：“村改居”后，村委会变成居委会，村主任变居委会主任，主要职责转向公共服务、社会管理，不兼任原村集体经济组织管理层成员，经联社主要负责经济工作，两者并行并列。

跟以往不同，这次“村改居”在多次召开动员大会后，还引入了民意表决程序。当年的 2 月 27 日，桂城街道平东村的投票现场。“发出选票 3470 张，收回选票 3467 张，其中同意选票 2929 张。”据此，平东村以 84.48% 的同意率通过“村改居”。

“‘村改居’有什么着数？农民以后就是有分红的居民。”时任南海区委书记邓伟根用简单的一句话，阐释了这场新改革的“理想”。

超八成的同意率，因此在绝大多数的村庄也都实现。不少村民表示，跟以往的政策不同，这次政府承诺了“五个不变”：土地所有权性质不变，财产所有权不变，计划生育政策不变，涉农政策不变，户口性质不变。而此前南海一直在推进的“股权固化”，一定程度上也让更多村民吃了“定心丸”。

深圳南岭村：通过村规“改造”村民

关键词 集体经济 村规民约

农村变成城市，农民成为市民，不仅是一个简单的身份改变；镇变成街道，村委会变成居委会，也不仅仅是一个简单的名称改变。农村人适应城市，深圳南岭村走的是“集体化”道路——通过大量村规民约，将村民的读书深造与村集体经济分红捆绑，推进了村民融入城市，实现“市民化”。

农村变成城市，农民成为市民，不仅是一个简单的身份改变；镇变成街道，村委会变成居委会，也不仅仅是一个简单的名称改变。农村人适应城市，深圳南岭村走的也是“集体化”道路。而从农民、市民转变成真正意义上的现代公民，依然有很长的路要走。

1992 年 6 月，一封落款为深圳南岭村的信，飞到了时任中国人民解放军总参谋部的案头：

“每当我们听到社会上流传的那句‘搞原子弹的不如卖茶叶蛋的’的口头禅时，心里似乎在流血，在发颤，我们村决定捐赠 250 万元，用来奖励对国防科技事业有突出贡献的科学家和国防科技尖端项目。”

随后，中央军委给这个南方小村回去热情洋溢的感谢信。此时的深圳南岭村，风头渐劲，已开始奠定中国明星村庄的江湖地位。

深圳南岭村由此走出了一条颇具特色的市民化路径。

钱多生忧

刚富起来那会儿，南岭村也出现了一批“有商不经、有农不务、有书不读、有工不做”的“四不青年”。家里的钱他们一辈子也花不完，这样的状况让村里的老一辈开始担忧。

1992年，邓小平发表南方谈话，意义非同寻常。

“改革开放胆子要大一些，敢于试验，不能像小脚女人一样。看准了的，就大胆地试，大胆地闯。深圳的重要经验就是敢闯。”这些公开发表的讲话，振聋发聩，鼓舞人心。

此时，位于深圳关外的南岭村，集体经济已经发展得有声有色。瑞士亿博钟表厂进驻南岭，为20世纪90年代首家入驻的大厂；生产滑雪鞋的豪兴公司承租了宝岭庄第二工业区2幢标准厂房。不断有国家领导人前来参观视察，来自各省市的领导更是一拨接一拨。

而在改革开放前，南岭曾是有名的穷村，牛栏猪舍破烂不堪，崎岖小路坑坑洼洼，遍地鹅屎鸭粪，臭气弥漫整个村落，因此被当地人称为“鸭屎围”。

从20世纪80年代开始，南岭村招商引资建厂，外资企业纷至沓来，仿佛滚雪球。短短10年间，南岭村发展了50多家企业，主要以电子、服装生产为主，其中不乏来自日本、欧美等国家技术含量较高的企业。

到邓小平1992年视察南方前后，南岭村已成为深圳的经济强村，也站到了发展的十字路口。“三来一补”、厂房出租经济模式让村里迅速致富，但也不时有一些事情刺痛着南岭村人。

有一次，村里来了一个外企建厂，要找一个会计，但找遍全村也没找到一个高中以上学历的村民。当时，外商说，你们这么没文化，这个厂我们也不愿意办了。

这个事情给老支书张伟基等村委会领导极大的打击。

对于普通村民来说，有同样感受。20世纪90年代初，腰包鼓鼓的南岭村村民们纷纷去香港旅游、探亲，入住五星级豪华酒店，但办理手续时大家都看不懂英文，两眼

| 致富思源展览馆还原了当年南岭村艰苦的生活环境（《南方都市报》资料图片）

一抹黑，只好随便打一个叉，算是签名。

与此同时，更让老支书张伟基忧心忡忡的是村里的下一代。

南岭一带有句俗语：“子女有用，白手可兴家；子女无用，金山也吃空。”而刚富起来那会，南岭村也出现了一批“有商不经、有农不务、有书不读、有工不做”的“四不青年”。这些村民二代没有受过父辈所受的苦，又在刚刚懂事时逢上了改革开放，家里的钱一辈子也花不完，一切都是唾手可得的。

张伟基等有远见的村民遂下决心：村庄暴富了，决不能让村民成为坐吃山空的“暴发户”。金山银山也能吃空，唯有提升村民，才能让村庄发展成果得以保存和持久。

高校深造

提升村民的文化水平迫在眉睫，村里采取的行动是从一些带有强制性色彩的措施入手。随着学习风气形成，不少年轻村民也开始选择外出读书深造。

南岭村在全村青少年中开展了“过三关”活动。村里规定，刚走出校园的青年或嫁入南岭的新媳妇，在村集体安排工作前，必须先过“思想关、劳动关、文化关”。

思想关：村里成立政治辅导小组，每月组织青年进行思想政治教育，重点学习的内容有邓小平理论、“老三篇”、南岭村史等，培养南岭村爱国爱乡、敬业勤奋、开拓进取的精神。

劳动关：倡导富而好劳创大业，让青年到村林果队开荒种果、挑粪施肥、插秧割稻，到村筑路队铺路修渠砌护坡，到部队参加军训等，磨炼意志，重新树立艰苦奋斗的意识和作风，使年青一代领略和体会父辈创业的艰辛，懂得创业难，守业更难；培养人人敬业爱岗、富而不忘本的村风、民风。

文化关：村里规定，35岁以下的青年要达到大专以上文化程度；并组织青年参加村夜校开办的英语、日语、经济管理、电脑班学习，鼓励青年参加各类业余大学学习，还选送63名优秀青年到中山大学深造。

同时建立青年读书制度，制定了《南岭村青年学习制度》，规定青年村民每天看报半小时；每月读一本书，看一本杂志，写一篇学习心得，参加一次读书演讲比赛等。

学习改变风气。慢慢地，“不断学习，提升自己，决不做只会收租分红的农民”成为南岭村人的共识。从1992年起，南岭村就专门制订了《培养人才计划》，不惜重金，每年选送一批优秀高中毕业生到广东省的高等院校培训。

“比谁的学历高，而不是比谁家有钱，谁家开好车。”村民林雪萍原来是一名中专生，毕业后，就进入居委会负责后勤工作。起初她觉得自己中专学历，在居委会上班绰绰有余。然而，林雪萍很快意识到自己的不足，在一个大家都努力向上的氛围中，中专文凭实在拿不出手。

两年后，她再赴广州成人科技大学修读“专升本”的课程。

而村民张明辉在工作一年后，直接去了新西兰，修读商科专业，并打工挣钱养活自己。“人人都在学习，你不学就跟不上了。”张明辉说。

老支书张伟基的儿子张育彪，也去攻读了华南理工大学的管理学硕士学位。林雪萍说，在他们外出读书期间，村里还给他们保留了基本工资。当时村里800人中，有17%是大学以上学历。

后来成为南岭村村支书的张育彪，也一直保持着学习的习惯。他每天都要阅读10多种报纸。“阅读是个好东西”，他说，全村订阅了600多份的各种报纸，免费给每户赠订，给文明户送书。

拆除神台

在1996年6月，南岭村委会发出倡议，所有村民开始拆掉神台，新建书柜。村里还为此建了一座藏书多达5万册的图书馆，而每家村民的藏书量都达到了300册以上。

“人才第一。有了人才，发展才有后劲。”在教育上栽过跟头的南岭人，从20世纪90年代开始，格外重视教育。现在村里有一个不成文的规矩，重奖积极上学的村民。考上国内重点名牌大学的，奖励10万元，最高达50万元；出国留学的，奖励20万元以上。

并非只有奖励。南岭村1994年实行的《股份合作公司章程规定》：“大中小学生受校警告或记大过者，只能享受当年股金分配的50%；开除学籍者，取消当年的股金分配，并视其表现能否保留股民资格由董事会决定。”

而从1993年至1999年，南岭村分别投资、投地，兴建了市一级水平的南岭幼儿园、布吉高中和南岭小学。还建起了农民夜校，规定35岁以下没有达到大专文化水平的，都要进夜校学习。

南岭有个面积近5万平方米的“天良坑”，1992年时曾先后有3名港商找上来，最高出到5000万元，想买下这块地办工厂。5000万元，当时全村170余户人家，意味着每户将分到约30万元。这无疑是个天文数字，当时中国一般人月薪不过几百元。

但南岭人却将他们推开了。不久以后，村里将这块土地无偿划给了当时的布吉镇政府兴建职业中专，如今已为深圳培养出众多各类专业技术人才。

重教育成了南岭村的风气。

以前，可不是这样的。

南岭村民每家每户供有神台，初一、十五烧香拜佛。尤其在贫穷的“鸭屎围”时代，看天吃饭，神巫活动盛行。

有一年特别干旱，村民就用古老的方法——上山求雨。有一次，终于下了一场大雨。村民以为这种方法很灵验，于是，每到天旱的时候，都由村里最年长的老人带头，几名青壮年抬上供品，全村男丁穿上新衣，手持五彩三角小旗来到山上，向一块半人高的石头求雨。

这块石头开始被称为“伯公”，由于大家都向它求水，后来被改称为“求水石”，并在上面刻上“神石”二字，此山也因此改名为“求水山”。

山名沿用至今，但早已无人求水。

在1996年6月，南岭村委会发出倡议，所有村民开始拆掉神台，新建书柜。村里还为此建了一座藏书多达5万册的图书馆，而每家村民的藏书量都达到了300册以上。

有什么好书，村委会就买回来，直接发给村民。晚上去夜校、图书馆成为南岭人夜生活的一大特色。

农村生活氛围渐行渐远。

外来“地主”

尤其在人才引进上，南岭村打破农村常有的宗族观念、地域观念。南岭村许多重要部门的负责人，都不是南岭村村民。如求水山度假村副总经理、村科技开发中心的副经理，还有村委会办公室主任，他们有的是高薪聘请的“海归”，有的是在内地城市挖过来的人才。和国内很多富村一样，南岭村的发展借助了众多外来人口的力量。但给外来工分土地，南岭村可能是独一无二。

在20世纪90年代初，南岭村的外来工数量达6000多人，相当于本村村民的10倍。吴燕是其中的一名。

1987年春天，19岁的吴燕高中毕业后，和堂姐一起南下深圳打工，在南岭村的华升电子厂成为一名流水线上的打工妹。

“每天都干得胳膊酸痛，有时候真想一走了之。”让她留下的是中秋节的一盒月饼，“还是花生馅的，村民每家每户都有，但没想到我们外来工也有，一下有了家的感觉。”

吴燕于是死心塌地在这扎了根。她年轻聪明，很快就凭自己的勤奋和才智晋升为计件工。村里运动场、游泳池、阅览室、公园电影院等所有社会设施，统统对外来工开放，和村民享受同等待遇；而每年的黄柿成熟，也总给外来工发上一份。

吴燕在这里结婚生子，单位的住房紧张，她又逐渐萌生了离开的意思。不过，她永远忘不了1991年的那一天，当村委会得知她和其他20多名外来工的相同困难后，前来做沟通工作，表示可以将“老砖窑”的那块地分给他们，每人可申请100平方米宅基地，或者选择一套现成的住房。

吴燕选择了宅基地，自己盖房，1992年楼房落成。她家的小白楼建在布沙路边，高5层，每层3套。

“做梦也没想到，居然会分给我这个外来人一块100平方米的地！”如今她和家人住着5楼的一套两室一厅，其他房子出租，每月有5000多元的房租收入。

现任村支书张育彪说：光靠本村800多人干不了什么事，外来工是给我们做贡献的兄弟姐妹，我们应当感激他们。

提起如何来到南岭村，现任社区居委会副主任谢慧平颇有一番感受。毕业于华南师范大学的他并不是南岭村人，却是南岭村率先在全省实行干部聘任制度后拿到聘书的第一人。当年，就是村里敢于打破地域限制，公开招贤觅才，吸引了一批又一批专才。

当时，在新建的求水山大酒店，还引进了一名“海归”——曾留学于瑞士理诺士酒店管理学院的副总经理李斌。从著名的外资酒店集团，来到一家村办酒店，李斌认为自有价值意义所在，因为这里给了他更大的发展平台和更广阔的发展空间。

威权村规

摊子大了，一切靠制度。南岭村建有各种各样的规章制度，涵盖了村民从生到死的生活工作方方面面，制度奖惩严明。

南岭村在村民生活和工作的各个方面都建立起相关制度，具体有《南岭村财务制度》《南岭村计划生育、火葬制度》《南岭村青年学习制度》《南岭村文明户标准制度》《南岭村村务监督制度》等等。如《年终分配办法》《村民公约》，其中一条明确规定：本村村民凡是有劳动能力而不劳动者，一律不得分红。

广东博罗姑娘陈兰香嫁到南岭村，怎么也想不到，给她的见面礼竟然是去村清洁队扫马路，去修路队挑水泥担石头，她想不通，南岭村这么有钱，雇人干不就得了。后来得知老村长的妻子在清洁队扫马路，她也就什么都没说了。

村里不养闲人懒人。根据分工，村民或在工厂里从事管理、财务或勤杂，或从事种养、铺路或清洁，总之，大家都不会闲下来无所事事。

南岭村还制定了自己的《村规民约》。村里有一个很有趣的规矩：村里的年轻人，外来的打工者，不管走上什么工作岗位，最初都要在农田里学习农活，体验耕作的辛苦。南岭村特别留下了20亩田，不为收获，只作为学生的教育基地。每年学校放暑假，村干部都要赤脚下田，带学生插秧。

村民分红的多少要跟学历的高低挂钩，未达到村里规定的文化水平者就要取消分红的权利。

如凡是到了上学年龄不上学的，家长就要受到经济处罚；初中未毕业的学生无权享受一切集体福利；而学历高者及在校表现良好的学生都会得到村里的丰厚奖励。考上全国十大名牌大学的本村学生，奖励10万—50万元；凡是考取出国留学生的奖励20万。

严厉的村规也曾让一些村民心怀不满，尤其是受到过处罚的，但没有人不服从。村支书张育彪表示，因为在南岭村，所有的村规，都是经过村委会集体讨论通过的，管理层也带头遵守。违规的村民，首先会在村庄的舆论上陷于孤立无援。

长期以来，南岭村的一套自我治理模式，让村民从中受益，并树立了特殊威权。由此，虽有人抱怨，但并无公开反对。

不做村民

致富后的南岭村成了深圳新农村的一面旗帜。不过，2004年后，南岭村已摘下村委会牌子，挂上社区居委会新牌子，意味着法律意义上的南岭村不复存在，村民也都转变为城市居民。回顾转变，村领导感慨村民转变为城市居民，殊为不易。

2000年2月22日，时任中共中央总书记江泽民来到南岭村，提出要在广大干部群

| 老厂房升级为丝绸产业园区（赵炎雄　摄）

众中广泛开展“致富思源、富而思进”的教育活动。

2003 年 4 月 12 日上午，时任中共中央总书记胡锦涛来到南岭村视察。这是他第二次来南岭村了。1994 年 11 月 12 日，时任中共中央政治局常委、书记处书记的胡锦涛到深圳考察的时候，就特意来过南岭村。

南岭村“老书记”张伟基清楚地记得，当胡锦涛看到村里展厅展板上写着“穷时要有穷志气，富时没有富毛病”时，连声称赞说：“这句话好。”还让随行工作人员把这句话记下来，并题词：“不自满，不松懈，不停步！”

历经多年发展的南岭村，俨然一个小社会，学校、医院，什么都有。虽然对外称谓是村民，但早已是城里人。和深圳为数众多的自然村一样，南岭村曾经单纯依靠出租厂房获利，属于典型的“物业型”经济，不过，后来逐渐转向自主经营的“实业型”经济，发展第三产业，包括服务业和物流业；紧接着发展文化产业，用文化提升影响力和软实力，比如，建设南岭文化创意园、丝绸文化园。

2004 年 2 月 11 日，在广东省十届人大二次会议深圳团审议省政府工作报告时，南岭村党支部书记张育彪代表的一番发言，引起了与会代表的共鸣。

张育彪说，农村变成城市，农民成为市民，不仅是一个简单的身份改变；镇变成街道，村委会变成居委会，也不仅仅是一个简单的名称改变。要做大量艰苦细致的工作，才能最终使农村走上城市的道路。

就在这一年，深圳推进全境城市化。宝安、龙岗两区 18 个镇全面撤销镇的建制，建立街道办事处和社区居民委员会。两区原有的 27 万农村人口全部从“村里人”转成“城里人”。至此，在行政力量的强力推动下，深圳成为全国第一个没有农村、没有农民的城市。

张育彪深有感触：“要使农村最终走上城市化的道路，需要认真抓好‘三个转变’，即农村向城市的转变、农民向市民的转变、村委会向社区的转变。”“农民向市民的转变，要在引导农民转变思想观念，树立城市意识上下功夫；在革除陈规陋习，提高文明水平上下功夫；在大兴学习风气，提高文化科学素质上下功夫。”

2004 年初，南岭村迎来其历史上的关键变革，村委会牌子摘下，挂上社区居委会新牌子，这意味着法律意义上的南岭村不复存在，名义上的村民也不再是村民。

广州开发区（上）："无人区"建大工业

关键词 经济事务　社会事务　城乡统筹

广州开发区在体量急剧扩容的同时，已辐射和带动广大农村地区，产业层次涵盖了第一、第二、第三产业，管理事务也已经不再是单一的经济管理。进入"后工业化时代"，开始对此前单一发展工业带来的"一条腿长，一条腿短"的痼疾进行治疗，并进行城乡统筹课题的思考，原来"一心一意只做工业"的开发区，通过规划调整、对农村地区倾斜扶持等方式从单一的经济功能区向新城区转变。

2013年，广州市政府常务会议审议通过《广州市东部山水新城总体规划》。这幅新鲜出炉的规划蓝图，将未来广州东部的新城区定义为"山水新城"，总面积约为683平方公里，可规划建设用地面积为175平方公里，旨在实现宜业宜居、产城融合的新型城镇化。

时空倒转30年，谁能料想，未来将筑起广州东部山水新城产城融合结构的广州开发区、萝岗区，之前仅仅是东江与珠江交汇处、黄埔新港边、被横滘河环绕的一片不到10平方公里的滩涂和香蕉林。这里曾经被称为"广州的西伯利亚"。

广州开发区在体量急剧扩容的同时，已辐射和带动广大农村地区，产业层次涵盖了第一、第二、第三产业，管理事务也已经不再是单一的经济管理。进入“后工业化时代”，开始对此前单一发展工业带来的“一条腿长，一条腿短”的痼疾进行治疗，并进行城乡统筹课题的思考，原来“一心一意只做工业”的开发区，面临着从单一的经济功能区向新城区的转变。

独立“王国”

开发区成立之初，完全是“独立王国”，碰上风雨天出行更是难上加难，上班路上经常要花两三个小时。市委组织部早年曾在全市精挑细选了13个干部调来开发区工作，这13个人到开发区一看，第二天只留下来9个人，有4个打道回府不干了。开发区在规划红线外建设了最早一批员工宿舍，当年听闻开发区自建了员工宿舍，社会上还是出现了一些质疑的声音：“你们开发区不是做工业吗？建房子是要开发房地产吗？”

“开发区还在成长，我已经老了。”初秋的阳光透过窗户洒进办公室，开发区、萝岗区规划局的公务员李明看着窗外叹道。

1989年，从湖南大学市政管理专业毕业后，李明被分配到广州开发区基建规划办。“我不是广州市的居民，也不清楚开发区位于什么位置，对这边情况也不了解。当时南方的广州和深圳对我们来说很有吸引力。”等车越开越远，“来了才知道是到乡下了，心里略微有些失落，但因为不是本地人，心里的落差也没那么大。”

那时，距离1984年开发区的成立，已经有5年时间。“当时的开发区已经具备一定雏形了，开发大道和自成大道已经建设好了。和当初的开拓者相比，应该说条件好多了，我们至少有房子住了。午餐可以在食堂吃，晚上食堂不开门，只能自己做，因为绝大多数是通勤人员，下班后晚上大都回广州市区去了。”

尽管如此，当时李明目力所及的开发区，还只能看出是一块被水域包围的三角形的冲积平原。当时的开发区被称作“广州的西伯利亚”，离市区有30公里，仅上下班就是一件苦差事。那时候从开发区到市区只有一条路，即黄埔大道接广深公路，开发区又没有居住的地方，每天必须来回赶。

| 20 世纪 80 年代开发大道刚建起来时，周边还有不少林地（孙俊杰 林宏贤 翻拍）

碰上风雨天更是难上加难，路上经常要花两三个小时。有时早上 7 点钟从广州出发，到开发区已经可以吃中午饭了；傍晚 6 点下班，回到家里已经 9 点、10 点，经常如此。开发区在管理委员会成立之前，曾正式要求市委组织部给开发区调一批干部。市委组织部当时在全市精挑细选了 13 个干部调来开发区工作，这 13 个人到开发区一看，第二天只留下来 9 个人，有 4 个打道回府不干了。

加之当时开发区是一个新鲜事物，全社会都不知道开发区是什么。“在原来单位工作得好好的，又看不到开发区的前景，为什么要调进开发区？后来还从其他渠道调进了一批干部，这些干部主要是原籍广东或者广州，在外省、外市工作，想回广州安居、落叶归根或解决两地分居的。”因此，早年住在开发区的基本是外地返回广州工作的人员，或者像李明这样从外地分配过来的大学生。

开发区初始的规划亦如同一个独立的王国。“最初的规划并没有想到依托广州，

| 广州开发区今貌（广州开发区宣传部 供图）

因为离广州市区有30公里远，交通也很不方便。刚开始大家想的是，在那里自成体系。”国务院批准广州建立国家级经济技术开发区，主要任务是以利用外资，发展现代工业、出口创汇为主，致力于发展高新技术产业。

“所以开发区一直专心做工业，当时一心一意想招商引资，严格按照一个单纯的工业区来进行规划和建设。”这其中最核心的一点是工业区内不许建包括员工宿舍在内的生活配套建筑。“出于一种集约用地的考虑，这项规划管理一直执行得非常严格，但是对技术人员的生活也造成了一些影响。”

开发区在规划红线外建设了最早的一批员工宿舍，那里后来形成了开发区最早的

生活配套设施——青年路，但是买东西还是非常不方便。即使如此，当年听闻开发区自建了员工宿舍，社会上还是出现了一些质疑的声音："你们开发区不是做工业吗？建房子是要开发房地产吗？"

快速扩张

专注于工业的开发区从1992年开始进入快速扩张阶段，土地越来越不够用，"胃口"也越来越大。2002年，广州出口加工区、广州经济技术开发区、广州高新技术产业开发区、广州保税区管委会实现合署办公，体量数十倍扩大后，决定了开发区不再是一个单一的经济功能区。

1992 年 5 月 13 日，从开发区划拨土地设立的广州保税区获国务院批准设立，面积 1.4 平方公里。1992 年 7 月 8 日，广州保税区奠基。

为数不少的世界 500 强企业已先后进驻开发区，广州开发区“每年十几亿的产值在当时的全国开发区中名列前茅”，这标志着开发区的发展进入起飞阶段。

李明记得：“那是 1993 年，大家发现土地不够了，需要再拓展。当时 9.6 平方公里中，有 1 平方公里做了保税区，加上广州港新港占用了一些地，所以实际上只有六点几平方公里的土地可以用。”

为了拓展空间，广州开发区通过向国家申请补齐规划用地的方式，在西区的北边设立了东区，面积为 3 平方公里左右。

1993 年 12 月 30 日，为了开发东区，开发区管委会成立东宏实业有限公司，全面承担东区的开发建设。1996 年开始进入开发区“智库”政策研究室工作的陈永品，当年最早进入东宏公司的这家二级公司时做的是文字和广告策划方面的工作，同时也做招商引资。

陈永品回忆起当年扩张时期的开发区，说有种如鱼得水的感觉。“当时年轻的开发区，给了和它一样的年轻人很多机会。那时候白天接了活，兴奋得晚上不睡觉，头天晚上大家才谈完，第二天早上 8 点我就写一份报告出来，把领导也吓了一跳，说你太能干了，越被称赞越想干。”

“整个开发区有一种热火朝天的氛围。早上一批投资者来洽谈，下午一批，晚上又是一批，不管能不能谈成，这种干事的氛围让年轻人激动。当然那时候领导也兴奋，有时候凌晨 2 点钟，打个摩的到西区，顶着狂风暴雨，到他家跟他谈。谈了通宵，早上 8 点半又一起来上班。”

这是开发区积蓄能量准备腾飞的阶段，也是陈永品们激情燃烧的青春岁月。长结实了的开发区，土地越来越不够用，“胃口”也越来越大。

1993 年是一个标志性的年份，是开发区第一个规模扩张的时期，呈现由南向北扩张的趋势。“这次扩张的前提就是南方谈话，开发区迎来了发展机遇。”此前几年，开发区曾有过“开发区红旗是否还能扛得下去”的质疑和讨论，邓小平南方谈话中对改革和发展的强调，让广州开发区得以继续探索下去。

这种快速扩张的势头，最大的发展阻力来自“地荒”。1998年初，时任广州经济技术开发区主任王德业向时任广州市委书记高祀仁汇报工作时，讲到经济技术开发区可用地已经很紧张，有项目但没地方安排。同来参加会议的市科委主任兼高新技术产业开发区主任曾诗度却提出，他们现在有地没钱怎么办。高祀仁说：“你们一个有钱没地，一个有地没钱，你们合伙吧！优势互补，发挥各自的优势啊！”

此后广州开发区的体量开始迅速长大，从最开始狭窄的9.6平方公里西区出发，先扩容到东区、永和经济区，再参与到科学城的全面开发建设，并在2002年从广州经济技术开发区，向广州高新技术产业开发区、广州出口加工区、广州保税区逐一融合，实现全国独一无二的“四区合一”、合署办公的管理模式。

体量的数十倍扩大，决定了开发区不再是一个单一的经济功能区。“其实从2000年科学城的建设开始，开发区的建设管理模式已经发生了很大变化。”

“过去一直沿着发展制造业的路子，接管了科学城之后，开始按照自主创新的模式建设一个新的科学园区。如果按照以前西区和东区的老模式，那我就把所有地面的山头都推平，平整土地，轰隆隆上工业，开发区规模可能比现在还大。”

“但是我们没这么干，而是用西区和东区的经济收益来打造一个世界一流的科学园区。一定要依山就势，要山水相间，宜居宜业。所以我们当时规划的时候，30度以上的山体，都要保留，不要动它，最好不要建房子，把它变成公园。所有的道路该曲则曲，该直则直，遇山就绕道，遇水就架桥。过去是逢山就辟路。所以现在科学城的路是弯弯曲曲的，为了保持生态原样，有高有低。以此为节点，开发区告别了大工业开发时代。”

发展障碍

广州开发区初期单一做工业导致瘸子经济，服务业缺乏，不仅在这里工作的人，就连居住在区内的居民，也都纷纷往市区搬，没有人打算在这里长期居住。

1992年到2004年，李明和陈永品都在这里成家立业，成为开发区最忠实的建设者。

在陈永品看来，开发区的城镇化经历了从工业园、科技园到新城区的三个阶段。

2003 年 7 月，广州开发区第一次党代会明确提出，把广州开发区建设成为以现代工业为主体，三次产业协调发展，经济社会全面进步的广州东部新城区。

尽管这期间，开发区的面积已经达到初始时的几十倍，然而开发区向新城区成长的道路依旧坎坷。“开发区早期的形态就是一个工业园区，从办开发区的方针可以看出来，以利用外资、出口赚汇、兴办现代工业为主，围绕这个建设出来就是一个工业园。具体就是早期的西区和东区，现在的东区，我依然认为是一个工业园区，服务配套很少。”陈永品如是说。他住在天河，开发区虽然前景看好，但城市三产配套的缺乏令不少开发区人选择了去开发区外居住和消费。

根据开发区老领导朱秉衡在《广州开发区20年畅想曲》中回忆，在20世纪90年代中期大家已经发现，开发区的产业结构是“一条腿长，一条腿短”的瘸子经济。

“这与第一阶段的发展思路有因果关系。80 年代中期到 90 年代中期，提开发区就是搞工业，以工业为主，甚至是‘工业唯一’‘工业是生命线’，对第三产业、房地产、饮食业、服务业是很忌讳的，觉得这么辛苦开发出来的土地，应该百分之百用来发展工业。”

“在工业区里是不准搞配套服务业的，后来建起来的青年路一条街，那完全是挨着规划红线建设的，还被上级领导批评，说工业区搞那么多宿舍，搞那么多楼房，是不是想挣钱？那时候，包括居住在区内的居民，都纷纷往市区搬，就没有人打算在这里长期居住。”

不做“伤疤”

布鲁克林区没有及时设定新的发展思路、新的发展结构，结果成为纽约这个国际金融大都市的一个伤疤。开发区人知道这个历史教训，知道经济功能区的身份，不能适应开发区 200 平方公里内众多农村和街道的行政服务和社会管理需要。

此时，开发区的母城广州也在进一步整理和明晰未来的城市空间，从 2000 年开始，广州市就率先在全国编制城市发展战略规划，最终提出了“南拓、北优、东进、西联”

的发展战略。这当中，“东进”所指向的就是开发区。

历史走到一个必须选择的时刻。李明记得，2003年左右，开发区规划部门开始探索开发区未来往何处去的问题。“开发区的出路在哪里，成为一个要直面的问题。它毕竟是一个经济功能区，必须要考虑出路。当时做规划研究，也是在找出路。开发区工业产值占到全广州的四分之一。当时有这个需求、实力，可能形成一个新城区。这也是城市化的必然进程。”

开发区老领导朱秉衡在回忆当年开发区从经济功能区转型为城区的历史过程时，曾经如此评价：“我认为在中国经济史和中国发展史上，开发区作为对外改革开放的一个新生事物，它在中国的现代史上无疑是名垂青史、功不可没的。它起到‘桥头堡’作用、‘转换器’作用。但是这个‘转换器’的作用是有历史阶段的，作为一种实行特殊政策的经济功能区的发展，它最终要走向消亡。像开发区和特区这类经济功能区，它肩负的历史阶段的任务、使命一旦完成，它最终要经历一个新的否定之否定的过程。在国外城市史上，如纽约的布鲁克林区，是20世纪30年代美国搞得最成功的经济功能区，在三四十年代，美国主要的名牌企业都在那设厂，是一个赫赫有名的工业区。后来随着曼哈顿商业中心、航运中心、金融中心的形成，布鲁克林区没有及时设定新的发展思路、新的发展结构，结果随着纽约这个国际金融大都市的形成，没落了，被淘汰了，现在成了纽约这个国际性大都市的一个伤疤。另一个例子——德国的鲁尔工业区，鲁尔也是二战前沿着莱茵河建立的一个工业区，当时德国主要的企业都集中在那里。战后，对鲁尔工业区进行改造，一直到现在，算是成功了，但是花了几十年时间。中国城市的一些老工业区，如沈阳铁西区的衰落，也是一样。如果我们当初50年代、60年代或者70年代，建立起这些经济功能区域的时候，有一个持续发展的观念策划它的未来的话，就不会出现这些区域不可逆转的状况。”

在回忆录中，朱秉衡感叹道：“你看，我们最初学习的榜样——蛇口工业区已经消亡了，蛇口管理委员会也已经消亡了，它现在已经变成深圳市区南山区的一个街道社区了。”

“不论从外界还是从开发区内在的发展逻辑来看，后来的变化，都是水到渠成。”——2005年4月28日，根据《国务院关于同意广东省调整广州市部分行政区划的批复》（国函〔2005〕35号），广州市行政区划调整方案获国务院批准，在广州开发区的基础上，整合周边农村地区，设立萝岗区，总面积389.06平方公里（2006年经广州市勘界办公室重新测量，萝岗区行政区域面积为393.22平方公里）。萝岗区人民政府驻广州经济技术开发区志诚大道。同年9月28日，萝岗区人民政府挂牌。广州市萝岗区与广州经济技术开发区、广州高新技术产业开发区、广州出口加工区、广州保税区合署办公，实行一套人马，五块牌子，这属全国首创。开发区和行政区采用一套领导班子，实行“统一领导，各有侧重，优势互补，协调发展”的新体制。

广州开发区（下）：政府回拨土地解农民之忧

关键词 开发区转型 集体经济 集体土地

2003年，广州开发区的实际行政管辖和委托管辖面积由原来的30多平方公里扩大到215.5平方公里，代管萝岗、联合、东区、夏港四个街道，下设13个行政村、9个社区居委会，常住人口为16.39万，其中城市居民2.59万人，农村居民4.74万人，外来人口9.04万人。其地域已涵盖了工业园区和广大农村地区，产业层次涵盖了第一、第二、第三产业，管理事务也已经不再是单一的经济管理。

2003年，为加快实施广州城市发展“东进”战略，发挥开发区的辐射带动作用，统筹城乡发展，广州市委、市政府决定将开发区周边的萝岗街（原属白云区）、笔岗村（原属黄埔区）、玉树村（原属天河区）、岭头农工商联合公司（原属白云区）、黄陂农工商联合公司（原属广州市农工商集团）委托开发区管理。自此，广州开发区的实际行政管辖和委托管辖面积由原来的30多平方公里扩大到215.5平方公里，代管萝岗、联合、东区、夏港四个街道，下设13个行政村、9个社区居委会，常住人口为16.39

万，其中城市居民2.59万人，农村居民4.74万人，外来人口9.04万人。这样，经过20年的建设发展，广州开发区的地域已涵盖了工业园区和广大农村地区，产业层次涵盖了第一、第二、第三产业，管理事务也已经不再是单一的经济管理。成立20年的广州开发区，面临着从单一的经济功能区向新城区的转变。为此，2003年7月，广州开发区第一次党代会明确提出，把广州开发区建设成为以现代工业为主体，三次产业协调发展，经济社会全面进步的广州东部新城区。

城乡交集

20 世纪 90 年代末开始，广州开发区分散的工业肌体开始向外扩张，以托管天河科学城为契机，此前一心一意做大工业的开发区，开始迎面撞上周边广大农村和农民。

2013 年 10 月 9 日上午，开发区、萝岗区行政服务中心 E 栋 115 会议室，区政研室的骨干陈永品和政研室的年轻人正在进行第三十二期读书会。这是作为开发区智囊机构的政研室几乎每周一都会进行的活动。这天读书会的主题是“新型城镇化与城乡关系的反思”。

特邀主讲的加拿大英属哥伦比亚大学黄小慧博士认为：“新型城镇化的核心问题在于社区（“村改居”）规划与建设……改革城乡二元体制、推动城乡一体化发展是必由之路，同时这也是一个由量变到质变的过程。”

在这之前举行的几次读书会上，年轻人围绕《中国在梁庄》《乡土中国》《“气”与村庄生活的互动》这些或旧或新的著作，讨论当下开发区的农村问题，也回想自己记忆中的故乡。

就在陈永品主持大家讨论的时候，距离行政服务中心不到 5 公里的开发区科学城玉树新村，萝岗区玉树街玉树新村居委会妇女主任梁珍（化名）忙碌的一天也正刚刚开始。

穿过小区广场晨练的人群，她跟相处了几十年的老街坊打招呼，来到社区综合服务中心办公室。电话接踵而至，有的要了解隔壁工业园企业新招工人的计生情况，有一对邻里纠纷需要上门调解，还有社区广场活动要帮手布置……其间，梁珍的手机振

| 20 世纪广州开发区开发前旧貌（孙俊杰 林宏贤 翻拍）

动了几下，一看是银行的通知短信，她的几个房客按时往她的账户打进了租金。

看似平行空间的两段场景，其实在 15 年前已发生交集：20 世纪 90 年代末开始，广州开发区分散的工业肌体开始向外扩张，以托管天河科学城为契机，此前一心一意做大工业的开发区，开始迎面撞上周边广大农村和农民。

陈永品和政研室的同事们曾经步行钻进荔枝林深处的村庄，梁珍和村民也曾因未来的规划感到兴奋又迷惘。此前开发区以“物”为中心的城镇化，开始转向以“人”和社区为中心的城镇化。

开发红线

开发区一条规划红线隔开了两种生活。线内是工厂，线外是乡村。科学城动工后，将梁珍家所在的玉树，还有邻近的迁岗等几个村，划入了园区首期3.7平方公里的开发红线内。这几个曾经默默无闻的小山村连同梁珍这些村民的生活轨迹，也有了全新的变化。

1984 年 4 月，广州开发区 9.6 平方公里的初始范围，在筹建工作领导小组的地图上诞生。这片三角洲上，基本没有原住民。在现时名为广州科学城的地方，有一个叫作玉树的小村庄。不到 20 岁的年轻姑娘梁珍从外地嫁到了当时还属于天河区的玉树村。

玉树村那时是天河最穷的地方。村里只有 1000 人出头，3600 多亩地，大多数的村民都是以种植水稻为生，山上则种植龙眼、荔枝居多。

梁珍不怕苦，“为了家里 6 亩多的耕田，每天起早摸黑地耕种，只是一年到头也存不了一两千元”。大儿子不到 10 个月大时，她就跑到天河东圃去打工，到一家合资制衣厂当工人。

“那时这周边连条像样的路都没有，从玉树村到棠下、东圃都是土泥路，我每天就骑辆自行车往返，后来条件好一点才换了辆小摩托车。”梁珍回忆说，以前经常加班到晚上 12 点，每天都是“单枪匹马”往返，没有遇到抢劫之类的，真算是幸运的了。这一干就是十几年。这期间，梁珍还用积蓄承包了村里的一个山头种果树，增加家庭收入。

此时的开发区还局限在最初西区的范围内。虽然在工业区内严禁建设生活配套设施，不过沿着规划红线的土地上，也渐渐有了员工宿舍和商业街道。这是“单纯”的工业区里最早的原生社区。

随着西区开发建设的艰难起步和推进，一些为企业服务的第三产业日渐形成，人口开始聚集。1988 年 4 月，市政府批准在西区设立夏港街道办事处，下设青年、丽江两个居委会，行政关系隶属黄埔区管辖，但人财物由开发区负责管理，此后，西区工业区日臻成熟，陆续投资新建医院、学校、图书馆等公共事业设施，随之增设了普晖、金碧两个居委会。

经历最初的起步阶段，开发区开始向外扩张。1998 年底，一个全新的高新园区规划得到国家科委和广州市规划部门的批准，梁珍家所在的玉树，还有邻近的黄陂等几个村，都被划入了园区首期 3.7 平方公里的开发红线内，并有了一个后来为外人所知的名字——广州科学城。这片本来属于天河区的土地，因为广州高新技术开发区被广州开发区托管，而被纳入后者新的版图。

1998 年 12 月 28 日，广州科学城奠基启动。经过两次规划修改的科学城改变了开发区过去工业园区的单一规划模式，实行生态优先，旨在建设一个开发起点高，类似硅谷、新竹的高新技术产业基地，被寄予广州最适宜创业发展和生活居住的现代化生态园林城市的样板区、现代化新型城区的多重希望。

早在科学城奠基开发前，陈永品和同事们就用钻荔枝林和步行的方式对周边的玉树等村庄进行了调研。“那时进村的只有土路，遇到下雨，车都开不进去，我们最后步行穿过荔枝林钻了进去。”

“起初区里说要征地，第一次划了1000多亩，很多人一下就蒙了，没了地以后靠什么生活啊？”玉树村的老村长龙维柱说，尽管大多数村民都觉得城市开发、企业建厂延伸到自家门口是好事，但还是不免彷徨。

为了解除失地农民的顾虑，当时政府部门还组织村民们到广州开发区东区的工厂观摩参观。开发区东区开发早，已建有不少工厂，很多附近的村民到工厂上班，从坐办公室到清洁打扫的都有，每月工资都有1000元以上，就业机会不成问题，大家心里的不安和惶恐才少了一些。

正当玉树村最喧哗的时候，梁珍嫁到了这里。那时候的科学城已经有了一些厂房。与当年梁珍需要种果树帮补家用不同，与梁珍同龄的年轻人，大都选择在黄埔区打工上班。

科学城建设开发带给这里的“原住民”第一个变化，是路通了。玉树村口的土泥路被四车道的水泥路所替代，道路两边也沿路绿化。村里被征的1000多亩田地、山地也很快被平整，每天都有从四面八方来的人前来查看、比画，当中也不乏黄头发、蓝眼睛的“鬼佬”。再之后，一栋栋厂房开始破土动工，拔地而起。

统筹城乡

乡村加速城镇化的议题，到了2003年开发区接管广大农村地区后正式进入开发区的发展规划视野。此时开发区工业经济总量已相当于内地大中城市的经济规模，对周边农村经济和农民的生活方式产生了重要影响，这种生产生活方式的改变要求加速城市化的进程。

在开发区建区以来的很长一段时期，为了使开发区能轻装上阵，专注于发展经济，初期开发区的社会管理事务都由母城及附近行政区承担。随着开发面积的扩张，新开发的工业园区又都处在不同的行政区范围内，工业园区周边地区的社会事务管理特别是征地农民的管理仍交由当地政府管理。开发区内及周边地区社会事业的发展由于行政管辖上的分割，形成了开发区经济发展与社会发展、园区工业发展与农村地区发展“一条腿长，一条腿短”的局面。

2003年，广州市委、市政府决定将开发区周边的萝岗街（原属白云区）、笔岗村（原属黄埔区）、玉树村（原属天河区）、岭头农工商联合公司（原属白云区）、黄陂农工商联合公司（原属广州市农工商集团）委托开发区管理，以加快实施广州城市发展“东进战略”。

自此，广州开发区的实际行政管辖和委托管辖面积由原来的 30 多平方公里扩大到 215.5 平方公里，代管萝岗、联合、东区、夏港四个街道，下设 13 个行政村、9 个社区居委会，常住人口为16.39万，其中城市居民2.59万人，农村居民4.74万人，外来人口9.04万人，开发区的辐射带动作用得以发挥。

开发区从单一的工业园区到接管科学城后开始对农村的开发，走向对城乡问题的全面统筹阶段。2003 年开发区接管广大农村地区后，于当年 11 月召开了第一次农村工作会议，对未来 5 年的农村工作做了部署，出台了《社区管理体制改革总体方案》，按照统一规划建设的原则，将建设 4 个农民公寓新村，涉及 1000 多户 5000 多人。

在 2003 年第一次党代会上，开发区提出从单纯的园区管理向统筹城乡协调发展，带动农村地区向城市转变。借鉴天津、大连、苏州等开发区的经验成立社区管理局，运行一年后，于 2004 年对接到行政区划进行调整，新设了东区、联合两个街道办事处，适应建设新城区要求的社区管理体制。

此时工业经济总量即将达到 1200 亿元，GDP 达到 550 亿元，这样的经济规模相当于内地大、中等城市的经济规模，相当于广州 90 年代初期的规模。开发区工业的迅速发展已经对周边农村经济和农民的生活方式产生了重要影响，这种生产生活方式的改变要求加速城市化的进程。

这要求在区域规划和基础设施建设方面，摆脱单纯经济园区的局限，转向现代化新城区的建设理念，开发建设要由偏重于“八通一平”的工业园区基础设施建设转向以城市配套功能完善为主导，由“以项目为本”转向“以人为本”。

从 2003 年开始，随着科学城软件园的建设和玉树村周边一些厂房的建成，能提供给本地村民的工作岗位越来越多。为了生小孩后方便照顾，梁珍和很多年轻人都开始回到开发区找工作。

“那时候我们在天河、黄埔打工，一个月能赚三四千块钱，回到开发区可能只有 2000 多元，但是离家近，交通、吃饭都可以省下来，其实收入差不多的。”

在年轻人回流的同时，为了配合科学城高新技术园区的整体规划，广州开发区管委会决定，将科学城包括玉树、黄陂等在内的 15 个自然村进行整体搬迁，在科学城重新辟地开建 4 个全新的农民新村，村民全部安置到新建小区集中居住。

新村烦恼

在一份高校所做的针对科学城移民新村的调研报告中，“对未来缺乏安全感”成为包括玉树在内的多个新村居民们共同的心结。对此，开发区通过政府回拨经济发展用地的方式，希望通过“鸡生蛋、蛋生鸡”的模式，获取长久的投资回报。

2004 年，包括梁珍在内的玉树村民全部告别了单家独户的日子，搬进农村新村。玉树新村内分布了几十栋小高层楼房，楼房样式与市区相仿，套房从 90 至 150 平方米不等，还有各种配套设施。新村住宅每平方米均价不超过 1000 元，对拥有农村宅基地证的房屋搬迁以补差价的结算方式进行认购安置。

“按照当时征地拆迁的补偿标准，大多数的村民分下来都有两三套房子”，梁珍也从这时开始当上“包租婆”，她一方面把玉树新村内闲置的两套房子放租，另外又用因承包山头种果树得到的树苗补偿金在娘家买了一块地建房子出租，每个月都有不菲的收入。“科学城内的企业日渐增多，有些公司会给员工集体租房当宿舍，所以我们的房子都挺好租的。”

2004 年底，广州又开始一轮区划调整，萝岗区于次年正式设立，玉树两个自然村、三个经济社也都全面“村改居”，成为联和街道玉树社区。

梁珍此时已经在制衣厂干到了主管的位置。而当时社区居委会有个管计生的工作人员辞职了，老村长龙维柱一下想到了梁珍，“她的能力不错，人缘也好，适合干这种工作”，他便积极鼓动梁珍回来工作。

“一来家里的经济条件改善了，不需要那么辛苦挣钱，二来看到很多到外工作的村里人也都回来这边就业”，梁珍说，当时想着还能离家近照顾家里，便答应了。

她和丈夫告别了过去的老屋，一家老小搬进楼房。刚开始，老人们会想念以前独门独院的老房子。虽然告别了土地，但有的人还是把农具带到了新家，还有的老人仍旧习惯把洗菜、择菜等家务活带到一楼空地上来处理，老街坊也可以说说话。

经过最初生活上的不适应后，另外一层心理需求开始浮现。“村改居”后，大量曾经靠土地为生的农民离开操弄了大半辈子的土地，“洗脚上田”当了居民。“白天，年轻人去上班了，新村里只剩下四五十岁或以上的中老年人，找不到什么事做。”

几年的时间，科学城的企业越来越多，社区的外来人口也远超过当地原住民，社区事务也随着增多。由于在社区居委会的工作出色，梁珍很快当上了妇女主任，进而当选了萝岗区第一届人大代表。

大批与科学城高新企业配套的工厂进驻，既给玉树新村的居民带来了就业机会，也带来稳定的集体分红。梁珍的两个儿子读书毕业后也相继选择回到本地就业，一个儿子在街道工作，另一个儿子则在科学城一家跨国企业上班。

尽管现下的生活衣食无忧，但梁珍希望在外界的眼里，玉树不要只是作为一个圆满光辉的正面典型出现。“我们的子子孙孙都没有土地了，虽然现在我们生活环境、经济条件上去了，以后靠什么长期发展下去呢？”

在一份某高校所做的针对科学城移民新村的调研报告中，“对未来缺乏安全感”成为包括玉树在内的多个新村居民们共同的心结。对此，开发区“按实际征地面积的一定比例（8%—10%）给被征地村划留经济发展用地，为其做好规划，利用村经济发展用地积极兴办第二、第三产业，例如统一规划建设为工业厂区配套的员工楼、标准厂房等，保证被征地农民有长期稳定的经济来源”。

玉树经过三次大规模的征地拆迁，除了两个旧村之外，其他的土地均已被征用。村集体经济组织也开始谋划，他们将大部分补偿款重新投资，在政府拨回的140多亩经济发展用地上兴建工业园和员工楼用于出租，用一种“鸡生蛋、蛋生鸡”的模式，以期获取长久的投资回报。

逐个解决

这几年，陈永品研究最多的就是新农村问题，在调研报告里，他一再强调：“最重要的是要循序渐进，不能搞跃进式、运动式的城镇化。”

陈永品和同事们一直跟踪着玉树和开发区其他农村的裂变和成长。“这些年，写过多少调研报告已经记不清了。”从最开始的招商引资、国企改革到后来的城乡统筹和新型城镇化，陈永品的研究课题，同步记录了开发区从经济功能区到新城区转型路途中要解决的主要症结。

这几年，陈永品研究最多的就是新农村问题，“因为问题堵在门口了，不得不研究，你要接管农村，征村民的地，给农民什么待遇，村道谁修，怎么修，装不装路灯，这些具体的问题都要一个个调研解决”。在陈永品看来，“还有必须考虑‘人’的城镇化。城镇化对农民造成巨大冲击，对人的改变巨大。有的村民人已经进楼了，但还是没有城市人的观念。不能老守在家里打麻将啊！”

在调研报告里，他一再强调：“最重要的是要循序渐进，不能搞跃进式、运动式的城镇化，开发区从建设到今天快30年了，你不能说今天说城镇化，明天就城镇化了。必须得有一个积累的过程，急于求成或者大干快上式的城镇化是没有生命力的。在渐进的过程中，居民也有一个融合期，城市的建设要有一个过渡期。虽然一次性大规模地搞，起点很高，但是周围的历史人文怎么去融合，还是需要从容考虑。”

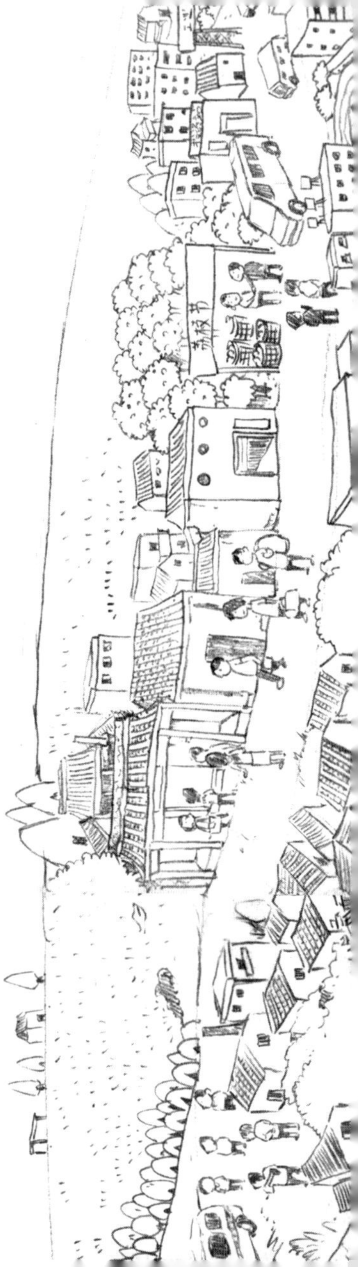

2004—2014

编年史第三部

产业平衡　落地生根

开篇语

“造城”这个词从褒义走向中性，后来甚至带有轻微贬义，不过是30年间的事。从词义褒贬的变化，可以管窥社会实际状况的变迁。20世纪80年代，大量城镇历久不变亟待翻新，更新老旧的公共设施，改善普通人的居住条件，在这个年代，约等于“旧城改造”的“造城”自然是个褒义词。进入90年代后，城镇化成为经济增长的一个重点，不少地方更是推动由政府主导的城市形象工程，“造城”不再使普通人有明显改善生活水平的切身体会，这个词的词义自然也就跟着变成中性词。

进入2004年之后，情况发生了变化。一是城镇化已经初具规模之后，城“造”了出来，但城中的产业却往往跟不上。二是城镇化不再是单纯的工业化和简单的造城，而是必须面对城镇的“社会化成长”。单纯地“造城”显然只会带来更多问题，这个词也因而带上了贬义。

在珠三角各地纷纷兴起的造新城热潮中，产业发展跟不上造城速度的情况并不难找到样本，同在顺德就有顺德新城和佛山新城。顺德新城造城10年，因缺乏产业带动，原本的大良和容桂两镇难以融合。佛山新城发展脚步一度放缓后，确立建设的中德工业服务区总投资150亿元，有望借助八大产业项目的进驻带动城镇化发展，避免其成为“空城”“卧城”。

“社会化成长”面对的是进城者“人的城镇化”问题。一方面，进城者不再只求务工，他们也需要城镇化的生活方式，各地也开始关注土地城镇化之后进城者的生活质量。外来工的需求已经从打工赚钱，变为融入城市，落地生根，获得市民待遇。这种巨大需求与社会体制之间的矛盾日益尖锐，也考验原本设置单纯经济事务的工业区镇的社会治理能力。2010年南海狮山镇的本田工厂发生工人要求加薪而停工事件后，狮山地方工会进行了大力改革，赢得了工友的信任，也实现了劳资两方的双赢。这种例子在珠三角不难找到。一些地方是主动应对，而另一些地方则是被动接受变化，如东莞的高埗镇，工人数量一度从最高峰时的10万人下降到4万多人，城镇面对升高的空置率，要做出适当的变革。

另一方面，城镇化规模扩大，一些城市人口进驻了原本的乡村地区、城镇边缘地区，这些城市人口的到来也促进了社会管理手段的进化，这在珠三角九个城市间的“边城地带”尤为明显，使得珠三角一体化进程明显加快。在所向披靡的珠三角一体化、都市圈化的格局下，对田园生活的向往也一度成为都市文化觉醒的一部分。珠三角仅存的人民公社中山崖口村，充满水乡情趣的广州小洲村，日益成为城里人的关注点。人们并不是追求田园水乡，而是开始回归城镇化的初衷——城乡格局的改变不仅仅维系着经济增长，更应让生活变得更美好。

深圳万丰村：小产权房带来的利益与争议

关键词 小产权房 集体经济

万丰村曾经是农村股份制改革和工业化厂租经济的先行者，以“南国第一村”闻名遐迩。然而2004年时，万丰村内部厂租经济收益低迷，外部债务缠身，内外交困让这个曾经辉煌的村子濒临崩溃。当年，房地产市场在全国范围内开始渐热，万丰村也适时切换至“小产权房”模式。但“小产权房”在短时间内给村官和合作开发者带来暴利的同时，却未必给万丰村集体带来相应的收益。小产权房拯救了万丰村，但也成为此后村民与村委会矛盾的爆发点。

近10年来的城市化突飞猛进，又暗流汹涌。繁荣的速度前所未有，利益分配却时有失衡。曾经为“南国第一村”的万丰村，其变迁路径是深圳原农村集体经济组织发展过程的缩影，也是珠三角不少城市城中村的缩影。关键之处在于，它和它们的城市化，还远未结束。

时间圈定在2004年。这一年对深圳万丰村来说，是一个前后命运截然不同的节点。

万丰村曾经是农村股份制改革和工业化厂租经济的先行者，以“南国第一村”闻名遐迩。然而最近10年，这个村庄的命运与前20年迥异。一方面经营上对外投资屡

| 万丰村里不少正在建设的房子一度被叫停（陈文才 摄）

屡失利，另一方面股份公司管理混乱无序，村集体收益江河日下。到 2004 年时，万丰村内部厂租经济收益低迷，外部债务缠身，内外交困让这个曾经辉煌的村子濒临崩溃。

同样在 2004 年，房地产市场在全国范围内开始渐热，万丰村也适时切换至“小产权房”模式。但“小产权房”在短时间内给村官和合作开发者带来暴利的同时，却未必给万丰村集体带来相应的收益。

小产权房拯救了万丰村，但也成为此后村民与村委会矛盾的爆发点。其本身就游走在法律的边缘地带，加之土地贱卖和收益分配的悬殊，最终村委会下台，政府介入，但既往矛盾仍未解决，后续发展仍不明朗。

从全局来看，2004 年是珠三角传统的工业发展模式切入地产开发模式的节点。此时伴随着集体土地的多样化处理，增值空间巨大，但土地流转过程布满了灰色地带。在产权不明的状况下，上位法规和监管缺位，城市中博弈定输赢，掀起一场土地瓜分盛宴，乱象频生，有人欢喜有人忧。

对深圳来说，这一年曾掀起“全面城市化”的高潮。农民身份自此消失，但10年过去，已没有农民的深圳仍然处于城市与农村博弈的过程之中。

“皆大欢喜”

2004 年开始，规模化的小产权房开发在沙井兴起。当年的居民蹲在这个社区集体经济、股份公司链条中得到分红和转让利差，因而皆大欢喜。但万丰村由于自身的管理制度混乱，多数村民从小产权房的售卖中所获利益并不多。

沙井万丰，中国第一批走股份制道路的村庄之一，鼎盛时期曾与华西村、大邱庄和南街村等齐名，号称“南国第一村”，近两年颇不平静。

2012年初，在当地浸淫多年的“沙井黑帮”被警方一网打尽，头目及骨干成员102人被捕，扣押、冻结涉案资产数亿元。该组织除了涉及百余起刑事案件，还控制了沙井多个行业，包括废品回收、煤气供应、建材贸易等，并从事非法客运和各种“看场”活动，近年来最有利可图的则是小产权房的建设开发。

2004 年开始，规模化的小产权房开发在沙井兴起。相比小产权房的高额利润，其他行业的利润已经不值一提，对黑帮来说也是如此。万丰村是小产权房建设大潮中的一个带动者。小产权房往往以村委会统建楼名义开发，但在“居民自住”的名义下，实际上四处兜售，各个社区和股份公司都能从中获益，居民也在这个链条中得到分红和转让利差，因而皆大欢喜。但万丰村由于自身的管理制度混乱，村民从小产权房的售卖中所获利益并不多。

小产权房开发更多的是带给“沙井黑帮”和街道、社区的部分官员以最大利益。各方对土地的利益争夺甚至触及了政府的底线。在日益收紧的查违政策之下，深圳市终于对全市新建违建最多的沙井开刀，多名官员落马。

但问题并未结束，由于此前的无序开发导致各方利益不均，而土地涉及的是村民的核心权益，村民们仍希望能挽回此前流失的集体资产。其中最大的焦点就是土地资产。在万丰社区遗留的小产权房中，已售出但未入住的穗丰苑至今仍深陷其中。

“交易无效”

一个沙井典型的小产权房：此前大部分已经由万丰村原领导班子和开发商对外售出。但由于该楼盘的开发过程“涉黑”，村民们认为此前的交易无效，应予废除，并明确土地和房产归属于万丰村集体，“争夺战”由此萌生。

2012年6月，30层的穗丰苑封顶之后，购房者们还没来得及入住，就发现楼盘已被当地村民“查封”。此后村民和购房者僵持至今。如今穗丰苑的水电和通道都已被断掉，楼盘一楼的外墙上被涂鸦上“万丰人民誓死捍卫土地权益”的字样，与此针锋相对的，是楼上悬挂的红色标语：“谁偷了我的房子？我要回家！”有购房者在墙上写出QQ群号码，动员其他共同处境的人加入维权行列。

这栋名为穗丰苑的高层住宅小区，是沙井众多小产权房楼盘中最普通的一处，位于沙井万丰社区旧房包围之中。但这毕竟是一个实实在在的居所，且价格便宜。李望和其他数百名购房者在 2011 年以后以 2600—4600 元 / 平方米的价格，纷纷买入这栋以“村委会”集资房名义建设的房产。但买入之后换来的不是入住安居，而是旷日持久的产权之争。

万丰居民们认为，穗丰苑所在地块被万丰村委会低价出售，经过数次转手之后由最后接盘者建成房产出售。程序不合法，也损害了居民的利益。村民们提供的资料显示，穗丰苑所在的原始土地共计 1800 平方米，被以 800 元 / 平方米的低价售出，而实际上占用土地面积近 2000 平方米。

该土地被村委会贱卖了，村集体资产流失，且该楼盘与“沙井黑帮”有关，村民理直气壮要求收回“涉黑地产”；但购房者则认为房产交易是土地转手之后的事情，房产开发期间，政府和万丰村并未否认房产合法性，他们的居住权不容剥夺。

在《穗丰苑共同出资建房协议书》中这样写道：“为落实中央住房政策，解决住房问题，甲乙双方在互利、友好合作的前提下共同出资合作建房。”这给该地块的开发模式打上了“合资建房”的名义。在合同中还列明了两种付款模式，可选择一次性交清出资款，或首付七成房款并在交房验收后 5 天内交清剩余出资款。

为打消购房者的顾虑，在合同中还明示：在购房者入住该房期间，如遇国家征用征收该建筑物，受补偿主体为开发商，开发商按政府赔偿单价及购房者权属的购买面积计算赔偿金给购房者。如果日后政府出台政策需按照相关规定办理产权证时补缴地价和税费，该费用均由购房业主承担。

在街道办的协调之下，万丰村与开发商就穗丰苑的问题进行了多次谈判。万丰村起初要求开发商将卖楼所得收入与社区五五分账，但遭到开发商的拒绝，谈判一度没有进展。后在街道办强力协调之下，万丰社区同意以获得卖楼所得的 30% 而收场，但最终因为村民意见不统一，谈判再度延期。

汪女士作为业主方代表也参与了两次谈判，她回忆，开发商认为自己的买地成本以及建材人工等成本颇高，如与社区平分卖房所得根本无法接受。但后期达成的三七分账，又被“村委会”部分成员以及村民反对，因为那样只能拿到 500 万元，2000 多名村民每人分不到多少。

房产经济

万丰村股份制改革的实践影响了深圳乃至全国的农村，股份分红成为村民主要收入来源之一的制度初创者中就有万丰村。然而在 2002 年元月，股东们却被告知，万丰集团从此停止分红。投资陷窘境，债务理不清。此前的招商建厂收租的模式已经无法给万丰村带来快速而可观的收益。2004 年开始，万丰村迅速将发展模式切换为“合作建房”模式，即找开发商合建小产权房对外出售获利。

万丰村总面积 6.8 平方公里，社区户籍户数 705 户，户籍人数 2067 人，绝大部分原居民为潘姓；但目前外来人口达到近 6 万人，注定了这是个城市化过程中野蛮生长的样本。

万丰村曾经有辉煌的过去。20 世纪 80 年代初，潘强恩当选村支书以后，敏锐地注意到，香港加工业向内地转移，是一次千载难逢的机遇。从 1982 年引进了第一家“三来一补”企业，到 2000 年万丰股份公司升格为万丰（集团）股份有限公司，集团有资产 14 亿多元。

万丰村的实践影响了深圳乃至全国的农村。当前中国很多“城中村”在行政村的基础上建立股份公司，村民变股民，都是以万丰为原始的模板。然而2002年万丰村旧有的发展模式已经面临了瓶颈——每年年初万丰集团都向股东发放前一个年度的分红，但是2002年元月，股东们却被告知，万丰集团停止分红。

一位村民介绍，这是多方面因素造成的结果。后期的潘强恩，在权威确立以后，任人唯亲，村里主要干部都是其家人和亲信。基本上可以说是“只手遮天”。他在之前财富膨胀的幻觉中，到处进行投资，但绝大部分投资没有经过村民表决，而在收益上，如果项目赔钱一定是亏村里的钱，所赚取的收益，却未必划归村集体。

投资陷窘境，债务理不清。此前的招商建厂收租的模式已经无法给万丰村带来快速而可观的收益。2004年开始，万丰村迅速将发展模式切换为“合作建房”模式，即找开发商合建小产权房对外出售获利。

矛盾爆发

小产权房曾拯救了万丰村的集体经济，但也成为此后村民与村委会矛盾的焦点。万丰村在沙井几十个村里，近几年的分红几乎是最差的。村民对集体经济分配环节的种种质疑，最终爆发。

一方面，相比工业化的出租经济模式，小产权房的回报称得上是暴利。卖价高，回款快，周期短。但另一方面，村集体的土地一去不回，渐渐经由小产权房建设而流失。而由于被以往的投资失败和数目不详的对外负债所拖累，小产权房带来的收益并未达到村民们的预期。

一位自称不算太富裕的村民称，目前的万丰村里，密集的高楼大厦到处可见，这些小产权房都是以统建楼名义建起来的。按道理，村集体近十年间的收益当以数十亿元计。因为村集体掌握土地，在房地产火爆的形势下，有充分的议价权，又不像商品房那样有土地出让金、各种税费的“扒皮”，村集体应获得卖房收入中的绝大部分收益。

但实际上，万丰村在沙井几十个村里，近几年的分红几乎是最差的。因为小产权房的收益除了被村官瓜分之外，还要用于“官商勾结”的灰色成本，整个过程走下来，对村民来说，比国家征地开发的补偿更差。

议论渐多之后，土地问题成为村民与村委会矛盾爆发的导火索。

2012年以来，村民越来越频繁地质疑村官贱卖集体土地，侵吞集体资产，并告到区、市政府。村民潘博提供的村委会与开发商签订的合同显示，万丰村下岗地段交易总额是2亿多元，但村集体只收到2200万元，其他近2亿元的资金不知去向。

到2013年2月，万丰村民集体要求收回被低价转让的集体土地，公开社区股份合作公司、集体公司的财务状况，清算集体资产，并罢免现任社区两委班子成员，重新选举。

2013 年 3 月，宝安区领导偕同宝安区公安分局、财政局、民政局及应急办等 9 个部门及街道的负责人一起出席与村民的交流会议，万丰社区党支部 7 名委员集体停职，区纪委介入展开调查。

对于村民从快从速解决问题的强烈诉求，宝安区副区长谢晓东认为：“万丰的问题积累了 10 多年，不可能在短期内快速解决，目前就是要让万丰的情况不再恶化，维持最基本的运作，毕竟大家还要分红。”而专门成立的工作组首先要做的工作就是对万丰村的土地使用情况进行全面调查。截至目前，对土地的调查工作还没有一个公开的结果。

模糊空间

2004 年不只是万丰村的转折点，也是整个深圳城市化的一个关口。若按照当年深圳市出台的《深圳市宝安龙岗两区城市化土地管理办法》的政策安排，除划定给村集体的非农建设用地外，其余土地应属于政府，但实际上，这些土地处于“半城市化”的模糊空间，留下了小产权等历史遗留问题。

在 2003 年底，深圳提出，用当年第四季度到 2004 年全年的时间，对深圳进行“第二次城市化”，让当时宝安、龙岗两区的“深圳最后的 27 万农民”全部“洗脚上田”，完成从“村里人”到“城里人”的身份转换，让深圳成为我国第一个告别农村的城市。

之所以说是“第二次城市化”，是因为 1992 年，深圳已经有过一次“城市化”，但当时考虑到历史原因、基层稳定以及发展的需要，特区外仍保留了镇的建制，没有真正实现城市化。

2004年，深圳市出台《深圳市宝安龙岗两区城市化土地管理办法》，要求按照“工商用地指标100平方米/人、居住用地100平方米/户、公共设施用地200平方米/户”的标准，给村集体划定非农建设用地，共为46.72平方公里。在此之外的建设用地，按理说应该属于政府，但实际不然。目前深圳近400平方公里的土地掌握在原农村集体经济组织手中，也即当年政府没能从原住民手中将土地国有化。

对深圳集体经济颇有研究的一位街道办工作人员房先生（化名）介绍，深圳自20世纪80年代以来的30年间一直针对村集体土地制定政策，但到90年代时，政策就基本失效了，因为发展需求超出其限定时，村民甚至村委会自身会采取违章建房的方式自寻出路。2004年的“全面城市化”，是他认为最详细的政策安排，也试图理清各方边界，包括村集体、原居民个人可保留的土地和建筑面积。但因政府补偿不到位或村集体的抵触，这一计划的实际推进遭遇了很多阻力，后续基本名存实亡，判断依据是对集体土地“产权未明确，管理无效果”。

目前深圳官方对村集体手中近400平方公里面积上的房屋大部分定义为“历史遗留问题违法建筑”。大量处于模糊地带的土地，政府既不认为它们是合法的集体土地（尽管事实上是村集体掌控），也没有给予国有土地的身份。

这种现状，已成为同时制约深圳原农村和深圳市发展的瓶颈问题。对村集体来说，土地房产无法入市流通；对市政府来说，已经无地可用，但这些“小产权违建”既拆除不了，又无法按合法价格支付更新改造的高成本。

出路何在

2013年10月，深圳市针对村集体股份合作公司再下政策，要求明晰产权和强力监管，对于最混乱的土地产权方面提出尊重历史、公平合理、区别对待的原则，这可以看作是解决万丰村这一类问题的出路。不过，也有一些原农村对新政策并不买账。

2013年10月，深圳市针对村集体股份合作公司连发两文：《关于推进股份合作公司试点改革的指导意见》和《关于加强股份合作公司资金资产资源管理的意见（试行）》。改革的主要内容包括加快股份合作公司的转型发展、完善规范监管、实行政企社企分开、加大扶持力度和探索股权改革五大方面。其中重点是明晰产权和强力监管。

对于最混乱的土地产权方面，《关于推进股份合作公司试点改革的指导意见》建议采取尊重历史、公平合理、区别对待的原则，分步分类明晰原农村土地房屋产权，保障集体股份经济组织和原村民的合法权益。选择社区开展试点，探索土地房屋明晰产权，以及通过城市更新、土地整备等二次开发明晰产权的路径。深圳鼓励、引导股份合作公司将符合规划的合法工业用地和尚未完善征（转）地补偿手续的工业用地，通过政府指定的公开交易平台，以挂牌方式进入市场。

在监管上，尽管此前各社区股份合作公司已建立公司章程和各项经营管理制度，但目前社区股份合作公司的管理层还习惯于家族式管理模式，不习惯也不情愿接受股东的监督和制衡。一些公司董事长利用手中权力，不受约束，一些重大事项违反相关规定越权而为，暗箱操作私自出卖集体土地和厂房、私自贱租集体资产、利用职权为亲友牟利、用公款赌博等案件时有发生。

一方面，以上两份《意见》提出要完善股份合作公司法人治理结构，探索建立职业经理人制度，逐步实现所有权与经营权分离，支持股份合作公司逐步实行领导直系亲属任职回避制度。另一方面，要强化股份合作公司集体资产管理委员会职能，落实集体股在收益分配和重大事项表决中的权利。此外，《关于推进股份合作公司试点改革的指导意见》要求推行企务公开，股份公司要定期向公司股东公开投资发展的重大决策、经营管理的重要问题、涉及股东切身利益和接受股民监督的重大事项。

深圳市规划国土发展研究中心规划师胡盈盈在一份报告中也指出，城市化对原集体经济组织和原村民持续发展能力产生冲击。深圳规定原农村集体组织在合作建房入市前，保证至少 30% 的用地作为村集体永久用地。在此基础上，已批准非农建设用地可依据规划确定为居住用途，或在把非农工商用地指标调整到规划为居住的地块后，村民在眼前短期利益的驱使下，可在近年内分批最多将 70% 的用地合作转让用于房地产开发。由于合作开发后的土地完全进入市场，原村集体难以享用更长远的收益权，可能对社区经济的持续发展产生不利的影响。

这种顾虑的确开始在深圳村集体经济组织中普遍存在。一位社区干部称，近年社区居民呈现老龄化趋势，对医保和社会福利的要求增加，此外外来务工人员持续增多，最高时期达到 10 万人，对社区的公共服务提出更高要求。随之而来的是社区服务各职能岗位雇员工资提升，公共设施投入和维护成本持续增加。而原有的集体收入“扛不住了”。

即便在一些已经暴富的村子里，对长远发展的担忧也存在。南山区大冲村目前是深圳城市更新成功的典型，大规模的旧改让村民们获得了不菲的收益。大冲股份合作公司董事长阮洪坤称，村民们目前有了不少的补偿资金或物业，生活较为富裕。但他担心的是将来如果物业也外包出去，“整个大冲村都没事可做了，下一步的发展，我很担心”。阮洪坤说，现实的更新改造有难度，但如何让股份合作公司有长久的发展驱动力，是更大的难题。他现在最担心的是村里的下一代人。

不过，也有一些原农村对政府不买账。原特区外一位不愿透露姓名的股份合作公司董事长直言：目前的“历史遗留问题”实际上都是历届政府所导致，现在原农村没法融入市场发展，政府的规划也进不了原农村的土地上。归根结底，是决策的过程没有股份合作公司的充分参与，没有话语权。“我们没收到什么意见，政府要政策没政策，村子也没什么好发展的。还是等他们政府去搞吧。”他说道。

东莞高埗村：金融危机冲击“租房经济”

关键词 劳动密集型产业 金融危机

2008 年金融危机突然来袭，对东莞高埗镇高埗村影响深远，高埗裕元鞋厂的订单逐年下滑，工人人数锐减。带来的直接影响是，鞋厂周边出租房的空置率飙高，往日熙攘的街道开始变得冷清。高埗村面对的转型困局是珠三角城镇化过程中的一个典型现象。珠三角城镇化得益于改革最早的政策优势和地理优势，很快发展成为世界工厂，但由于没有及时把世界工厂的人力转化为创造力，金融危机冲击下的迫切转型愿望难以迅速实现。

“二房东”陈文建做起了女人活，因为需要补贴家用。

在东莞高埗镇高埗村裕元鞋厂附近，有着 1300 多名像陈文建一样身份的一手房东或二手房东。他们的出租房里居住的几乎清一色是裕元鞋厂的工人。2008 年金融危机突然来袭，影响深远，高埗裕元鞋厂的订单逐年下滑，工人数也从最高峰时的 10 万人下降到 2013 年的 4 万多人。

在裕元鞋厂还没来到高埗村设厂时，高埗村仅有两家外资企业，村中大都是鱼塘与农田，当地人过着赶牛下田耕种的生活。1988 年，随着裕元鞋厂的进驻，村里的鱼塘与农田相继被填平，栋栋钢筋水泥建筑拔地而起。机器的轰鸣声渐渐取代了村民的呵斥耕牛声。

用于出租的民房以及商场店铺绕着裕元鞋厂的围墙而建。原先的村民成了居民，农民成了一手房东和二手房东以及商铺店主，城镇颇具规模。繁华持续20年，而后鞋厂工人数量锐减。带来的直接影响是，鞋厂周边出租房的空置率飙高，往日熙攘的街道开始变得冷清。

高埗村里的房东们早已习惯了放租生活。“楼房不可能推倒变回田地，重新拿起锄头谁都适应不了。”

他们只是担心，他们赖以生存的裕元鞋厂哪天会突然搬走。

二手房东

陈文建承包的出租房离裕元鞋厂的围墙只有三四十米远。围墙旁，一栋带有鞋厂明显标志的楼房上已经挂起了一家商品城的大幅广告牌。这里正在装修，在不久的将来，这栋空置的鞋厂厂房以及周边总共6万平方米的地方，将转而成为销售打火机、电池等小商品的商品城。

39岁的陈文建担心这种变化会持续扩大。

高埗裕元鞋厂是全球最大制鞋商宝成集团在中国大陆设立的第二家生产基地。产业工人的批量进驻，带动了当地的建设潮和服务业的繁荣。裕元鞋厂当之无愧是高埗镇早期城镇化的大功臣。

陈文建，湖北襄阳人，来东莞已经14年。在2009年之前，他一直在高埗裕元鞋厂的几个厂区周边开照相馆。随着自带拍照功能的手机在一线工人中逐渐普及，照相馆生意难做，他只得关门待业在家。三口之家的生活重担全部压在在裕元鞋厂上班的妻子身上。

那段没有工作和收入的日子，陈文建过得很艰辛。为了省下儿子读幼儿园的校车接送费，他每天骑单车接送儿子上下课。陈文建所租住的出租房二手房东与他是老乡。老乡找到他，说已经无力继续将出租房经营下去。

东莞高埗裕元鞋厂附近出租屋的租客几乎都是裕元鞋厂员工，上班时分，街道显得有些冷清，只有留守在家的孩子们在玩耍（陈奕启 摄）

彼时，金融危机已来袭一年，影响正当其时。

也就是从 2009 年开始，高埗裕元鞋厂开始撤并生产线，裁减分流工人到江西等地的分厂，引发工人们的抗议潮。已经熟悉东莞生活的工人们开始为了解除劳动合同的赔偿问题与工厂陷入对抗僵持当中。有的工人选择离开了鞋厂，也离开了高埗镇高埗村。

陈文建说，老乡的出租房里，共有 24 间房，金融危机最惨淡时连一半的房间都没有出租出去。每个房间每个月的租金在 150 到 200 元之间，老乡每个月要给一手房东缴纳 5500 元，相当于每个月都在亏本经营。

老乡决定以 4000 元的低价转让出租房承包权。“租出 20 间房子，我就能保本。”陈文建考虑了好几个晚上，下定决心，接过老乡的出租房，成了二手房东。

在东莞的出租房陷入低谷时，陈文建出手抄了个底。几乎同时，周边的出租房承包价纷纷跳水，原先四五千元的承包价下降到两三千元。陈文建估摸着出租房的承包价既然已经触底了，肯定会反弹。

让他意想不到的是，反弹迟迟没有到来，还在低谷徘徊着。

2009 年以来，陈文建赖以生存的裕元鞋厂并无丝毫好转，反倒是缩减的生产线越来越多，裁减的工人越来越多，房子越来越难租出去了。“高埗村的出租房大多建在裕元鞋厂附近，出租房里居住的几乎都是裕元鞋厂的工人。”陈文建说。

这使得高埗村的出租房依赖性极高。裕元鞋厂一旦有变动，高埗村的出租房反应最强烈。自从 2009 年接手以来，陈文建承包的出租房就从未住满过，平均每年都会有五六个房间空着。他也仅能保个本，勉强维持下去。

补贴家用

3 个月前，陈文建接下了一个适合女人做的活儿，每天帮人加工组装比指尖还要小的电子塑料盘，一天干 10 个小时，可组装 1000 个，赚得 40 元钱。反正闲着也是闲着，赚得一分是一分。

在高埗裕元鞋厂附近的二手房东们大多与陈文建有着同样的心态，四处揽活的比比皆是。

随着裕元鞋厂工人数的锐减，即便是本地人的一手房东陈容容，也开始重新外出找工补贴家用。

高埗本地人陈容容的出租房离高埗裕元鞋厂要远些。尽管如此，她出租房里的租户也都是裕元鞋厂的工人。“现在出租房没得赚了。”将近 50 岁的陈容容坐在出租房门口边埋头绣十字绣边叹着气说。

陈容容的房子是在 2000 年建好的，与周边的民房一样，5 层楼高。建好之后，陈容容将房子承包给外地人出租。在 2007 年之前，这栋出租房每个月能给她带来 4000 多元的租金。那个时候，陈容容几乎不用管房子的事，只等着月底去收租。

2007 年服装生意失败后，陈容容将房子从二手房东手里收了回来。“那个时候，正是裕元鞋厂鼎盛时期，工厂工人达到了 10 万之众，周边出租房爆满。”陈容容说，她 5 层楼的出租房共有 24 间出租房，每间房每个月以 200 元租金计算的话，月入将近 5000 元。

可好景不常。陈容容说，仅一年后，金融危机波及高埗裕元鞋厂。工厂工人随后逐年在减少，退租的工人越来越多。最多时，一个月有3起退租。高埗村出租房的承包价也掉了将近2000元，单间房房租从每月200元下降到150元。

至今，陈容容的出租房尚有6间房子空置着。

无论是二手房东，还是一手房东都开始感觉到空前的压力。陈文建和陈容容说，那个时候，他们都非常关心来自裕元鞋厂内的消息，生怕外界传言的裕元鞋厂要搬走的消息成为现实。

高埗村村支书莫锦章说，高埗村有1300多栋出租房，租户以裕元鞋厂的工人为主。“2007年最高峰时，裕元鞋厂有10万人之多，到了2008年之后，工人人数逐年下滑，2013年已下降到4万多人。”莫锦章认为，首当其冲的当属出租房，普遍未能住满。

2013年9月份，陈文建的儿子通过积分入学到了高埗中心小学读书。陈文建的生活压力陡增。出租房的生意毫无起色，他开始寻找新的开源渠道。3个月前，得知附近同为出租房二手房东的女老乡拿着一些手工活到家里做，陈文建也跟着做起了女人活。

陈容容的大儿子正在读大一，小儿子则在技校读书，正是用钱时。“一家人仅靠日渐惨淡的出租房生意已经无法过活了。”陈容容遂在出租房楼下开起小卖部，卖水卖烟。她的丈夫则在2013年初去高埗村一家商场做起了夜班保安。

故乡难返

尽管出租房生意不景气，外乡人陈文建仍未打算离开。对于离家14年的他来说，高埗已经成为他的第二故乡。全家人在这里深深扎下了根。打工仔肖文彬则是回了故乡又来，同批离厂的十来名员工当中，几乎全部人都留在了高埗，要么进了其他厂，要么就在裕元鞋厂附近接手了一栋出租房或者承租了一家小门店。

湖北开往东莞的班车多停靠于设在高埗的东莞汽车北站。每天，两地来往的班车多达10多辆。当年，陈文建的老乡肖文彬就是乘坐班车来到高埗，开始从农村走向城市之路。如今，已经离开裕元鞋厂的他一度离开高埗回到老家，很快他又回来了。“已经在东莞生活惯了，回去连拿锄头都感觉别扭。”

| 东莞高埗裕元鞋厂附近连片的出租房和商业街（陈奕启 摄）

像肖文彬这样的人，在高埗裕元鞋厂辞工的人当中最为普遍，回到老家的他们发现，农村已经不再适合他们。

2004 年高考失利之后，肖文彬南下广东。县城里有开往东莞的班车。每天，都有像肖文彬一样的男男女女登上南下的班车。

肖文彬的父亲不赞同儿子南下打工。他坚持认为农村的孩子只有读书，才能走进城市，才不会被城里人歧视。肖文彬还是倔强地走了。在老乡的介绍下，他顺利进入裕元鞋厂工作。那一年，高埗裕元鞋厂步入鼎盛时期。肖文彬至今为止有幸见过的“最大的明星”是 NBA 巨星乔丹，尽管隔着几百米远，还隔着车间的窗玻璃。肖文彬形容当时场面“恐怖、壮观”。

而 2013 年“小皇帝”詹姆斯莅临裕元鞋厂时，人气就要差很多，甚至连裕元鞋厂的员工都不知道他来了。

在裕元鞋厂里，肖文彬每月能拿到两三千元的工资。他很少寄钱回家，而是将大部分的钱花在了买手机等电子产品以及请同事老乡在外吃饭唱歌上。

2008 年之后，受金融危机的影响，高埗裕元鞋厂开始裁减员工。肖文彬所在的流水线不幸被合并到其他部门。合同要重新签订，此前的工龄清零。肖文彬不满工厂的霸王条款，在 2011 年底毅然辞了工。

眼看着 2012 年的春节就要到了，肖文彬无法安心找工作，买了一张汽车票，回到湖北老家。他老家是典型的“八分半山一分田，半分水面、道路和家园”的地貌结构，村子与村子之间往往是隔着一座山。从肖文彬的家去县城更是要翻过两座山，换乘两次车。

翌日，肖文彬跟着父亲上到村子背后的山坡上采摘橘子。山坡上的橘子树上结满了黄澄澄的橘子。

肖文彬无心欣赏这漫山遍野的美景。他接过父亲递来的梯子，麻利地爬上去，头扬着，双手举着采摘橘子。很显然他好久没有干过农活了，半小时不到，肖文彬的脖子就开始感觉到酸楚，一直举着的胳膊也一阵酸痛。“以前老是抱怨在工厂里加班时间太长，可回到农田里干农活，觉得还是在工厂里舒服些。”肖文彬很快就被父亲叫了下来。

回到农村的肖文彬说他已经不习惯农村的生活了。一到晚上，村子里就黑乎乎的，哪儿也去不了。肖文彬觉得还是东莞好，“霓虹灯有时比老家的白天还要亮”。

在东莞打工时，只要一有空闲，肖文彬就爱往网吧里钻。网吧离工厂的宿舍还不到百米。但回到了湖北老家，他已经整整一个月没有上网了。“更别提那些 KTV 和酒吧了。”在老家的那段日子里，肖文彬一直跟还在东莞的老乡们通着电话，聊着东莞的一些事情。

父亲一直劝说儿子留下，跟自己再去承包几座山头，扩大橘子园。肖文彬又拒绝了父亲。半年之后，待春耕结束时，肖文彬再次登上了南下东莞的大巴。这一次，他没有进工厂，而是在高埗裕元鞋厂旁边开了家服装店。

与肖文彬同批离厂的十来名员工当中，几乎全部人都留在了高埗，要么进了其他厂，要么就在裕元鞋厂附近接手了一栋出租房或者承租了一家小门店。

裕元鞋厂改变了高埗村，也改变了这些外乡人的生活方式。

设厂往事

万人同时涌出裕元鞋厂，于厂外一条狭长的街道上，排成了长龙，单车要想通过的话，除非扛着走。如此场景，已成往事。但不可否认的是，正是高埗裕元鞋厂的到来，让陈容容、陈文建、肖文彬这样的本地人和外地人，有了在城市里生存下去的机会。

现任高埗村村支书莫锦章曾是高埗村第一家外资企业的技术员。他在这家外资毛织厂里工作了10多年。据他说，高埗村地处高埗镇中心区，辖区总面积2.75平方公里，建成区面积1.1平方公里，户籍常住人口3300多人，外来人口最多时有10万人左右。

改革开放后，招商引资在东莞各个镇街风起云涌。但对于三面环水的高埗镇来说，在1984年高埗大桥尚未通车之前，往来市区需要通过轮渡，交通成了招商瓶颈。

高埗镇外经贸办副主任莫志良说，到1988年，高埗镇仅有为数不到10家外资企业，在东莞的32个镇街当中，排名靠后。那个时候，高埗镇依然以农业为主，相对落后。1988年，东莞市得知台湾的裕元集团要在大陆设立分厂，立即派人赴香港洽谈。

或许是从扶贫方面考虑，东莞市政府将这个千载难逢的机会让给了高埗。高埗镇政府立即带着市外经贸局的人赶赴香港，将裕元集团的人请到了高埗镇。莫志良说，来高埗镇之前，裕元集团已经去中山市考察过一番，对那边比较认可。这让高埗镇压力很大。

台湾企业家喜好风水，裕元集团来高埗镇考察，随行还带了台湾的风水师。

200米宽的东江南支流蜿蜒穿过高埗大桥，绕高埗村而过。高埗镇领导很有魄力地说："随意挑，挑中哪块地，就给哪块地。"风水师很快就相中了位于高埗村的一块风水宝地。据莫锦章说，当时那里还是一片农田和水塘，不少本地人正牵着牛在耕田。

随着裕元鞋厂的扩张，员工人数激增。工厂宿舍难以满足工人住宿需求，工人不得不外出找房子住。从1990年开始，沿着高埗裕元鞋厂的围墙外，高埗村本地人开始大量兴建楼房，用于出租。等到1994年，高埗裕元鞋厂想要扩大规模时，发现高埗村周边已经无地可用了。

"当时高埗裕元鞋厂周边建的都是民房，当地人不同意拆迁征地。"莫锦章说，高埗村只能忍痛割爱，将裕元鞋厂扩张的机会，让给了附近的低涌以及上江城村。

暂时安心

曾经的10万人工厂，一度只留下4万余人。每当夜幕降临时，身穿裕元鞋厂服的工人稀稀拉拉经过街道，陈文建都会忍不住怀念往日熙熙攘攘的场景。

高埗镇外经贸办副主任莫志良说，这是市场经济下高埗裕元鞋厂必然的选择。“内地劳动力成本低，在高埗裕元鞋厂，每个工人的平均月工资达到3000元，而内地只需1000多元。此外内地政府在招商政策上，也比珠三角一带优惠力度大，不少是免费提供土地，吸引广东的企业过去投资。”

据统计，过去10年，中国劳动力成本大约增长了3.5倍，人民币累计升值30%左右。目前，以东莞工人月薪普遍3000元左右计算，印度尼西亚大约1800元，越南大约1500元。一个1万人的工厂，在大陆一个月仅工资就要多付1000多万元。而鞋产品在美国市场的终端零售价在过去几年没有太大变化，这决定了耐克等客户的订单涨价幅度有限，要求代工厂转移的意愿越来越强烈。

最近几年，高埗镇方面几乎每过一段时间就要重申一遍：裕元鞋厂短期内不会搬离高埗。

其实早在2008年金融危机开始之前，裕元集团就开始重新布局，先后在江西、江苏等地设立分厂，将高埗裕元鞋厂的部分生产线转移到内地去。“这些年，裕元集团在高埗厂的订单的确是每年以10%的速度在下降，但总的来说，裕元集团的订单并未下降。”莫志良说。

生产线转移，工人裁减。莫志良认为这些变化对当地政府的直接影响并不大。“裕元鞋厂每年给高埗的纳税总额一直持续在几百万元。影响最大的是附近的出租房和店铺。”莫志良说，2013年底当地政府也担心裕元鞋厂的变动会给当地百姓生活带来震荡。“目前所了解的情况是，高埗裕元鞋厂在今后的一段时间里，将不会裁减工人，总数将维持在4万人左右。”

得知高埗裕元鞋厂不会再有大的变数，陈文建长舒一口气：“可以安心在此再做几年生意了。”

东莞樟木头：外向型地产再寻新方向

关键词 金融危机 地产经济

得益于樟木头火车站连通香港的便利，20世纪90年代初期，许多香港人在樟木头实现有房梦，在樟木头迅速“造”起一座“小香港”。2008年国际金融危机席卷珠三角，港人在樟木头持续抛售屋宇。目前留在樟木头的香港人已陆续减少，估计仅剩约5万人。2009年之后，樟木头镇抓住林场辖地扩大时机，吸引巨无霸的新城项目，被喻为将再造一个樟木头新城区。而这些高端楼盘迅速崛起，目标则剑指深圳客。

位于东莞市东南部的樟木头镇，属于典型的三面环山盆地，却有着“小香港”的美名。2009年之前，全镇面积只有66.6平方公里，可利用平地面积不到30平方公里，镇中心区竖立起众多塔式高密度住宅，最早的购买人群皆来自香港。

得益于樟木头火车站连通香港的便利，20世纪90年代初期，许多香港人在樟木头实现有房梦，在樟木头迅速“造”起一座新城，“小香港”由此得名。

在港人“造城”之前，樟木头的城镇雏形已有了外来人员的身影。1987年，时任新华社记者的中国著名城市营销专家王志纲，在长篇通讯《百万移民下珠江》中描述过樟木头当时的盛况：这个只有 1.7 万人口的小镇，涌来了 1 万多外来人，成为这里 170 多家“三来一补”企业和乡镇企业的工人。

数年之后，港人将这一繁荣推向另一个高峰：樟木头的 60 多个楼盘 3 万多套房子，全部卖给了香港人。楼市造城的盛况一直持续到 2003 年，当年非典来袭，樟木头外向型房产市场进入拐点，港人开始大量抛售楼宇，二手楼价甚至跌至 1500 元 / 平方米。

2008 年 10 月，发生在樟木头的“合俊事件”被喻为中国玩具制造业产业链条上倒下的一张多米诺骨牌，国际金融危机席卷珠三角，港人在樟木头持续抛售屋宇。几经市场易手，当年港人留下的高密度楼宇，被樟木头周边镇街以及广东邻省的投资置业人士收入囊中。樟木头官方统计的数据显示，目前留在樟木头的香港人正陆续减少，估计仅剩约 5 万人。

如今，港人“造城”的神话已经逐步远离樟木头，樟木头的房地产业瞄向了深圳。2009 年之后，樟木头镇抓住樟木头林场辖地扩大的时机，把全镇的总面积扩大到 118.8 平方公里，并向山地要发展空间，吸引巨无霸的新城项目，被喻为将再造一个樟木头新城区。而这些高端楼盘迅速崛起，目标则剑指深圳客。

初尝甜头

东莞最早的房地产项目出现在樟木头，樟木头火车站的汽笛声就像是这场革命的号角，每天有113次列车停靠，其中不少的终点就是香港。20世纪80年代末期至90年代初期，香港房价高企，不少香港人“一生追求有一套房子”的梦想遥不可及。彼时的樟木头，被山与河道占去大部分面积，不适合办厂发展加工业。樟木头镇老领导蔡伟明回忆说，镇政府想到了盖房子卖给香港人，让他们的“有房梦”在樟木头实现。于是有了“河畔花园”，樟木头政府在香港打了一行广告后就卖出了十几套房子，有100多万元，相当于1990年樟木头一年工业产值的近1/10。尝到甜头的政府当即决定将在香港投放的广告增加到半个版，疯狂再度延续。当月，河畔花园200多套房子全部卖完。政府开了头，民间资本迅速赶上。

2013 年 11 月的一个午后，东莞樟木头镇中心区的街上，规模不一的房地产中介

| 有“小香港”之称的樟木头楼市中介颇有香港中介味道（陈奕启 摄）

大门齐齐敞开。在这里，鳞次栉比的高楼延续着香港的拥挤，琳琅满目的地产中介店面也是一道独特风景。

等待客人期间，在樟木头从事地产中介工作已有多年的许健（化名）瞄了一下电视新闻，电视画面上东北某市的天空正飘着雪花。许健只是穿着一件长袖衬衣，在樟木头还感觉不到寒冷，他掏出手机看了看日历，嘀咕了一句：“到了这个季节，北方的老人应该会有过来看楼的吧。”

樟木头原是东莞市唯一的纯客家镇街。20 世纪 90 年代之前，本地居民除了客家话外，听到更多的是来自香港的粤语。许健在进入地产中介行业前，早已听说了“小香港”的各种“威水”史，他也知道东莞最早的地产革命就发生在樟木头。

樟木头政府策划的第一个楼盘叫“河畔花园”，被视作品质楼盘的标志卖到香港。蔡伟明回忆，当时在香港投放的广告只有一两行字，就说樟木头有楼盘卖，10万元100平方米，再附上个联系电话，“没想到非常成功，一个星期就卖出去十几套”。

十几套房子有100多万元，相比“1990年樟木头一年1000多万元”的工业产值，尝到甜头的政府当即决定在香港投放的广告增加到半个版，疯狂再度延续。当月，河畔花园200多套房子全部卖完。

官方高调进军香港，民间也没落后。1991年，港商邓兆华在樟木头镇中心区投资建设第一个楼盘——翡翠花园，到香港试水外销，很快便销售一空。在被港人置业推动起来的疯狂年代，邓兆华、钟汉强这些“试水者”的成功，起了极大的集聚效应，地产商们纷纷抢滩樟木头，最旺时全镇集中了近40个地产商。

数据显示，1992年，在樟木头从事房地产开发的香港房地产开发商达到20多家，向香港销售楼盘6000多套，销售总额达13亿港元；1993年，这些发展商在港推出楼盘28个，销售商品房13800套，占内地当年在港销售商品房总数的48.6%，开创了内地在港卖楼的高峰。最让外界津津乐道的是，1993年的统计数据当中，整个广东省在香港卖出的房子60%来自樟木头。

房地产的火爆，让樟木头声名鹊起。香港人对于樟木头的偏爱，制造了“全国楼市外销市场看广东，广东楼市外销市场看樟木头”的传奇，在樟木头“造”起了一座新城。樟木头官方提供的数据显示，20世纪90年代高峰时期，樟木头商住楼开盘前后合计有60多个，卖出3万多套，为樟木头社会生活、商业消费带来繁荣景象，粗略估计有10万—20万港人前来消费度假。

港人置业带动樟木头繁华的势头一直持续到2002年。那一年，樟木头专门针对火爆的港人置业市场举办了第一届香港人旅游节。樟木头的资深地产经纪人方先生记得，旅游节期间，樟木头大街小巷人来人往，夜如白昼，香港人在樟木头各个楼盘来回穿梭，镇内各大食肆餐馆挤满了讲着粤语的香港人。“如果外地客人当时来樟木头，见到高楼林立的街面上全是香港人，就连各种餐饮配套都跟香港没什么两样，的确会把樟木头当成小香港。”

樟木头官方当年公布的数据显示，首届旅游节期间，共售出商品房超千套，销售收入3.2亿元，社会消费总额4.8亿元，港人及大量外籍人士来樟城看房买楼、旅游购物、休闲度假，逾120万人次。

| 东莞樟木头一度吸引了近 15 万港人前来购房安居，被誉为“小香港”（方光明　摄）

由盛转衰

港人未看房就在合同上按手印，这是最鼎盛的五年间的故事。不过，好戏难连台，自从香港政府“生果金”政策变了，限制香港老人在外养老，加上随后的非典、金融危机，樟木头的房地产市场也跟着香港经济大潮由盛转衰。

1992 年至 1997 年的五年，被业界公认是樟木头房地产最为鼎盛的时期。方先生表示，当时商品房都具有鲜明的特色，户型以港式小户型为主，一房 10 多个平方米，两房 40 多个平方米，三房 60 多个平方米。“塔式高密度住宅都在这一时期出现，各个楼盘选择销售人员首先要懂粤语。”

1995 年之前，樟木头的楼盘在香港盛行卖“楼花”，一个楼盘还没有建起来，楼花很快被销售一空。楼市的火爆程度令资深地产人翁莉记忆犹新：“周末带团到樟木头看楼要坐火车，火车票18元一张，我们每次一订就是两节车厢，有的港人怕买不到房子，来樟木头看房前直接在购房合同上先按手印，这个房子就是他的了！”

在樟木头生活了几十年的林女士，对港人在樟木头的减少印象颇深。她所居住的樟木头某大型小区，原本是港人的聚集地之一。“当年在樟木头买房的港人，一部分打算休闲养老，另一部分则是在内地娶了老婆。”林女士表示，经过20多年变更，上述两种港人的生活都发生了变化，比如：娶了内地老婆的港人，如今妻儿已经可以申请单程回港团聚，无须再在樟木头居住；原本打算在樟木头养老的港人，由于受到香港“生果金”政策的限制，回来的时间也越来越少。

“生果金”是香港政府发给香港长者的高龄津贴的俗称，申请者须符合提交申请前连续居港一年的条件。所以，香港选择返回内地退休的长者因受离港日数限制，而疲于往返香港与内地，以保住领取高龄津贴的资格。

林女士的小区里，早几年还能经常见到一对香港的老夫妻进进出出，“现在越来越少见了，见到面一打听，才知道受‘生果金’的居住时间限制，他们必须长住香港”，即使回来樟木头，也是周末匆忙住上两天就得离开，甚至一个月才能回来一两天。

港人抛售

依靠房地产“造”起来的繁华之城，到了2003年开始盛况不再。那一年，非典来袭，樟木头的楼盘外销市场开始出现下滑，外向型房产市场进入拐点。然而，压垮樟木头楼市行情的最后一根稻草还是香港的政策，2008年，香港政府出台新政，在内地买房的香港人不可以享受公房。此后，在相当长的一段时间内，“港人抛售”“房价跌入低谷”等字眼成为这座曾经风光无限的城镇的新闻关键词。

依靠房地产“造”起来的繁华之城，到了2003年开始盛况不再。那一年，非典来袭，樟木头的楼盘外销市场开始出现下滑，外向型房产市场进入拐点。一个相应的数字是，2003年第二届香港人旅游节销售量为663套2.1亿元，仅为2002年第一届旅游节的六成多。

樟木头全貌（刘在富　摄）

到了2004—2005年，樟木头楼市不管是推盘还是销售，速度都放缓。2004年樟木头批准预售量仅为4宗48172平方米；2005年樟木头批准预售量为4宗103217平方米。2005年樟木头全年累计销售商品房（包括铺位）约1800套，销售金额5.9亿元。

与此同时，以绿茵豪庭、碧河花园、帝雍园等项目为代表的新一代项目开发销售，正式宣告樟木头楼市完全依赖外销的结束。比如，在本土置业力量崛起的大背景下，新一代房地产项目——帝雍园的宣传口号是“樟木头人的家”，而同一开发商早期开发的帝豪花园，宣传口号为“香港人的家”。口号的转变，代表着樟木头楼市置业力量的变化。

2008年，许健开始进入樟木头的房地产中介行业。“我也赶上了樟木头楼市的一个特殊时代。”许健赶上的时代，是以“合俊事件”（2008年10月，香港合俊集团倒闭，在樟木头的两家工厂遭法院查封）为代表符号之一的金融危机。这场危机再次重创樟木头的房地产市场。

同年，香港政府出台新政，在内地买房的香港人不可以享受公房。政策的转变，无疑成为压垮樟木头支撑了十几年的外向型房地产业的最后一根稻草。此后，在相当长的一段时间内，“港人抛售”“房价跌入低谷”等字眼成为这座曾经风光无限的城镇的新闻关键词。甚至有传言，只要花几万块钱就能在樟木头买到一套三房。

这样的传言，事后被证实并非空穴来风。时至今日，走在樟木头镇中心区的街头，各类地产中介公司的橱窗上仍贴满了“让人心动”的价格。2013 年 11 月，在樟木头二手中介提供的信息中，62 平方米的新城市广场两房两厅售价 17 万元，68 平方米的龙威花园两房一厅售价 19 万元，84 平方米的大富豪广场三房两厅售价 26 万元……这些房子，无一例外都是当年港人在樟木头购置的房子。而樟木头镇中心区遍布街头的各类房产中介，很多依靠这类房子的出租和转售生存着。

“这些都是港人抛售后的房子，楼龄都有 10 多年了。”许健说，樟木头房地产市场投资人几经换代，现在已经没有多少香港人了，“即使有，也都是些上了年纪的老人，周末才会回来住两天”。

许健从事中介工作后，首次接待的是一对 50 多岁的香港夫妇，“说是要卖掉房子”。许健记得那是 2008 年金融危机过后不久，那对夫妇以较低的价格，将他们在樟木头的一套 60 多平方米的两房卖掉。交谈中他隐约得知，他们在香港遭遇困境，急需用钱。

除了抛售房子，香港人此后出现在中介的机会越来越少。许健说，香港夫妇那套房子先是被一个深圳客人买下，几年后转手抛向市场，被一名樟木头本地居民接手用作租赁，“每月租金在 1000—1300 元”。

东莞粤新房地产有限公司的工作人员包先生表示，镇中心的商贸服务业较发达，“像一些樟木头本土的投资客，会买下房子后出租几年再抛出去”。目前，银行对于这些楼龄 20 年的二手房不再按揭贷款，房子的转手率不是很高，大部分人买了之后是自住为主。

抛售、接手、租赁、自住，这成为樟木头二手楼市此后几年的常态。樟木头房地产开发总公司负责人表示，该镇二手房交易的购房人一直以自住为多，也有过浙江温州商人投资二手房市场，“但受地理位置和经济环境及辖区人口密度等因素影响，浙商炒楼现象很快淡出”。

港人在樟木头抛售房子有两个比较明显的集中时期。樟木头房地产开发总公司表

| 樟木头镇中心区人行天桥上的城市标语一直主打“小香港”牌（方光明 摄）

示，1997年的亚洲金融风暴和2003年的非典造成大量楼宇被抛售，二手市场空前活跃，反而使楼房空置率减少，“二手楼价在这个时期的跌幅巨大，甚至跌到1500元/平方米左右”。

2008 年的国际金融危机，促使这一现象扩大化，加上全国房地产市场的深度调整还没有缓和，樟木头的房地产市场难以有人接手，“深圳炒房客当时不再买这里的楼，温州人来了又走了”。许健表示，樟木头早年的交通优势已不再明显，受周边城镇分流、宏观经济变化等因素影响，一度充当购房主力的香港人也很少来樟木头置业。

在樟木头的港人数量减少，或可从住宅小区的统计初见端倪。冠和国际集团有限公司在樟木头镇中心区开发的两个小区，为早期典型为港人设计的楼盘，共有 1000 多户人家。该公司负责人表示，截至目前仍有 60% 的房子为自住型，40% 为出租，香港住户只有约 10%，“且以中老年人为主，到了周末或者节假日才能见到”。

2013 年 11 月，樟木头房地产开发总公司向镇内各花园小区物管了解，经历 20 多年的发展，房地产市场投资人几经换代，如今继续留在樟木头置业、居住的香港人数量已陆续减少，估计只剩5万人左右。

等待新城

港人虽然撤离，但樟木头的未来似乎不会远离房地产。主导行业继续原地踏步，只不过这次的主角，变成了跟香港一衣带水的深圳客。樟木头不是没有想过脱离房地产，按照设想，镇政府计划未来将旅游产业打造成樟木头的支柱产业。但眼下，旅游产业依然要靠一个“再造一个樟木头镇城区”的大地产项目作为引擎。

樟木头最近一次的“城变”，始于2010年11月30日。当天，一个大型房地产开发集团分别与樟木头镇人民政府、樟木头林场签订协议或合同，计划在6年内投入100亿元，在宝山生态开发区启动建设一个占地26.6平方公里的地产项目，相当于再造一个樟木头镇城区。

2013年5月，该超级大盘在深圳举行新品发布会，项目占地60平方公里，聚集效应几年间立竿见影。2014年8月，樟木头官方对外公布的最新数据显示，全镇已开发房地产项目130多个，引进外资200多亿元，并称吸引了大量深圳、香港客户前来购房置业。

“我们现在的房地产开发，主打深圳牌。”樟木头镇政府一名官员直言，樟木头打深圳牌靠的是交通优势，“从樟木头开车去深圳市中心才1个小时，足够打造1小时交通圈。”

此外，吸引深圳客的利器还在于价格优势。开发该项目的广东公司高层曾表示，该项目在樟木头虽然走高端路线，但是价格仅为深圳高端楼盘的1/10，深圳市区房价的1/4或1/3。

从近年樟木头房地产市场的成交情况来看，不少开发商都将购房目标群体设置为深圳客，部分楼盘的深圳购房者甚至达到六七成乃至更多。

尽管在樟木头人的心目中，新一轮房地产的春天即将再次来临，但他们也意识到这其中的风险。“说实话，樟木头不是一个大城市，仅依靠单一的房地产业去支撑是

| 2013年11月，樟木头镇中心区的人行天桥上最新的城市标语（方光明 摄）

不健康的。”樟木头镇相关领导坦言，镇政府计划未来将旅游产业打造成樟木头的支柱产业。

旅游产业同样离不开房地产业，镇政府依然将前述“樟木头镇城区”的大项目列入樟木头未来的重中之重，被定为“百年大业”。

樟木头已不再单纯依赖“房地产”这驾马车前行。“分享了30年改革开放成果的樟木头人，被金融危机推到风口浪尖上，樟木头改革发展进入第二次起跑阶段。”2010年时任樟木头镇委书记李满堂就表示，房地产业不再是樟木头产业发展的主导，“樟木头现在要发展的工业不再是传统意义上的工业，而是以旅游、生态、绿色、科技、健康等为主的特色工业，重点引进高科技大企业，要找出其他镇没有的特色。”

按照当时的设想，未来的樟木头将是旅游业、工业、房地产业、商贸服务业多驾马车齐驱并驾。李满堂将其形容为“以旅游促环境优化，以环境带百业兴旺”的特色经济之路。最近几年，依托樟木头林场辖地扩大时机，总面积扩大到 118.8 平方公里的樟木头镇，逐步形成以科技、创新为导向，工业和房地产为保障，生态、旅游、商贸为亮点的优势产业体系。

和官方的设想不同，许健这些当地房地产从业者更多把关注点放在“外援”接手镇中心区的二手楼。“来樟木头买房的深圳客人多了，希望也能带动二手房的活跃量。”他说，港人的时代已经过去了，现在不少二手房都被深圳和广州的年轻人买下。在办公室内，同事附和了一句：“本地人消费不足，樟木头的房地产只有依靠外援，香港人置业难成气候，主打牌只有莞深同城了。”

每年到了冬季，许健都会在樟木头见到一些北方老人。他说，东莞的天气适宜过冬，北方一些寒冷地区的老人专门跑到樟木头买二手房，到了冬天就会过来住上几个月，“当年香港人留下的二手房，也许会成为这些老人养老的后院”。

许健到樟木头的第一天，就在镇中心区见到一座巨大的不锈钢人行天桥，桥上“至YEAH 小香港，缤纷樟木头”几个大字，记录着樟木头曾成为“小香港”的辉煌。

2013 年 11 月，那座天桥仍在。桥上的字，变成了“缤纷小香港，欢乐樟木头”。文字变了，主题没变，樟木头仍在等待万家灯火的下一次亮起。

惠州惠东、佛山高明、江门台山：无人村与都市圈为邻

关键词 空心化 郊区

截至2012年末，珠三角地区城镇化率高达83.84%，相当于中等发达国家水平，已进入城镇化发展的成熟阶段。与此同时，更多的无人村、空心村正在生成。在走访惠州惠东、佛山高明、江门台山等地的过程中，这些被掏空的村庄实不少见。在城乡二元差距不断扩大的背景下，无人村、空心村增多的潜在趋势并不见减弱。人口减少的村庄，公共设施越趋贫乏，由此形成怪圈，逼迫村人不得不外迁。外迁容易回迁难。在城镇里混得伤痕累累的村人，想着“归隐”故园，却发现故园已不适合居住。

2011年中秋节前夕，5名曹氏亲属聚齐，打算返回阔别多年的故园，看看荒芜的村庄，商量修路事宜。沿省道S356，乘了一个多小时的汽车，5人抵达曹氏故园山脚下的惠东县多祝镇红路村。

从阡陌齐整的红路村朝着石壁下的山坡进发，5 人的步伐越发艰难，因为前人走了

上百年的山路，现已完全湮灭在灌木和草丛中。大约3公里路，众人走了两个小时。

佃家田村，曹容华和曹潭军的故乡，此时已荒废20多年。

改革开放以来，总面积全省第六、珠三角第一的县级行政区惠东，从1983年拥有2445个自然村，到2011年锐减至2010个，近30年时间全县范围内有435个村庄消失了，年均消失14.5个。

截至2012年末，珠三角地区城镇化率高达83.84%，相当于中等发达国家水平，已进入城镇化发展的成熟阶段。与此同时，更多的无人村、空心村正在生成，虽无法查找到确切的统计数据，但从惠州惠东、佛山高明、江门台山等地的走访中，发现这些被掏空的村庄实不少见。

无“家”可归

惠东佃家田村曹姓族人早已无“家”可归。20世纪70年代以前，佃家田村是一个由6户人家组成的自然村，但到了现在，最新版本的地图上，已经没有了这个村庄的名字。

佃家田村曹氏族人重聚，无人诉说生活幸福。酒过几巡，年届不惑的曹容华突然啜泣，他高声道：“只要能铺上一条几公里的水泥路，我们流落在外的50多名曹家子弟，就会回去耕田种地……”年长4岁的曹潭军低下头，他承认这些年做泥水匠的确没有什么长进，连个大工都没混上，由于年事渐高他怕某一天自己会干不动，所以还不如回“家”养鸡种菜。

佃家田村现在保存最完好的宅子也倒塌了，只剩一堆残垣断壁。别的村庄多半是渐渐繁荣，曹容华称佃家田村则是慢慢凋敝。

20世纪70年代，曹华坤走出村庄参加中国人民解放军，1983年回到惠东县政府部门工作，他是第一户将家从山谷中迁至城里的。在城里，他的儿子曹庆中进入了事业单位。

第二户将家搬出村庄的，是泥水匠曹潭军，他于1987年到县城的建筑工地上干泥水活，顺利实现了他走出村庄娶老婆的梦想。

第三户将家搬出村庄的，是孤儿曹容华。曹容华10岁的时候，父亲去世，留下孤儿寡母。不多久，经受不了贫穷的母亲改嫁他乡，曹容华则在村里过着到左邻吃早饭到右里吃晚饭的生活。1989 年，年满 18 岁的曹容华，不想再因为经常打架斗殴而被资助他读书上学的亲戚们数落，怀揣 72 元钱，深夜一路抹泪，独自去了深圳。

第四户将家迁出佃家田的曹炳南，于 20 世纪 90 年代进入东莞打工，游走生涯中他并没有“发起来”，最后他娶了一名患小儿麻痹症的女子为妻，目前在惠东县一菜市场卖猪肉。

第五户离开的是曹锦和、刘观元夫妻一家，离开的原因是小孩上学来回要 3 个多小时，而且山高路陡怕小孩摔下山。

最后离开的是曹运兴。独居山中的曹运兴发现，由于道路只有他一个人行走，渐渐杂草丛生。更为可怖的是，村中一直没有通过电，半夜里老鼠窸窸窣窣，野猪龇牙低吼……1992 年，他关上最后一扇房门，也下山了。

从1992年到现在，佃家田村成为无人村庄已20多年。曹氏族人奔走城市间忙碌谋生，时常围炉而坐的乡村生活图景已然远去，即使在春节也难得相聚，只有在怀念逝者的清明，在细雨中还会记起彼此有共同的血脉。

在离开故园的曹氏后代中，除了曹庆中在城里有自己的房子，其他人无一例外租房居住。

席间，受到感染的刘观元，对远嫁到云南山区又折回惠东打工的女儿曹雪霞说：“等以后没有工打了，你回惠东去哪找娘家……”

从惠东多祝镇上，已有相对发达的交通路网到珠三角的任一城镇。饭毕，曹氏后裔道别之后各奔茫然前程，他们相约来年“一起回故园扫墓”。

闯世界去

从佃家田村一路向西 250 公里许，是“六山一水三分田”的佛山高明区。更合镇塘湖村位于高明区西南角的大山深处，是珠三角最西部的一个村庄，翻过山头便是云浮新兴县。这个农耕时代的世外桃源，仿佛一夜之间被市场经济的大潮掏空。驻守的村民何林一直在惋惜，村里有山林地上千亩，农田 35 亩，但都丢荒了。

73 岁的塘湖村村民小组长何林也在等待来年的重聚。这个村子只有到每年的清明节才会显得热闹，当天，漂流各地的村里人返乡重聚，共同拜祭祖先，烧黄纸，浇白酒。大家开开心心吃顿饭，然后又四处散去。

一年中余下的绝大部分时光，这个户籍人口常年维持在 60 人上下，实际上已经空心化的村子，常住人口只有两人——何林和他的邻居，83 岁的陈群老太。他们两人是塘湖村的气息所在，在他们百年之后，这个村子也许会一同在地图上消逝。

两排老旧瓦房，几亩待收菜地，和周围的山林连成一片青碧色。村组长何林管理着这个只有两个人的村子。因为人口太少，村子至今未通有线电视，自来水也是上个月刚通进来的。

走入村内，一只白猫探出头来，好奇地打量访客，一台收音机沙沙作响，时间流逝得特别缓慢。

塘湖村建于 1951 年。据《高明地名志》记载，1568 年，何氏先人从合水角塘迁居托盘顶上，历经 400 多年；新中国成立后两年，高明地区分田到户，村民先后搬至山下的坪地上，逐渐形成了现今的村子。

如果不是后面发生的事，也许塘湖村民就在深山之中，一代代繁衍下去。

1984 年中央一号文件公布，允许务工、经商、办服务业的农民自理口粮到集镇落户，实行了 30 年的限制城乡人口流动的就业管理制度开始松动。

出于致富本能，塘湖村人陆续外出闯世界。到邻近的中山、江门、新兴、高明城区等地谋生，成为塘湖村人的集中选择，有出去租地种菜的，有进厂打工的，短短几年间，村中 60 多口人就走得差不多了。出去了的，再未回来。

陈群老太育有五女一子，老大、老三、老四都在高明，老二在台山，老五在顺德，而排行老六的儿子何远洋已从高明一家职校毕业，目前在高明合水的工业园区打工。

数年前，她的老伴何有胜去世，子孙轮流返回塘湖村照顾她。后来，在外面住了 20 多年的何林重返故土。两个古稀老人成为这条村子最后的气息所在。

孤独终老

疾病和衰老随时可能终结佛山高明塘湖村 60 余年的村史。在惠东县最北部的高潭

| 惠东高潭镇完仔村，人去楼空，家园已芜（陈伟斌 摄）

镇也是这样，一个叫完仔村的村庄目前只剩下三个穷困潦倒的老光棍。如果没有好的转机出现，他们作为村庄的留守者，将会孤独终老。

陈群老太近两年腰腿渐渐不太利索，几个子女都希望她搬出村子，到他们谋生的城镇里居住。那里有医院，有市场，有电视，有塘湖村没有的一切公共设施，街道宽敞，生活便利。

但是，饱经沧桑的陈群老太显然和繁华喧嚣的城镇生活格格不入。两个月前，她被几个孩子接到高明城区生活，仅一个月时间就熬不住了，喊着要回山上住。她习惯了塘湖村的生活，一回去，呼吸到那里的空气，种种蔬菜，干干农活，感觉舒坦了许多。

儿女们把老人的这种情愫归结为“叶落归根”的思想。小儿子何远洋每月都会回一两趟老家探望老母亲。前年陈群老太做寿，何远洋用打工赚到的钱请全家人在城里饭店吃了一餐。陈群老太心里开心，却总有些失落，感觉滋味不对。她更愿意一家人齐齐整整在塘湖村的祖屋里为她祝寿，子女们对故园却已不甚留恋。

有些人因为乡土情结而不忍舍弃家园，有些人却因为贫穷而被永远困在了凋敝的无人村里。惠东县最北部的高潭镇，一个叫完仔村的村庄目前只剩下三个穷困潦倒的老光棍。如果没有好的转机出现，他们作为村庄的留守者，将会孤独终老。

完仔村倚靠莲花山脉巨大的峰峦，景色却颇为破落。这个常年无人探访的村庄用几声狗吠来告诉外人此地尚有人居住。

因为狗吠的缘故，70 多岁的杨潭荣、60 多岁的杨火军和 46 岁的杨火连三叔侄，站在一间泥巴垒起的低矮房屋前，口叼卷烟警惕地向来者张望。他们和身后的 10 多栋斑驳的无人房屋，组成了荒诞的乡村图景。

诧异的表情在空气中停滞了许久，3 个光棍才缓过神来与外界进行交流。由于没有女人，三个光棍闲来无事时常站在门边一起吸烟闲聊。

杨火连说，20 多年时间里，村中几十号男人不断地离开村庄，他们在城里找到女人生儿育女不再回来，到了五六年前村里就只剩下他们 3 个难以进城的光棍。

高潭镇的另一个村庄——水下村，56 岁的老男人唐汉彬，在深秋的时候蜷缩在山林里，他的身边是 10 多头黄牛。在这些黄牛觅食的青草中，是早已淹没在草木之中的唐氏 180 多名族人的故居。村庄中无人的结果就是，那些想走出乡村但又脱离不了土地的中老年人，白天跑回村庄耕作或者放牧，晚上则跑到镇上租房居住。

每天放牛，唐汉彬最喜欢的路线是，围着他已经消失掉的村庄转，有时路经祖屋的废墟前，他就会掏出卷烟猛吸几口。他说自己是村中最迟离开的一个人，离开的原因是附近的小学撤并掉，让他的子女不得不到别的地方上学。孩子们上小学的时候他就去小学附近谋生，上初中后他就去城镇打零工，现在子女们自己出来谋生，他就回到祖屋附近养牛。他期待有一天能够攒够盖新房的钱，因为在外奔波了这么多年，他觉得只有无言的村庄，才会对他的贫瘠和落魄不声不吭。

孤岛效应

在城乡二元差距不断扩大的背景下，无人村、空心村增多的潜在趋势并不见减弱。人口减少的村庄，公共设施越趋贫乏，由此形成怪圈，逼迫村人不得不外迁。外迁容易回迁难。在城镇里混得伤痕累累的村人，想着“归隐”故园，不曾料到故园已不适合居住。

40多岁的水下村村支书朱碧霞，曾经是唐氏人家的媳妇。在她任期内，她期望政府能够修筑公路和桥梁，让死寂的村庄恢复往日的生气。

只需要几公里的水泥路或桥梁，就可以让许多人烟渐少的村庄重生。现实的不堪却是，这些地处偏僻的村庄因为远离城镇，交通不便，而更趋边缘化，乃至走向荒芜。

2006年，惠东县进行了一次镇级区划调整，山区7镇被撤并成了4镇。其中惠东北部的松坑和马山两镇由于常住人口锐减，撤镇后各村纳入其他镇管辖。伴随这一进程的是，邮局、派出所、银行网点先后撤离。生活在松坑的吴锦文，最近日益感受到公共服务的重要性：他的养鸡场遭人盗窃，报警之后警察需要近一个小时才能抵达现场。他卖鸡收获万把块钱，得跑个把小时到山下的银行网点存钱。

政府机关和公共服务资源的撤退，还引发了诸多社会问题。因父母都外出打工，留守女童周遭潜伏性侵威胁。2011年11月5日傍晚，松坑一名74岁的老翁以给钱为诱饵，诱奸了12岁远房孙女。事后，女童的父母十分悔恨全家没有一个成人陪在三个子女身边庇护他们。

同样陷入荒凉的是马山，这个此前管辖17个自然村的乡镇，改为村后如今仅有600人左右常住，随着政府机关撤出，一遇到天灾很容易就成为孤岛。2013年8月21日中午，原属马山管辖的禾多村，暴雨过后农田被淹房屋倒塌缺粮缺水的上百村民，数天后才看到政府救援队伍抵达。由于条件恶劣，马山目前有6个自然村已经空无一人。

藏在深山中的宝口镇五一村，硬底化的村道、铮亮的公交车站牌等基础设施得到新建和改造，但沿着这些村道一路前行，最后发现这些新修建的村道和公交站牌本身可能就是荒诞的，因为在路上驱车个把小时可能只会遇到一两个养蜂人，所有的房屋房门半闭半开，并不避讳陌生人的造访。50多岁的谢火康是五一村委会的委员，他值守的原因是为了方便村中尚在家的100多人办事，看着1700多人的村庄只剩下100多人，谢火康颇为伤感。他说政府修路和设置公交站牌是个好事，但坏的是这些硬底化道路一年也走不了多少人，2000年初才建好的五一小学，现在已沦为鸟兽的栖息地。

初冬时节，沿着县级行政区域一路北上，在一条穿越群山和沟壑的小路上，不时闪现出一两个手掌不那么粗糙的摩托车骑手，他们可能是刚从繁华沿海地区跑回山区躲债的落魄汉。

难以统计，沿惠东西枝江溯流而上，有多少失意的人正从海边镇街遁回山区偏野。一名自称开过奔驰和宝马的落魄汉预测，将有更多的进城失败者和惹事上身者返回北部山区的深山老林。或许，在奔回故里的人们心中，倾塌的野村不会向他们索要抛离之债，反而会用自己的荒芜之身，予辗转一生的游子最温柔的庇护。

“繁华的越趋繁华，凋敝的日渐凋敝。应该做一些努力，让想返回故园的人有路可走，有田可耕，病有所医，老有所养。”那年中秋前夕，用了两个小时走完3公里路，费劲抵达佃家田村后，站立在一片断壁残垣前，曹容华无比感慨地说道。

空心侨乡

作为中国著名的侨乡，江门的“无人村”情况以台山为最。台山人出国的特点主要是亲属移民和劳工移民，时间一长，很容易造成整个村落的凋敝。据不完全统计，台山因为移民出国造成的无人村至少有20个。

台城是台山的核心城区。在被誉为台山“首善之地”的台城，就有无人村的存在。

近几年，台山坊间流传，台城也有一座无人村，村里原有外地人暂住，由于没水没电，如今已成空村。一个名叫龙扬村的村子，俗称十八踏村。村子里大部分房屋的外墙和结构都保存完好，中间有几座出现坍塌，几乎所有的窗户都被撬走。村内仅剩一户外来的河南人暂住。

据附近村民讲述，1908年，18家刘姓大户相约在这里建起了“豪宅”，所以龙扬村又叫作十八踏村。20世纪40年代开始衰落，80年代逐渐凋零，后来有外来人口进入暂住，由于村内不通水通电，他们一走，这里就失去了人气。

台山18个镇街中，仅有两个镇明确表示镇上没有无人村。根据水步、大江、白沙、冲蒌等出国人数比较多的镇提供的不完全统计数据，台山仅剩一两户甚至一户都没有的无人村，超过20个。其中根据水步镇政府的统计，该镇共有14个无人村。

因为这些无人村都曾是华侨最多的村落，在20世纪二三十年代也是富甲一方的村落，所以村民移民走后也引来了很多盗贼光顾，直到现在仍然有很多专门以“华侨大屋”为对象的盗窃团伙时常被台山警方抓获。

台山端芬镇著名的翁家楼，占地面积1000多平方米，建筑结构精巧，于1927年始建，1931年建成，由台山籍旅美国、香港的翁氏乡亲请德国人设计图纸建造而成，自北向南依次排列分别为翁玉书楼、翁沃文楼、翁相忠楼，均为当时楼主的名字。就是这样一栋栋华美大气的建筑，也已经10多年没有人住，其中一栋楼的二楼，柜子被翻出来推倒在地。在翁相忠楼里居住的58岁的翁颂平称：“年纪越来越大，已经看不住了。”

珠三角交界区域市镇：“边城”逐步融进都市

关键词 同城化 城市群

珠三角9座城市之间，由于地缘、历史、政治区划与经济发展等因素交叠，交界区域市镇早已有之。2008年，国家对转变发展方式、扩大内需、构筑更加均衡的发展方式空前重视，推动了国土层面的开发开放向纵深发展。这一年，《珠江三角洲地区改革发展规划纲要（2008—2020）》获得批准，城市间的融合力度空前，广佛肇、深莞惠、珠中江的同城化至此成为热门话题。另一方面，由于前期土地开发获利，地方政府也因而有资金投入基础设施建设，交界区域市镇快速成长。

“由四川过湖南去，靠东有一条官路。这官路将近湘西边境到了一个地方名为‘茶峒’的小山城时，有一小溪，溪边有座白色小塔，塔下住了一户单独的人家。”

这是沈从文的《边城》开篇第一句话。人们因此记住了这座川湘边界世外桃源般的小镇。

其实，“边城”也可以更为宽泛地理解为：两个地区交界处的城镇。对应城镇化研究者、加拿大地理学家T.G.麦吉所指称的Desakota（城市边缘区），这种区域多出现在都市连绵地带，例如珠三角。珠三角9座城市之间，由于地缘、历史、政治区划与经济发展等因素交叠，“边城”无处不在。特别是近几年来，随着珠三角一体化上升为经济发展战略，政府、资本、人群涌入这些“边城”，往昔的宁静被急剧膨胀的欲望击破。

2008年，随着国家对转变发展方式、扩大内需、构筑更加均衡的发展方式空前重视，推动了国土层面的开发开放向纵深发展。这一年，《珠江三角洲地区改革发展规划纲要（2008—2020）》获得批准，城市间的融合力度空前，广佛肇、深莞惠、珠中江的同城化至此成为热门话题。另一方面，由于前期土地开发获利，地方政府也因而有资金投入基础设施建设，“边城”至此快速成长，问题也随即复杂呈现。

广佛交界金沙洲

“飞地” 广佛交界金沙洲岛“飞地”上的非法养猪场长期存在，业主们不堪其扰，自行取证和曝光，仍无法消灭。

金沙洲又名草鞋洲，地处广佛交界，岛上1/3归广州管辖，2/3归属佛山辖地。2005年万科四季花城首批住户入住，目前在住人口将近8万，将来预计容纳人口超过30万。

2013年初，金沙洲的业主曾曝光，岛上广佛交界处有不少违规猪场影响民生。当时《南方都市报》报道称，“黑猪场”里死猪腐尸用来喂鱼，猪粪渣水直排珠江，焚烧垃圾及熬煮猪潲产生的废气还随风飘入金沙洲居民家中。

2013年春节后，万科四季花城的业主彪哥利用周末时间，开始骑单车踩点，盘点污染源。通过近一个月的寻访，他圈出了5个分布在金沙洲广佛交界周边的违规点，并利用卫星地图定位，标出了具体位置。

不堪“与猪为邻”的业主们，开始自发组织取证队伍，根据阿彪之前踩点发现的“黑猪场”地图，前往实地拍照取证。“同样生活在这片区域，我们都不能置身事外。”

居民曝光“黑猪场”的努力，最终见诸媒体。见报翌日，其中位于广和大桥南侧、

| 地铁连通金沙洲和广州市区（马强　摄）

珠江河道西侧的窝点，由于是广州白云区的“飞地”，曾被质疑有“踢皮球”的嫌疑，处理进度相对滞后。

广佛政府对该窝点的管理权属一直存在争议，直至同年 3 月 16 日，该黑猪场才由白云区石井街“认领”处理。白云区相关负责人当时表示，广和大桥旁的金沙围“飞地”，属于该区石井街管理，但与石井街分隔在广和大桥两端，地理位置与南海里水相邻。由于“飞地”更接近南海，且相对独立，离白云区辖区较远，白云区相关工作人员对“飞地”的监督确有不到位之处。在亚运与“创文”期间，石井街道办事处也曾对黑猪场采取突击整治行动，但很快又死灰复燃。

咨监委　金沙洲地区公共配套设施咨询监督委员会，旨在通过公民参政和监督促进辖区公共设施的完善和公共议题的解决。

2013年4月26日，金沙洲地区公共配套设施咨询监督委员会（以下简称“金沙洲咨监委”）召开第一次工作会议。

随着大量商品房和保障性住房的建设，金沙洲地区已经发展成为一座居住新城，但由于相应的基础设施配套建设滞后于人口的迅速增长，配套公建设施不足，出行难、看病难、用电难、购物难、上学难、交通秩序乱、城市管理不到位等一系列问题让当地居民苦恼不已。

2012年，广州市将“完善金沙洲、同德围道路基础设施”列入“十件民生实事”。2012年以来，同德围地区综合整治工作咨询监督委员会成立并运作后，取得了良好的效果。借鉴同德围模式的经验，2013年3月底，由广州白云区政府牵头组建了金沙洲咨监委。目前共有29名成员。名单中有18个代表是金沙洲居民，约占62%，9名是在金沙洲工作的企事业代表，另有2名外区关注金沙洲发展的热心人士。

值得注意的是，全部成员均在广州辖区内居住或工作，而居住金沙洲佛山辖区的广州居民，却囿于地域的划隔，无缘参与咨监委。“住在佛山的广州居民数量不少，我们的声音不应被忽视。”佛山辖区的万科四季花城业主周先生与妻子都在广州工作。他认为，金沙洲不少业主在广州工作、生活、出行并利用广州的资源。

类似的“候鸟”楼盘还有恒大御景半岛、时代糖果、金名都等，居住规模不小于5万人。“我们不参加没问题，但希望我们有能够发表意见的渠道以及这个意见能够有效转达。”居民李先生建言，广佛交界难以彻底分割，金沙洲的公共配套建设也应涉及广佛同城的内容。

截至2013年12月，这部分“候鸟”业主仍没有增补到金沙洲咨监委的名单上。

珠中交界中山坦洲

“地王” 十四村，中山市坦洲镇辖下的一个社区，常被误解为是珠海的地盘，典型的“边城”生态。正是这一个中山边缘地带，拍出了中山“地王”。

在十四村一家餐馆打工半个月之后，20岁的阿玲才得知这里原来并不属于珠海，而是中山坦洲镇。这让她有些哭笑不得，“工作是珠海的中介帮忙找的”。事实上，和阿玲有相同经历的人不在少数。中山有媒体曾报道，广东周边很多省份的长途汽车司机，都把十四村当成是珠海的“辖区”。

误解的背后，与两地的近在咫尺的地理位置有着直接关系。地处中山南端的坦洲镇，有至少一半的地方与珠海交界，而十四村与珠海前山仅一河之隔。数据表明，目前约有2.4万在珠海工作的产业工人租住在十四村里，中珠“双城记”每天都在演绎着。

50多岁的老吴是这2.4万人中的一员，2006年他从四川老家到珠海一家鞋厂打工。不过，他把落脚点选在了对岸的十四村。在他看来，这是个让人又恨又爱的地方——治安较差，环境卫生也不好，但房租便宜，而且生活配套设施很完善，“一间房只要200—300块钱，买东西也方便”。

很多珠海人对十四村同样感情复杂，在抱怨十四村环境差的同时却又担心这里的房价再上涨。2013 年 5 月，十四村内一宗 93.35 亩的商住地，以每亩 402.78 万元的单价被一地产公司夺得，成为中山开年以来的“单价地王”。颇为有意思的是，这则发生在中山的新闻却引起了珠海媒体的高度关注，有专家在接受采访时甚至担心这个“地王”会垫高珠海务工“门槛”。

“断头路”　中山坦洲镇与珠海之间迄今没有完全打通的市政道路，两地间存在多条“断头路”。两地政府在利益博弈上各有小算盘。

2014 年 12 月 10 日傍晚，佛山的冯伟杰在朋友圈上发了一张照片。照片里，是多辆悬挂珠海牌照的汽车拥堵在一起的画面。他让朋友们猜自己身处何地，结果都没猜中。因为答案有些出人意料——竟是中山坦洲镇的南坦路。

不过，对生活在坦洲的人来说，在镇内随处看到挂珠海牌的汽车早已不是什么新鲜事。经常见诸报端的数据是，目前有近 10 万珠海人居住在中山坦洲镇，而且数字每年都在激增。与数据相契合的是，每到上下班高峰期，坦洲南坦路上就堵成一片，一眼望过去，车辆悬挂的大多都是珠海牌照。

近 10 万人每天往来于珠坦两地，直接带来交通方面的压力。一个尴尬的现实是，两地截至 2012 年尚未建成一条真正意义上对接的市政道路。相反，两地存在多条“断头路”。

近年来，民间要求打通“断头路”的呼声越来越高。中珠两市看上去也动作频频，还签订了包括《中山市、珠海市跨界道路建设项目合作协议》在内的多份协议。不过，到最后都是“只有规划没有行动”。

2013年上半年，备受关注的珠坦“断头路”——造贝路，终于开工。按照计划2013年10月将完工，但至2014年初仍未完成。珠海市交通集团在接受媒体采访时称，没能按时完工是因为该路涉及边防二线管理以及坦洲的一些征地问题，“影响了进度”。2014年10月，造贝路开放通行，是为珠中两市间第一条打通的“断头路”。

看似简单的修路问题，却波折不断。有坦洲政府工作人员认为，其背后关乎利益、责任、协调等多方面问题。一种在坊间流传较广但未得到官方证实的说法是，珠海方面担心“断头路”打通后，会有越来越多的珠海人到中山买房，这样一来肯定会影响到政府的收入，所以积极性一直不高。

惠深交界惠州秋长

跨市客运 商人看上跨市公交的客源前景，逐利而来，亦引发客运公司间的恶性抢客事件。边界经济的发展亟待规范化。

惠阳淡水、秋长与深圳坪山坑梓、龙岗坪地交界，早在10年前，随着两地交界处的经济发展，工厂增加，许多投资者看到了两地之间的“交通经济”。

湖南人许先生于20世纪90年代开始在深圳做生意，2000年以后，涉足深圳公交系统，承包了多趟公交线路，包括东部公交城的部分线路。2006年起，他把目光投向起始点为深圳坑梓、龙岗到惠阳淡水、秋长的公交和班线车。于是，他与惠阳新国线公交公司、惠阳远通运输公司以及深圳华南运输公司合作，承包了300多辆公交车，其中有近10趟公交、班线车属于跨市公交。

“我非常看好两地交界处的交通经济，因为两地距离非常近，从深圳坑梓街道到惠阳秋长街道西湖村只需要15分钟，到淡水街道也只需要20分钟。而且，我考察发现，从坑梓经过秋宝路，经过淡水金惠大道，途中厂房林立，尤其伯恩光学厂投产之后，客源非常充足。”许先生说，随着位于惠阳淡水的厦深铁路惠州南站投入使用，部分公交车线路延伸至惠州南站，两地交界处的交通经济一定有非常好的前景。

不过，随着两地客源逐渐增多，也有运输公司上演了恶性的抢客竞争。从 2013 年 5 月开始，深圳西湖运输公司就在惠阳光耀城、卫生局门前等地非法设点，并以单程免费的营销手段抢客。这一做法引起惠阳本地运输企业志通公司的不满，双方多次发生冲突。两公司各执一词，惠阳、深圳两市的交通部门多次介入协调仍然未能解决这一问题，目前，西湖公司在惠阳非法设点拉客的现象仍然存在。

一名运输公司的负责人透露称：“两家公司为何一定要抗争到底，各不相让？因为经营淡水到深圳罗湖的车每天都有大量固定客源，都是从淡水到香港途经深圳的香港人。每年的营业额有几千万元，所以双方都想垄断这条线路。”

违建房 *深惠交界的大型厂区附近违建房疯长，多由深圳人投建，出租给厂区工人。“边城”存在灰色经济地带。*

惠阳秋长街道白石村与深圳坪山坑梓街道只有一步之遥。自从年营业额达到百亿级的伯恩光学厂在 2009 年进驻白石村以来，该厂 4 万多名员工催生了周边巨大的租房经济。

2010 年起，白石村突然建起了数百栋高层建筑。这些楼房由房主自行安装电梯和电表。但是，由于手续不全，无法报批，它们中有 300 多栋都属于违章建筑。为了能够“转正”，违建房主们多次来到秋长街道办、惠阳区政府要求正常通水通电。

违建房主中绝大部分是深圳人。“我们听说伯恩厂进驻之后，就开始与白石村的村民们合作建房，他们出地皮，我们出钱建房，收取的房租再分成。”深圳人胡先生坦承，“建好的房子有大量的客源，租金也不错。”

同样，位于大亚湾西区与深圳坪山交界处的响水河工业区比亚迪厂附近，自 2011 年开始，也出现了数百栋违建房，这些房屋也主要用于出租给周边厂区的工人。建房者大多数也是深圳人。

2013 年 10 月以来，惠州市全面清理“两违”，即违法建筑和违法用地。位于白石村伯恩厂附近的 300 多栋别墅和位于大亚湾西区比亚迪厂附近的数百栋别墅都已纳入拆“两违”的范围。如何顺利拆除违法建筑，又如何能够保证建房者的利益，这无疑成为当地政府颇为头痛的问题。

中江交界江门外海

都市与乡镇 1988年江门借款修建的横跨西江、连通江门外海和中山古镇的大桥，结束两地的摆渡交流历史。西江两边的两个城镇，一个宛若绚丽的都市，另一个则仍旧像个旧乡镇。

江门市的外海街道（原外海镇）和中山市的古镇镇在地缘上一直隔江相望。1988年之前，两地靠渡轮联通。江门市档案局资料显示，1984年，外海渡口每天过渡车辆1071车次，比1981年增长了73.58%。然而，渡口运力已经无法满足两地居民生活生产的交流。

为了结束江门“半岛”的外联状态，时任江门市委书记黎子流找到省国投担保，借款2500万美元修建外海大桥。1988年通车的外海大桥，连起了西江两岸的中山古镇和江门外海。外海人甚至是江门人都认为这条全长有1770米的公路桥可以成为他们发家致富之路。然而，江门人举债兴建的外海大桥却为另一头的中山古镇带来蓬勃发展的生机。

外海人陈长胜回忆道，外海大桥没修建的时候，古镇的经济发展不及外海。“古镇当时一些村庄很差劲，他们的村民还会过来外海收破烂。”反观外海，20世纪80年代的经济发展得风风火火，美美人造皮革厂、外海海绵厂等现今鲜有人知的企业正是当时外海工业迅速发展的代表。

外海大桥建成之后，两岸发展开始呈现不同的态势。西江两边的两个城镇，一个宛若绚丽的都市，另一个则仍旧像个旧乡镇。

企业转移 搁置已久的外海大桥取消收费动议，2013年7月起施行，江门外海官方认为是承接中山古镇灯饰企业转移的大好机会。

外海人对于江对岸的中山古镇的发展，既羡慕又嫉妒。江门市江海区外海街道党工委委员、分管经济工作的黄金志至今还记得当初去中山古镇学习经验时的感触。“10多年前去古镇，发现两地差距真是非常大，而且每天都有楼盘建起，觉得落差很大。”

他将两地发展差距过大的原因归根于体制问题，体制决定中山古镇较之于外海有无可比拟的发展自主权。中山和东莞是广东省仅有的两个“直筒子市”(指既不设市辖区，不管辖县、自治县、旗、自治旗，也不代管县级市的地级市)。减少层级管理使中山古镇能有更多的自主权，也能更好地施展拳脚。另外，在产业定位方面，外海更倾向于从外面引进项目，而且项目对本地的带动和辐射作用非常有限。“古镇刚好跟上了中国发展的新节拍，而我们掉队了。”

黄金志认为，中山古镇灯饰行业发展到一定程度，向外转移是必然。外海因为土地资源丰富，开发成本较低，离古镇又近，乃是其转移的首选。2004 年至 2005 年，中山古镇企业开始往外海转移，这在黄金志看来无疑会带动外海经济的发展。

外海相对复杂的经济历史原因是众多中山古镇企业比较忌惮的一个地方，外海大桥的收费更让他们有苦吐不出。“厂子在外海，但销售还是在古镇，一趟 7 元的收费，一天许多趟，长期下来也是不少的成本。”为了方便两边交流，黄金志说，外海街道办曾向市政府申请部分指标，给予古镇乃至中山企业过桥优惠，但因各种原因未被允许。

2010年，珠三角车辆通行费年票互通制实行后，珠三角城市一体化加快，两地经济往来迅速强化。外海在建的中国（江门）国际绿色光源博览交易中心，正位于外海桥侧。该项目是江门市重点建设项目，总投资超40亿元人民币，建筑面积100万平方米，项目入驻商家约4000家，项目建成后将是全球最大的绿色照明交易博览中心。黄金志认为，该项目正是要两地形成产业合力，打造一个灯饰生产交易中心。

而在未来的发展上，黄金志似乎更倾向于相信外海的潜力更大。江门国家级高新区的主体部分都在外海，相对而言有更好的配套设施。“政策、土地的优惠必定会吸引部分企业前来，而且相对于古镇，外海的医疗、教育和环境都得到中山人的青睐。”

从2013年7月开始，外海大桥的收费已经正式取消，两地来往更加顺畅。黄金志说：“这是个机遇，我们该跟上新时期发展的节拍了。”

顺德新城：造城十年 新城梦还在延续

关键词 专业镇 行政造城 新城

从 20 世纪 90 年代末顺德开始建设新城区，新城地跨大良、容桂两镇，纵览顺德新城 10 多年历程，作为其建设的最重要一环，两个人口、经济大镇——大良和容桂的融合未臻理想。在尊重顺德专业镇城镇化现状的同时，推动新城建设作为区域新引擎的路径仍待摸索。

2003 年，一个名叫“史努比缤纷世界”的游乐园落户顺德新城区。按照计划，这个号称全球面积最大的史努比主题公园将于次年竣工。10 年过去，规划中的美好图景折射到现实，却只是数十栋有着灰暗外墙的小屋与城堡。

这几乎是顺德新城产业配套建设的缩影。

20世纪90年代末顺德开始建设新城区，新城地跨大良、容桂两镇，对顺德新城建设而言，位于南部的大良和容桂的融合是一个“核心战略”，几乎在新城的每次规划中，两镇毗邻的德胜河南北两岸都属规划重点地段，佛山当年提出“2+5”，此即双中心之一。

纵览顺德新城 10 多年历程，作为其建设的最重要一环，两个人口、经济大镇——大良和容桂的融合未臻理想。专家指出在尊重顺德专业镇城镇化现状的同时，推动新城建设作为区域新引擎的路径仍待摸索。

顺德新城还面临另一个市级中心城区——佛山新城的竞争。2013 年 12 月 11 日，规划于禅城顺德交界、主体在顺德的佛山新城，正式将顺德乐从镇并入其中，这一启动于 2003 年的新城项目实现了强势扩容。在一个区内同时出现两个区级以上正在建设中的新城，其前景如何，仍有待观察。

新城潮流

10 多年来，顺德范围含镇一级在内，规划、建设的新城不下六个（顺德新城、佛山新城、北滘新城、容桂东部新城、陈村新城和龙江新城），而如果将范围扩大至整个佛山地区，新城建设则不下 10 个。顺德新城是其中最“老资格”的，也最具标志性。

2001 年 3 月 30 日，在新城区政府大楼建设得热火朝天之际，英国《金融时报》记者来到顺德，采访了当时的市长冯润胜。记者问，市政府在新城区的整个工程，花了多少钱？公开建市新行政大楼，有没有不同意见？冯润胜回答：“有不同意见，但大部分赞同。”他认为，建新城区，市的行政中心搬过来，可以起到开发现代化新区的龙头作用。

被政府的开发思路带动的众多市民中，包括时年 34 岁在政府工作的吴晓东。那年夏天，吴带着女儿在德胜广场散步。这个后来成为顺德新城“心脏”的地带，当时空旷无人，远处的农田和荒地尽入眼中，但脚下的新广场却崭新奢华。他记得女儿发出惊叹：“爸爸，广场好大好漂亮啊！”

这句话在 10 多年后仍被吴晓东反复提起，他说，女儿的话促使他选择入住新城区。2003 年，他成为新城区第一个大型楼盘嘉信城市花园第一期的业主，“当时只有 50 多户，晚上都黑灯瞎火的”。

也是在 2003 年，号称全球面积最大、中国内地首个史努比主题公园落户新城区。由刚刚进驻的这家开发商开发的该项目，很快在新城区靠近 105 国道处平整土地，迅速施工。从远处看，一只神气活现的小白狗端坐屋顶，咧着嘴招着手，脖子上的红色围巾似乎在迎风飘扬。当时媒体报道，这项规模宏大的工程次年即可落成，耗资近亿元。

| 顺德新城碧桂路（郑俊彬 摄）

顺德造城梦想由来已久。

顺德新城区最早的规划可追溯至1993年，它的第一个名字叫“德胜新城区”，当时规划6.5平方公里，面积大概相当于今天德胜商务区加区府、广场一带。1992年3月26日，顺德由佛山市脱离撤县建市，顺德人奔走相告，仿佛一个大时代就要来临。县改市后，顺德确立“城乡一体化”战略，急切地希望一夜之间将整个806平方公里土地全部建成城市。一个细节是：所有法定的“村”一夜之间变成“管理区”，因为以前顺德乡镇企业老板、销售员去各大城市出差，身份证地址上写着“顺德市××镇××村第×组”，被认为太土里土气。

10年之后（2001年），顺德推行“城市化战略”，原顺德市委、市政府将新城区面积扩大至31.8平方公里，在原规划面积上扩容。经过20年高速发展的顺德，此时有必要建设新城。当年顺德GDP达390亿元，在全国社会经济综合发展指数前100名县

（市）中名列首位，但当时顺德镇街各自为政，大良主城区也只有区区25平方公里（2000年），“城不像城”是外界对顺德根深蒂固的印象。现在是顺德建筑设计院有限公司总规划师的张咏梅还记得，那时顺德都没什么像样的街道，凤城酒家、第一码头和彩虹桥，汇聚在大良最具地标性的一条街。

在这之后，顺德从普通市民到政府的“城市梦”仍在延续。2004年初，佛山五区合并后出台《佛山市城市发展概念规划》，正式提出“2+5”，其中“2”是指建设两个百万人口以上的城区，即中心组团、顺德的大良—容桂—伦教组团。顺德与佛山市中心组团并列为双中心，足见当时整个佛山对顺德的倚重。

房地产热

房地产开发主导的新城建设热潮一直持续到2008年的房地产调控。随后，当年7月爆发亚洲金融危机，顺德希望新城建设成为经济增长的引擎。2009年，顺德区委、区政府举行顺德新城概念规划国际竞赛专家评审会，正式出台顺德新城规划方案，在容桂、大良、伦教间规划41平方公里建设新城。这也是第一次提出“顺德新城”概念。2011年顺德两会期间，正式确立“城市升级引领转型发展”战略。

合富辉煌地产佛山公司董事副总经理陈熹见证了顺德新城房地产热的过程。他在2003年来到顺德，据他介绍，在随后两年间，顺德新城区房产迎来一波快速发展，现在新城区的10多个楼盘大部分是那时进入的，房价也飙升，每平方米从一开始的3000元升到1万元左右。

2001—2011年这10年，位于容桂、大良之间的这数十平方公里土地发生蜕变，小区众多，道路通畅，城市绿地和道旁绿化带连绵不绝。从区政府楼顶往下看，开阔美观的德胜广场，分立左右的两座行政服务中心，德民路整齐、美观的双向六车道柏油路，现代感十足的图书馆、演艺中心、展览中心，无一不彰显城市气象。

可是10年间，当年宣称一年建成的“史努比缤纷世界”，仍一如既往以铁皮围蔽，这在许多经过此处的顺德人脑中，打下大大的问号。仍和10年前一样，高达10米的史努比巨雕十分显眼，但仅有此处“彩妆”，其余建筑外立面仍一片灰暗。为何10

年末建成？游乐园投资方曾告诉媒体，该项目投资方后来要与顺德政府采取BOT模式共建，但由于地块的报建手续没有办妥，该项目被以“临建”为由勒令停工。

业界有一种主流声音认为，随着新城区开发，土地升值明显，开发商感到原开发项目价值越来越淡化，因此缺少动力。“主题公园最多能容纳2000人，门票也难以卖到100元以上。”一位知情者称。这种观点还认为，新城区开发长期陷入低潮，为投资方的“摇摆”提供了空间。

“史努比缤纷世界”的遭遇，是顺德新城整个配套建设的缩影。

吴晓东正式迁入新城后，逐渐感觉失望：“2004 年购物广场内配套一个超市，但品种太少，经常缺货，售货员比顾客还多。”

容桂国土城建和水利局城乡重建股股长赵坤明，此前负责过新城村居的拆迁。据其回忆，105国道海尾段一共改造过两次，一次是20世纪90年代，一次是2000年前后，当时所有人都很配合，“说补多少，就多少，我记得那时的建筑补偿价，才1000元/平方米多一点。”他记得第二次拆迁时，许多家庭说还可以换个新屋住，满怀欢喜。

在此背景下，顺德新城的生活服务配套建设严重滞后的局面暴露无遗。

家也安在嘉信城市花园的吴慧萍，对新城区没有一个像样的菜市场感到头疼。整个新城只有两个卖菜的地方，一个是华润超市，一个是旁边一家私人超市，但两家店价格都不菲，可供选择的品类也不多。

吴慧萍身边的朋友买菜更多是跨过 105 国道，步行约 1 公里，前往嘉信城市花园对面的南霞村市场。住在她附近的邻居，有些则是驱车前往大良东区的吉之岛，有些则是跨越容奇大桥去容桂容山商场购物。

站在行业角度，陈熹对新城区内已成气候的房地产业也颇为失望。尽管现在许多盘能卖到 1.2 万元 / 平方米，但对有更高居住质素的楼盘来说，想再推高一步何其艰难。他认为，作为中国最具实力的制造业重镇，新城区之于顺德是不可复制的稀缺资源，从目前来看，因为缺少人气和产业支撑，新城区房产价值被严重低估。

顺德与佛山的分分合合也不得不提及。2003年，佛山五区合并，佛山开始在禅、顺交界地带规划建设“中心组团新城区”，即后来的佛山新城（此前曾命名“东平新城”）。2013年12月11日，佛山市政府宣布将顺德乐从镇并入佛山新城，佛山新城完成扩容，规划面积从原来26平方公里扩大至80平方公里，而佛山新城管辖权也交给了顺德区。一个区级政府同时管理两个区级以上新城的开发，有观察人士认为，其资源分配是否能同时兼顾，让顺德新城建设蒙上一层模糊的面纱。

融合之难

规划学者袁奇峰感慨大良、容桂两地未能融合。袁奇峰从规划层面解释说，顺德是专业镇格局，良桂人口都达到50万级别，“50万和100万是两个不同概念，100万将产生巨大的能量，带来公共服务和第三产业的聚集”。融合涉及动迁，涉及打通“断头路”、产业和人口迁徙种种因素，如何能既尊重镇街城镇化现实，又集中力量建设中心城区，顺德新城的路径还在探索。

“大良、容桂融合在2005年曾错失一次机遇。”熟悉顺德城建的规划专家、中山大学教授袁奇峰至今备感遗憾，那一年，联通珠三角西岸城市群的广珠城轨动工，此前，顺德希望利用它促进良桂连接。但因各种原因，原本应该在新城内穿过的轻轨站点，最后被“赶”到城市边缘。

融合难的符号性事件发生在2013年初，位于容桂德胜河南岸旧改区的“德胜河南岸拆迁建设指挥部”人去楼空。土地价值飙升是拆迁征地难的内在动因。

2011年初，容桂推出德胜河南岸改造项目（一期）整体拆迁计划，当时居民住宅建筑面积补偿大约5800—6300元/平方米，因多数居民反对而搁置。后来容桂拆迁部门将这一标准提高到7000—8000元/平方米，还是搞不掂。

负责这一工作的赵坤明称，考虑到后期拆除、“三通一平”、修路等成本，按这一标准执行的成本达16000元/平方米。容桂政府只好放弃，暂时搁置这一带的拆迁。类似情况也出现在大良德胜河北岸。

南岸拆迁之难，从区镇两级分工安排也可见一斑。赵坤明说，2011年区里一度成立工作组推动此事，后来难度太大，重新将统筹拆迁交给容桂。

即使不论拆迁，涉及融合的交通、产业和人口迁徙等诸多要素，目前进展都不太理想。仅就最基本的交通而言，目前隔河而治的良桂，仍只有德胜大桥和容奇大桥两个通道，各自区域内的“断头路”也比比皆是。“断头路”与顺德工业化有关，村村点火、户户冒烟是当年图景，赵坤明亲见过桂洲的一些股份社，修了路之后不让其他股份社进来。“大良、容桂肯定要融合，如果交通没有疏通，人流、资源汇集统统谈不上，但我感觉，至今都是各干各的，缺少更高层面的统筹。”

袁奇峰认为，顺德产业的根基和主体是专业镇，如何在尊重这一前提的情况下，由区镇协调，化零为整，既尊重镇街城镇化现实，又集中力量建设中心城区，将成为未来重要课题。

这一观点和长期观察顺德改革与发展的当地知名媒体人邓俭类似。邓俭认为，一个强有力的中心城区是未来产业发展载体，昆山就是一个明显的例证，因此一定要在区的层面达成共识，集中资源建设新城。邓俭还提到，最近的佛山新城扩容及管理权变更将不可避免对顺德新城造成影响。有观点认为此举将同时促进顺德南北区域的城市化，但邓俭坚持认为，顺德必须有自己的城市中心，“即使按照佛山历次规划，它至少也是副中心之一”。

袁奇峰还提出导致顺德新城建设滞后的原因主要是政府统筹和引导做得不够，一个最明显的例证是，目前顺德新城基本上没有产业拉动。他建议说，顺德新城开发中，最好能采取政府主导下进行运作的开发。新城在规划中，要有量身定做的政策和条件来吸引大企业入驻。

政府层面也在加大产业拉动。2011年顺德确立“城市升级引领转型发展”战略。次年3月，顺德新城及城市升级重点项目建设工作会议提出，5年内将投入295亿元启动43项城建工程，全面启动顺德新城建设。据公开报道，截至2013年4月底，除2个项目暂缓推进之外，其余均已按计划启动，部分已完工。2013年10月31日，深圳华侨城集团以14.5421亿元拿走三宗地块，正式入驻顺德新城。

“史努比缤纷世界”从规划、建设到停工、摇摆，再到复工，见证了顺德新城的成长与蹉跎。家住嘉信城市花园的陈琦得知这个主题公园重新动工的消息后竟有些感伤：10年前，爸爸就承诺公园开放后带她去玩，可现在自己都从小女孩变成“大个女”了。

2013年8月，“史努比缤纷世界”终于再次动工，媒体报道称有望2015年“五一”前建成。这一消息传到吴晓东、吴慧萍等人耳中，大家都在寻思着：经过10年等待，顺德新城建设终将迎来收获？

佛山新城：重新定位新城市中心

关键词 产业带动 新城 管理体制调整

2003年，佛山提出建设现代化大城市，“中心组团新城区”启动建设，一度创造了100天征用乐从5个村、北滘1个村共8000亩土地的征地速度记录。2011年佛山市提出城市“强中心”战略，东平新城再次易名为“佛山新城”。佛山新城确立建设的中德工业服务区，总投资150亿元的八大产业项目完成了签约。当地期望产业进驻带动城镇化发展，避免成为“空城”“卧城”。2013年12月11日，佛山市委、市政府对外宣布将佛山新城委托给顺德区管理，顺德乐从镇和佛山新城正式“合体”，这是佛山新城启动建设10年来力度最大的一次管理体制调整。

2013 年 12 月 11 日，顺德乐从镇大墩村，村民梁永康像往常一样，一大早从自家的农家乐出发，驱车去附近一个农产品批发市场采购新鲜的食材。

那天上午，在离大墩村不远处的佛山新城管委会办公楼里，佛山市委、市政府召开了一次重要会议，对外宣布将佛山新城委托给顺德区管理，顺德乐从镇和佛山新城正式“合体”，实行“若干牌子，一套人马”。

这是佛山新城启动建设10年来力度最大的一次管理体制调整。

2003年，佛山提出建设现代化大城市，确立了组团式城市发展模式，“中心组团新城区”启动建设，一度创造了100天征用乐从5个村、北滘1个村共8000亩土地的征地速度记录。

2006年11月18日晚，广东省第十二届运动会在新城区最早的标志性建筑——世纪莲体育中心开幕。7天的热闹之后，省运会落幕，新城区发展的脚步骤然放缓，官方多次用“发展思路调整”对此进行解释。2007年，这个“中心组团新城区”更名为“东平新城”。这期间，佛山经济继续突飞猛进，而佛山人对一座理想城市的需求也越发急切。

深层次的转变发生在佛山市提出城市“强中心”战略的2011年。被民间戏称为“佛山第六区”的东平新城在当年再次易名，定为“佛山新城”。时任佛山市委书记李贻伟说：“如果叫佛山新城，大家都明白这是大佛山的新城区，是集全市之力打造的新城区。”佛山新城确立建设的中德工业服务区于次年亦先后被写进省党代会报告和商务部与德方的联合声明，总投资150亿元的八大产业项目完成了签约。

在佛山，每一个老城区的形成，至少都有数十年以上的历史形塑与人气集聚。从荒地开始造城，既面临速度考验，更要避免沦为“卧城”（大城市周边承担居住功能的卫星城）、“空城”。尽管已历10年造城，佛山新城的成熟仍需时日。

在乐从镇和佛山新城整合的消息对外发布之前几个月，佛山新城方面曾制定新的目标：“力争用五到十年打造佛山人心中的理想城市，三至五年内实现产业聚集效果。”这意味着佛山新城至少还要另一个5—10年的成长期。

大佛山梦

2002年12月，国务院批复同意撤销原佛山辖区的城区、石湾区以及县级南海市、顺德市、三水市和高明市，设立佛山市禅城区、南海区、顺德区、三水区和高明区5个区。2003年1月8日，一市五区的大佛山正式挂牌成立。大佛山成立后，市规划局很快牵头拿出了大佛山首个城市总体规划《佛山市城市发展概念规划》，明确规划建设中

| 佛山新城今貌（张明术　摄）

心组团新城区。新城区跨越东平河，规划面积43.3平方公里，其中启动区为5.765平方公里。

2013 年 12 月 17 日上午，乐从大墩村，连续几日的冬雨让这个南方村子变得冰冷潮湿。村民梁永康从外面办完事，开车回到自家开的农家乐。由于雨太大，视线不好，车子倒了几次才倒进“车库”——地上插上几根竹子，上面盖层网状塑料布。

梁永康开的农家乐是最常见的那种，用一些竹子、木头搭起支架，盖上石棉瓦，门口养了几亩鱼塘，鱼塘边有几只鹅在棚架下躲雨。

沿着富华路南面有很多类似的农家乐。富华路像一根笔直的界线，界线两边泾渭分明，路的南面是一望无际的鱼塘、菜地和民宅；而路的北面是现代建筑林立的新城区，不远处几栋高楼正在抓紧修建，最显眼的莫过于 248 米高的保利中心。这栋写字楼建成后将成为佛山第一高楼。

10年前，富华路以北也全是农村，一片接一片的鱼塘、农田，一直到东平河，河对岸便是禅城区。这一片地方远离顺德中心城区，大片的鱼塘、农田得以保存下来，多数村民当时还过着日出而作日落而息的农耕生活。大墩村当年有3000多人，超过一半在务农。梁永康记得，那时要从大墩村去禅城，得绕行好几公里路走澜石大桥，或者坐船横渡东平河。

大佛山合并以及新城选址的行政决策改变了村民的生活状态。

“新城区的选址，除了政治考量，更多是基于现实需求。”佛山新城管委会副主任何小坚全程参与了该次规划。他介绍，当时大佛山刚成立，建立一个现代化城区迫在眉睫，禅城城南片区建筑还不多，乐从镇靠河边绝大部分是农田，没有什么建筑物，征地拆迁难度较小，而且也顺应了禅城老城区自北向南的发展轴线。

2003年9月的一天，佛山市副市长杨晓光（现任市政协主席）找何小坚谈话，说市里决定成立新城区建设办公室，作为一个临时机构，负责新城区启动区开发建设，组织上决定抽调他去新城办，负责规划工作。何小坚意识到这是市里的大项目，“听后很兴奋”。

成立之初，新城建设办没钱没地（办公地）没人，经过一番抽调，有了包括何小坚在内的6人团队。没办公室，就从市国土局借了两间办公室，几个月后才在公交大厦里有一个办公的地方，后来还在建设工地上搭建了一座活动板房作为现场办公点。

新城建设者开始了迅猛的造城运动，仅用100天就征收了乐从镇大墩、荷村、小布、岳步、小涌5个村，以及北滘镇的上僚村，大概8000亩，合共5.765平方公里土地，形成新城区的启动区，其中包括大墩村的1020亩地。而在此两年前，也就是2001年，大墩村刚被乐从镇政府征去830亩地建设钢铁市场。

征地完成后，2004年2月22日，世纪莲体育中心、中心组团新城区首期工程、岭南明珠体育馆、佛山市新闻中心、东平大桥、平胜大桥等6项工程开工，新城区建设正式启动。世纪莲体育中心是2006年广东省第十二届运动会主场馆。

当时征下的土地，70%是鱼塘，施工前，得用沙土填平，光平整土地就花了近一年的时间，庞大的用沙量一度导致当地沙价上涨。

在各方努力下，到2006年，新城区基本实现了“道路畅通、水清园成、树绿灯亮、场馆开放、新城初现”的阶段目标。2006 年 11 月 18 日晚，广东省第十二届运动会在世纪莲体育中心如期开幕。

新城区的建设同时改变了邻近村落的旧有生活体系。周边村民每户分到十几二十万元的征地补偿款，许多村民盖起了新楼。

放缓四年

2006年11月25日，省运会落幕。之后，受规划调整、行政协调、继续征地等因素影响，新城区发展脚步突然放缓。省运会之后到2010年的4年间，新城区除了一个楼盘开业，无其他任何产业落成。新城建设者用“发展思路调整”来解释这4年。

何小坚认为，2010 年前的 4 年时间并没有浪费，2007 年是一个反思期，反思应该做什么东西，然后制定高标准的定位，之后在 2008—2010 年这段时间，就是按照这个高标准的定位去做。既然要高标准，很多东西都要细细琢磨，比如佛山文化综合体从设计方案选定到最后动工花了一年多时间。“新城在这几年实现了‘华丽转身’，避免成为一座‘卧城’。”

他介绍说，按照之前新城区作为佛山市商贸金融、文化体育、休闲娱乐和信息服务中心的定位，当时文化体育有世纪莲体育中心，信息服务中心有佛山传媒大楼。当时有种想法是，剩下的地再引进一些行政机构，其他的卖给房地产公司，偿还新城前期投入，“开发完这些地了事”。

2007 年 1 月，时任高明区委书记邓伟根升任佛山市副市长，分管新城区。这位经济学博士出身的官员断然否定了这种想法：“新城区不但不能变成‘卧城’，还要成为佛山新的经济增长极。”

“大佛山成立后，一直没有形成一个强有力的主城区，被人称为‘有星星没月亮’。”何小坚说：“佛山制造业那么厉害，人均储蓄又那么高，可居民消费跑到广州，企业要技术服务也跑到广州，不行再跑到北京。如果城市功能强大，完全能消化这些需求。”

综合上述考虑，2007年上半年，新城办给市委、市政府打了份报告，建议将中心组团的新城区定位提高到佛山市的中心城区，改名为“东平新城”。“杭州钱江新城依托钱塘江来打造，新城区也是沿东平河岸开发，改名后标识更清晰。”

另外还提议将新城定位改为“佛山市的中心城区、中央商务区、总部经济发展区、岭南特色的绿色新城”。

新城区第二任主任黄华汉回忆：“我们把原来商贸金融中心的定位删掉了，那时千灯湖金融高新区已经崛起，没必要去和它争。另外我们抓住佛山制造业大市的特点，提出建总部经济发展区，重点发展工业服务业。”

同年 4 月 16 日，市政府常务会议同意了这份报告，新城办随即也改名为东平新城管委会，从一个临时机构成为一家事业单位。这是新城区第一次进行管理体制调整。

2008年12月，国务院批准实施《珠江三角洲地区改革发展规划纲要（2008—2020）》，为加快实施广佛同城战略，东平新城“南延东拓”，总规划面积翻了一番，达到88.6平方公里。翌年，东平新城管委会再次升格，省政府批准其为行政机构。

在这4年间，梁永康利用空闲时间学起了酒店管理。2010年，他做出了人生中一个大决定——离开工作了13年的大墩村村委会，去帮朋友打理酒店。“孩子一天天长大，村里的经济老上不来，靠村委会一个月一两千元养老婆孩子太紧张了，帮朋友打理酒店，一个月有将近1万元收入。”

改名扩权

经过 4 年近乎失落的时光，新城跨越式成长的时间开始了。《珠江三角洲地区改革发展规划纲要（2008—2020）》施行后，珠三角其他市抓住机遇纷纷启动了港珠澳大桥、中新知识城、横琴岛等一系列重大项目，这给佛山带来了巨大的竞争压力。时任佛山市市长陈云贤分析，2010—2011 年很可能是珠三角各城市竞争力发展和形成的分水岭。2010 年元旦后一个月内，陈云贤两度造访新城“督战”。次年，佛山市第十一次党代会报告将东平新城更名为佛山新城，要“集全市之力打造”。

2011 年，“十二五”开局之年。1 月 10 日，具有承前启后意义的佛山市委十届十次全会召开，这次会议提出实施“强中心”战略，推进城市建设，而东平新城是“强中心”

的核心之一。

佛山急需一个“强中心”，东平新城作为“强中心”的核心之一，地方主政者再也不允许它像之前那样“从容”发展了。

在2011年第一季度工作分析会上，时任佛山市市长李贻伟四提“东平新城”，他痛心地说：“东平新城当时征了那么几平方公里的土地，后来就一直没再扩大过。借了几十亿元在那里，每天利息不少钱，都够买奥迪了，每天一辆。”

同年4月28日，佛山市委、市政府召开大会，会上下发了《市委、市政府关于加快东平新城建设的决定（审议稿）》，将东平新城规划面积88.6平方公里分为重点开发区、协调区两个等次分类推进，其中26平方公里的重点开发区由东平新城管委会开发建设，由此新城管委会主导开发的范围足足扩大了5倍。

两个月后，市政府赋予东平新城管委会区级行政管理权限，根据东平新城建设的阶段性要求，重点委托东平新城管委会行使规划、征地、开发与建设的审批（管理）权限。东平新城管委会同时也设立办公室、政务监察和审计局、国土规划局、城市建设管理局、发展和经济促进局5个机构，以及东平新城行政服务中心、东平新城信息中心两家下属事业单位来承接这些职能。

此前，新城管委会只是开发建设单位，没有审批权限，何小坚多年来深受“没权”之苦：“一个项目审批，有些跑禅城，有些跑大良，这样来回跑，得耗费多少时间？”

当年11月，佛山市第十一次党代会报告将东平新城更名为“佛山新城”，以彰显这座新城在佛山独一无二的地位。时任佛山市委书记李贻伟说：“如果叫佛山新城，大家都会明白这是大佛山的新城区，是集全市之力打造的新城区。”

在2011年理顺体制机制的基础上，佛山新城2012年开始进入全面建设时期。2012年7月6日，佛山中德工业服务区正式挂牌签约，新城中央商务区八大项目奠基，总投资额超150亿元，是佛山新城迄今为止最大的投资项目。2012年初，佛山中德工业服务区与深圳前海、珠海横琴等并列被写入广东省党代会报告，佛山新城无可争议地被公认为是这座城市里最具代表性的新城项目，无论是其“全省重大战略平台”的身份，还是区位、资金、政策以及对接德国的机遇，其他新城都难以复制。

| 2014年2月25日，佛山、德国双方代表参加开工奠基仪式（张明术　摄）

再次扩容

2011 年下半年，佛山新城启动了北滘镇麦家沙村搬迁、乐从镇岳步村征地、乐从镇大墩村改造三大项目。在 2003 年征地的 9 年后，新城的版图再次向邻近村庄扩张。

目前 3 个首批改造的村庄都有进展。麦家沙大部分村民已经搬进新的安置小区，2012 年 11 月，岳步村股份合作经济社与乐从镇土地储备中心、佛山新城管委会签订了土地征用补偿协议，将来佛山新的市妇幼保健医院将落户于此。而大墩村改造，政府引进的地产商正在与大墩村洽谈。

但新城扩容速度远远跟不上新城发展的速度，新城区当年征下的近 6 平方公里土地很快消耗殆尽。2013 年 11 月 7 日，佛山新城管委会赵海说："新城区明年要马上扩容，不扩容，将困死在这 6 平方公里土地里。"

打开佛山地图可以清楚地看到，新城目前的建成区被周边 9 个村子牢牢包住，这 9 个村分别属于顺德乐从、北滘、陈村 3 个镇，其中乐从有 6 个村。

为了让佛山新城不至于被“困死”，2013 年 12 月 11 日，佛山市委、市政府召开会议对外宣布，今后，乐从镇纳入佛山新城（中德工业服务区）统筹开发，而佛山新城将委托顺德区管理。乐从镇和佛山新城两套“指挥系统”正式“合二为一”。这次调整后，不仅佛山新城负责的区域由原来 26 平方公里扩展到 80 多平方公里，扩大了将近 60 平方公里，另外还获得一级财权，佛山市和顺德区也将充分授权到这里。

在起起伏伏发展了整整10年之后，佛山新城邂逅了最好的时光。新城方面2013年也曾表示：“用五到十年打造佛山人心中的理想城市，三至五年内实现产业聚集效果。”

官方宣布乐从镇和佛山新城整合的那天上午，梁永康像往常一样开车到南海罗村的中南农产品批发市场去采购新鲜的食材，回来后他听说这是佛山新城启动建设 10 年来力度最大的一次管理体制调整。从 2012 年起，梁永康没有再帮朋友管理酒店，而是回到村里开起了农家乐。因为想着马上要进行的大墩村改造，他不敢把农家乐做大，仅占地一亩多，摆下 10 来张桌子。

梁永康把农家乐取名“康记梦里农庄”。“康记”取自他的名字，而“梦里”二字的来由是什么，他笑呵呵地说：“因为梦里的往往总是最好的。”虽然他对大墩村改造的未来仍有些许不确定感，但还是相信生活总会朝好的方向发展。

争取利益

村民如今比 10 年前会争取利益。梁永康所在的大墩村 2003 年被征收 1020 亩土地用于新城建设，村民并未因此坐享“造城红利”。梁永康关心的是 2013 年末佛山新城管理体制调整后，将来孩子能否得到更好的教育，就业会不会更容易，分红会不会更高。

佛山新城将对周边9个村庄进行改造，大墩村是首个改造村庄。政府有意把大墩村改造成样板，为其他村庄改造提供参考，从而推进佛山新城对其他村庄的改造进度。因此，政府方面已经明确表示完全由村民和开发商自己洽谈。

| 大墩村俯瞰图（张明木 摄）

2012 年 1 月，佛山新城管委会曾经委托广东省城乡规划设计研究院设计过 3 个改造方案，但截至目前，大墩村村民还在和政府推荐的地产商进行谈判。

梁永康的另外一个身份是大墩村整村改造决策咨询委员会委员。这个委员会是为推进大墩村整村改造工作而设立的临时机构，由 39 名村内杰出人士和行业精英以及德高望众的村民代表等组成。

梁永康一直在积极参与大墩村旧村改造的事情，但明显感觉到这次与 2003 年的神速征地迥然有别。2003 年新城征地那会儿，他在村委会工作，负责治安。他记得，当时开村民大会表决征地时，村民中还是有反对声音的，主要是征地补偿款偏低，“当时补给村里是 7.5 万元一亩，而附近一带征地补偿已经有 10 万多元一亩的了”。最终政府能用那么短的时间完成征地，一是那时的村民还比较“好说话”，二是时机好。当时村里正在对鱼塘进行标准化改造，大鱼小鱼已被打捞起来，“如果鱼塘里有鱼的话，赔偿多少就难免争执，政府征地肯定不会那么顺利了”。

此次整村改造和地产商久谈未决，是因为村民对方案不甚满意，担心改造后的分红来源不明确。“大墩村 2001 年、2003 年两次被征地，一次补偿 5.3 万元一亩，另一次 7.5 万元一亩，村民生活水平未得到显著提高。大墩村目前仍是乐从镇最穷的村庄之一。这一次，村民想牢牢把握住机会，分享造城红利。”

2013 年 12 月 17 日，时任佛山新城（中德工业服务区）管委会副主任、顺德区政务委员、乐从镇委书记麦连桐表态说，从一个村走向一个城市的过程本身就是红利，获红利的过程中如何将农村改得更切合实际，更有自己的特色，让村民更容易接受，这需要一个清晰的思路。

南海狮山：基层工会重组助力管理

关键词 工会改革 社会治理

2013年3月，南海区将罗村街道和大沥5个社区居委会并入狮山镇，工业区镇格局变化与2010年南海本田发生停工事件有关。当年事件发生后，狮山地方工会进行了大规模改革，实现“拿老板的钱，维工人的权”，从此，狮山开始更加重视民生事务。

2013年3月中旬，一个爆炸性的消息令佛山狮山镇处于聚光灯的中心：南海区将罗村街道和大沥5个社区居委会并入狮山，一个总面积330.6平方公里，常住户籍人口67.42万的新狮山横空出世。

大狮山镇以产业经济作为发展之本，由专业镇、高新产业园向城镇化演进的过程，最重要的命题之一就是解决产业与城市的融合之难。产业与城镇化就像一对孪生姐妹，没有产业做支持，城镇会成为空城；只有居住氛围，没有创业就业机会，则只能成为一座“睡城”。

著名学者许小年曾指出，必须先有“市”然后再有“城”，“市”的主角是企业和个人，只讲“城”不讲“市”，就抽掉了城镇化的精髓，反过来“城”也会促进“市”的扩大与效率的提高。

| 南海狮山年轻的产业工人正在生产线上加工汽车零件（《南方日报》资料图）

在完成区域扩容、解决持续发展的土地瓶颈之后，大狮山镇的经济总量在国内镇街一级层面独占鳌头。

与此同时，狮山镇提出了更高的口号，声称要“打造产城人融合的示范区”。这意味着社会治理将与经济发展一道，成为该地政府主抓的工作。

关注民生、关注生态是城镇化过程中不可绕开的问题，狮山镇对此亦有尝试。城镇化过程既是外来务工人员权利空间拓展的过程，也是本地村民市民化培育的过程。注重社会治理对城镇化转型的塑造作用，将是传统城镇化路径向深度城镇化（新型城镇化）路径改弦更张的一座灯塔。

“南海本田停工事件，对地方工会而言是个转折点。”站在刚投用的狮山树本产业家园，佛山市南海区狮山镇总工会主席潘裕辉感慨不已。

近10年来，随着奇美、本田、一汽—大众等工业大项目入驻，狮山镇已由一个农业大镇迅速转变为工业大镇。面对这一巨变，基层工会组织一度难以找准定位，在层出不穷的劳资纠纷中迷失，遭到误解甚至责难。而在“本田停工事件”后，狮山的企业工会组织被打散重建，工资集体协商得以逐步推进，社会工作手法也被引入工会组织，涅槃重生后的基层工会正焕发出勃勃生机。

尴尬处境

在一场工人要求提高工资的漫长“拉锯战”谈判中，本应成为解决纠纷平台的各级工会，明显被无视，处境十分尴尬。由于不被信任，企业工会的调停全无效果。

2005年起，奇美电子、福迪汽车、东芝等工业巨头相继进驻狮山，大量的产业工人出现，彻底改变了这个农业大镇的命运。

对于狮山镇工会而言，真正的改变从2010年开始。那年5月17日早上，因工资收入比较低，南海本田汽车零部件制造有限公司（以下简称南海本田）职工自发集体性停工。一名当年进入南海本田的工人曾晒出工资单，扣除“三险一金”后，到手的工资仅1100元左右。最初的谈判中，工人提出了明确而清晰的目标：工资提高800元，全部加入基本工资，未来工资年度增幅不低于15%。

大幅的加薪要求，在资方看来“几乎不可能实现”。压力之下，南海本田曾先后提出了三个加薪方案。在最后一个方案中，南海本田提出，一线职工的工资每月收入增加366元，达到1910元（达到佛山市机械行业一线职工的平均工资水平）。但对于企业“挤牙膏”式的做法，职工表示不满，认为管理方缺乏协商诚意。停工19天后，劳资双方才最终达成“工资标准上调35%”的协议。

面对突如其来的集体停工行动，缺乏应对经验的基层工会，也有些手足无措。调解期间，本田工人甚至还与镇总工会工作人员发生“肢体冲突”。这令本来就有的“工会偏袒资方”的观点，在工人中更加被强化。之后的几轮工资协商中，工人们干脆另起炉灶，由30个通过自发产生的协商代表与资方代表进行谈判。事实上，在后来的谈判中，工会一度被职工无视。

重组工会

在 2010 年停工事件中，作为复工条件之一，企业同意重组企业工会。让资方没有料到的是，重组企业工会为劳资双方实现了双赢。

为复工，南海本田承诺两个月内重组企业工会，这一承诺被逐步兑现：当年 8 月初，工人们以班为单位自主选出工会小组长；10 月下旬，以科为单位成立工会分会，选举车间分会委员、主席，增选了公司工会委员、副主席。

重组后的工会，确实与以往不同。新工会成立了职工公益基金，由公司每年出资 32 万元、职工捐款 8 万元组成，工人有急需时可申请使用。

更大的“硬仗”，在于随后的两轮工资协商谈判。在新工会的据理力争下，经过多次反复协商，南海本田工人 2010 年年末奖金，由原计划的“2 个月基本工资 + 职能工资”，增加至 3.5 个月；而在 2011 年的工资调整协商中，资方原计划加薪 431 元，在各方斡旋下最终增加至 611 元。

“以前工会是两边都不讨好，现在是左右逢源”，南海本田一名工会代表表示，三轮集体工资协商后，一线员工月收入增幅达到 80%，企业工会的威望明显提高，工人对工会的信任加深；而资方也认识到，有广泛代表性的企业工会，是劳资双方沟通的重要平台。

对南海本田而言，多轮博弈的结果也不全部是“亏”。2010 年 5 月前，该公司的员工约 1800 人，每月辞工率为 4.9%。工资协商后，员工工资上去了，职工队伍逐渐稳定，至 2011 年 4 月，企业的职工人数升到 2000 人，每月辞工率为 1.2%；2012 年春节后，职工返回率更达到 98.3%，为公司投产后职工春节返回率最高的一年。

夺回阵地

南海本田集体工资谈判，被视为开创了中国工资集体协商的“模板”，并推动了现行工会制度的变革。而围绕着企业工会重构，推进工资集体协商，做好工人服务维权，基层工会组织开始争夺“失去的阵地”。

狮山镇总工会的改革，首先被提上日程。本田事件中，信息渠道的闭塞以及工人对基层工会组织的不信任，让地方政府感到不安。当年10月，狮山镇首次向全市公开招聘5名工业园工会联合会副主席、10名专职工会干事。狮山镇共有5个工业园区，企业数量庞大，而工联会人手极度缺乏，其中相当一部分工作人员都是兼职。以前，园区的副主席都由居委会干部兼任，平时主要搞搞活动，但精力难以兼顾。

邱建军即当年通过招考的5名专职工会副主席之一。此前，这个赣州小伙已在佛山打工4年，在狮山一家照明电器公司做人力资源管理。通过招考后，他被分派到狮山镇松夏社区任工会副主席。上任后，邱建军的主要工作就是帮助企业重组工会，简单说就是由工人正规选举工会代表、工会主席。

“多数企业直选出了工会主席，也有部分企业通过选举工会代表，再间接选出工会主席”，邱建军介绍，虽然形式有所不同，但新工会是从工人中投票产生的代表，不再是“走过场”的产物，因而赢得了工友们的信任。

根据我国的《工会法》，工会经费来自工会会员缴纳的会费和企业按每月全部职工工资总额的2%向工会拨交的经费，其中2%的划拨是最主要来源。形象地说，企业工会是“拿老板的钱，维工人的权”。一旦企业工会过于活跃，资方很可能会以各种理由拖延甚至不划拨工会经费，使维权行动难以持久。

有关工会经费最新的消息是：自2013年7月1日起，广东省实行工会经费由地方税务机关代收，工会经费“收缴难”的局面明显改善。

新的形势

基层工会改革，暴露出当下一个亟须求解的命题：在探索建设新型城镇化背景下，如何对新生代产业工人重新定位，并制度化地回应这一群体的利益诉求。

作为南海区的“第一大镇”，狮山镇目前有67万常住人口，其中超过六成是园区产业工人及其家属。尽管这个面积330平方公里的产业重镇，未来三年内GDP无疑会超过1000亿元，在今后南海发展的整体地位也会越来越重要，但当下这里的城市形态，仍处于起步阶段。而当地政府部门对于新生代工人的关注，则是在本田停工事件之后。

意识到新生代工人的诉求日益多元化，基层政府部门开始学着适应新形势。2013年12月10日，为园区工人服务的狮山树本产业家园启用。位于狮山镇松夏工业园的该项目，占地3000多平方米，内设电影院、网吧、自助借书室、舞蹈室、义工工作室等功能室。“家园”周边，集聚了如东芝家电、燕京啤酒、伊立浦、朝野科技等大型企业，园区内的产业工人多达3万人。而除了提供综合服务，“家园”最大的亮点便是通过购买社会服务，引入专业社工机构，重点发展社会组织孵化服务。

创新社会服务的背后，是狮山镇探索社会管理的尝试。狮山镇总工会主席潘裕辉表示，随着一汽—大众二期项目的顺利签约，未来狮山产业发展仍呈快速发展态势，而作为狮山镇内第一个园区创新服务点，“家园”有望打造成企业社团孵化总部，让更多产业工人以义工、志愿者的身份参与到狮山的建设中来。

也许，一切才刚刚开始。

惠州仲恺：工业园区为农村处理污水

关键词 环境治理 工业区镇

2010年2月，仲恺高新区从原来的园区企业服务管理体制转变到党政机关行政管理机制，行使县（区）一级的行政管理权限。辖区范围包括陈江街道、惠环街道、沥林镇、潼侨镇和潼湖镇，即“五镇”以及仲恺高新区科技产业园、东江高新科技产业园、惠南高新科技产业园、留学人才发展基地，即“四园”。“五镇四园”划入到仲恺高新区的管辖范围后，各家各户的垃圾集中转运处理了，生活污水也由“人工湿地”系统净化处理。村民们认为，自己正在享受城镇化进程带来的发展成果。

惠州市仲恺高新区陈江街道的澄海村是个移民村，村民就是当年从汕头市澄海县迁移过来的，是陈江比较偏远的乡村之一。

在2010年划入仲恺高新区的管辖范围后，这个曾经的移民村面貌悄然改变，各家各户的垃圾集中转运处理了，生活污水也由人工湿地系统净化处理，村里的水沟不再流淌着黑臭的污水。村民们认为，自己正在享受城镇化进程带来的发展成果。

“不敢种地”

村民广场建起了人工湿地系统，这是工业园区给农村带来的改变。由于生活的变化，农村传统的污水处理方式难以解决村民的生活污水，污水污染了地下水，农民都不敢用来种地。

1956年初，120多名澄海县青年组成垦荒队来到惠阳县陈江。57年过去，现在的澄海村发展到600余人，人丁兴旺。

林健华是在澄海村出生的移民二代，他的母亲是陈江本地人，父亲则是当年的澄海县人。

林健华的菜地在澄海村民广场下面，广场上面建了一个8平方米左右的房子，房子的西边种植了一片美人蕉、风车草、再力花、鸢尾和梭鱼草等花草。林健华对这处设施很熟悉，“这个人工湿地系统，专门用来处理我们村的生活污水”。

陈江街道办环保办主任杨达文一直跟进人工湿地系统的建设。村民的生活污水先集中收集到站场集水池，然后通过细格栅池过滤污水中的大块状的各种悬浮物、垃圾杂物等，过滤后的污水经过沉砂池处理后进入泵房集水井。经过两块湿地处理过的污

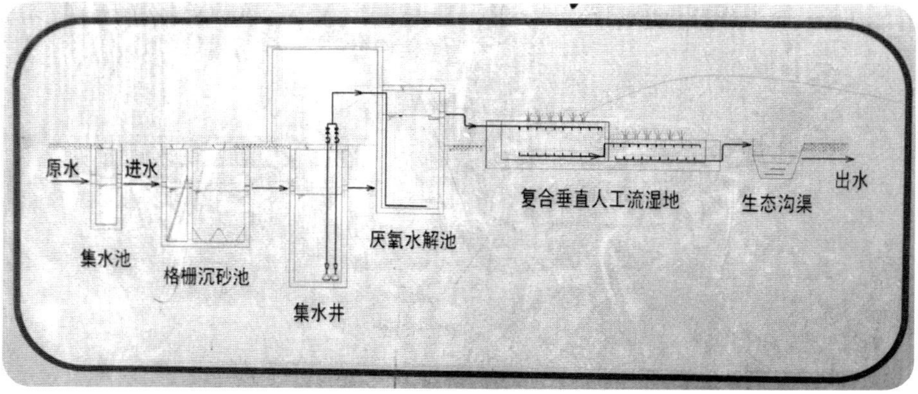

| 惠州市陈江街道澄海村生活污水处理项目（人工湿地）平面图（田飞　摄）

| 经过处理后的清水源源不断地浇灌田地（田飞 摄）

水变清后，可以进行农田灌溉，不会对环境产生负面影响。

林健华说，以前村里的生活污水都是直接排到水沟里，顺着水沟流到澄海河。那时，水沟里的水又黑又臭，水沟边连水草都不长，沟壁也是黑色的。“种菜都不敢用水沟里的水，因为污水里有毒，种菜都种不活，要从澄海河的上游抽水过来灌溉。”

城镇转型

仲恺高新区不再是单纯的工业区，转变后它承担了更多的社会事务，澄海村的污水处理就是城镇转型中的一个个案。

在城镇化的建设过程中，农村污水处理一直是个难题。陈江街道有“惠州第一镇”之称，惠州市第六污水处理厂也位于该街道与潼侨镇之间，可以处理大部分村镇的污

| “人工湿地”上面种植着各种可以过滤污水的植被（田飞 摄）

水，但澄海村距离该污水处理厂十几公里，假如管网铺设到该村，将要耗费数千万元，成本高昂。

澄海村所属的陈江街道曾经几度区划调整，最初是惠阳市管辖，后来划归惠城区，2010 年成为仲恺高新区的辖区。

作为国家级高新产业技术开发区，仲恺高新区成立于 1992 年，因位于著名民主革命先驱廖仲恺先生的故乡而得名，是全国 105 家国家级高新区之一，至 2013 年成立 21 年。当初成立之时，只是从周围乡镇划分出一些地块建立工业园区。至今，当初的工业园区范围仍与周围的镇办处于纵横交错的形态。

高新区成立以来，企业规模不断扩大，使得原来 10 多平方公里的地域显得越来越拥挤。2010 年初，惠州将仲恺的辖区扩大至 309 平方公里，包括陈江等 5 个镇办纳入其管辖范围，以便有更大的空间来容纳更多的企业。高新区将不再是只会发展经济的产业园，而是一个逐步崛起的新城，追求产业化与城市化同步发展。

仲恺高新区也承担了更多的社会事务，新建了陈江垃圾中转站，第六、第七污水处理厂等。澄海村等众多农村区域牵涉其中，面临城镇化转型。

环保双赢

据了解，最初村里对这个系统不是很了解，派了村组织委员古秋平去广州参观考察。古秋平看了回来说，这个项目好啊，环保无污染，以后村里的污水不怕没法解决了。

村委会把这个项目跟村民说了后，得到一致认可。项目不用村里出一分钱，资金由仲恺高新区和陈江街道办解决，村里只要出一块240平方米的地就行。

一边是村里无力处理污水，一边是镇里的污水处理厂远水解不了近渴。当生态湿地处理系统出现时，村里和镇里一拍即合。

由于各家各户已经将污水统一排在排水渠里，省去了许多建设费用，最终花了50万元就建成“人工湿地”生活污水处理项目。

中山崖口村：最后的人民公社谋求转型

关键词 排斥工业 坚守田园

作为全国最后一个坚持人民公社管理方式的村集体，崖口在城镇化大潮中坚守农业，但村中管理层也坦言，虽然目前有大片田地，也不过需要20人耕作，保留数百人口工分制更多是为了在集体经济上照顾留守劳动力。目前村中也有不少村民希望土地被征收，通过“卖地”换取更好的生活。但也有村民持反对意见。目前该村已出让部分土地，未来可能依靠轻轨、高速公路连接优势发展旅游业。

西边的云梯山下，京珠高速穿行而过，疾驰的城轨可直通广州、珠海等城市，隔海与香港、深圳相遥望。这是被誉为广东“最美乡村”的中山市南朗镇崖口村，与孙中山故居所在的翠亨村毗邻。

崖口的出名，在于其被称为珠三角最后一个“人民公社”。在崖口，至今依然有一部分村民实行集体劳动、记取工分、按劳分配的“人民公社制”。

改革开放30多年来，在珠三角其他村庄步调一致都走上了在土地上“种工厂”的道路后，处于黄金位置的崖口，却反其道而行，在20世纪80年代“退工还农”，转而不断围垦围地。当中山的土地开发强度已经接近30%的时候，崖口成为屈指可数的土地资源大村。

30多年来，越来越多的城市管理者试图在短期内实现至少视觉上接近发达国家水平的城镇化目标，如呈现漂亮的景观、古典的建筑风格。在这种趋势下，崖口却保持着美丽的田园风光。在村庄里，村舍、农田、围田，分列有序排开，宛如世外桃源。

进入21世纪，周边村庄通过卖地一夜暴富的神话不断发酵着，周围的暴富也开始动摇着这个坚守乌托邦体制的村落。不断围地的崖口村民最终开始了对“退工还农”的反叛。潘多拉的魔盒打开后，再也合不上了——又有人将目光瞄上了剩余的土地。

当下，崖口村村民放弃大锅饭要求分田到户的呼声颇高，村委会则希望继续发挥土地集中的优势，或者开展新型农业，或者依托“人民公社”做主题发展旅游业。总之，这里正在发生变化。

在“新型城镇化”逐渐成为热门话题的当下，是分田到户单干，卖地一夜致富，还是抛弃低效的农业重走工业道路？留守在“世外桃源”的村民心底里充满矛盾：未来的崖口村如何才能“让居民望得见山，看得见水，记得住乡愁”？

土地值钱

又到一年分工分的时间，存在“单干”想法的村民不少。一名不愿透露姓名的村民聊起他的“愿望”，就是分田到户，然后出租。“分田到户会自由一点，不耕作也可租给别人，然后收租金。而不参与集体耕作就没工分。”村民的想法很单纯，既然土地值钱，何必一定要自己下田挣工分。

2013年12月下旬，随着晚造稻谷收割完毕，农忙结束了。村民开始紧张地等待收入分配，然后“放假”。

云谷谭公祠门口，平日写着农活安排的黑板旁，东二队“社员”的全年工分放榜了。顺琼背着孩子挤在人群中查看，5675分，排在第18位，属于靠后位置，与最高的9762分差了一大截。

身后传来一阵议论的声响。“怎么×××的工分这么高？不可能啊！”“你不看人家开工的天数多，可能是他家人帮忙开工了。”当然有好心人悄悄拉住议论的人：“你

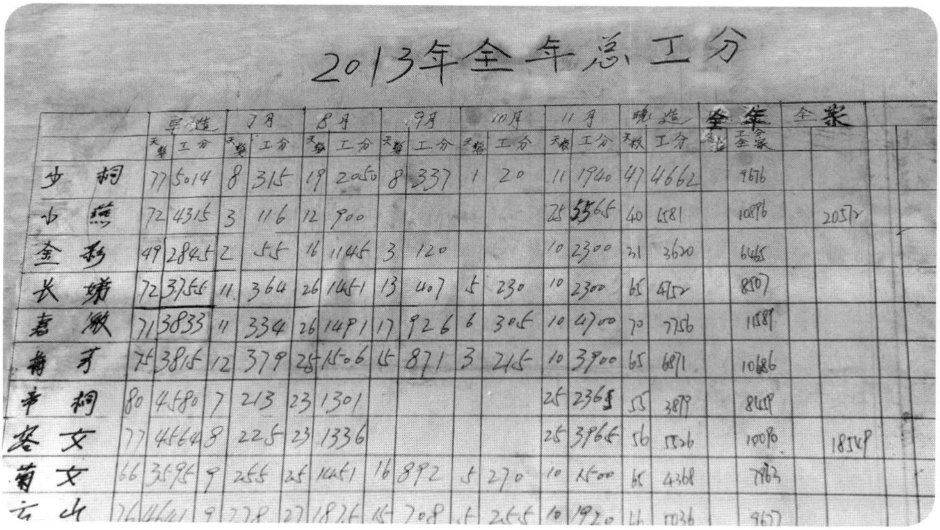

| 张贴在村内祠堂门前的工分表（吴进　摄）

不要说这样的话，给人家听到，会打你的。”

顺琼心里嘀咕，按照东二队的分配明细，分值为每 10 分 20.6 元。“这一年的收入约是 11700 元。瓜菜肉类这么贵，往后除了省吃俭用，还能怎么开支？”

寒风夹着细雨。结容跑到杨氏大宗祠看工分，晚造 10000 多分。按照所在生产队的分值，收入约是 9000 元，全年约为 18000 元。

每一个工分的分值，与该队每年生产的粮食总量和总收益挂钩。2013年12月底，崖口村村支书谭伟钦召开了村民分配会议。“由于前期多雨，虫害多，少收割了30万斤，量虽然减少，但是增分了，粮食收购价格提高到了180元/担。”劳动力平均年收入是17200元/人，平均月入1420元，高于中山全市平均工资线。不过，谭伟钦也坦言，按照目前的生活指数，这并不足以应付家庭开支。

结容的儿女都已成家在外，但她仍感觉到生活的压力。晚造水稻结束后，结容向生产队要了一小块地自行种植蔬菜，减轻家庭开支。“如果不是因为下雨，我今天都要落田。”

两天后，雨过天晴。村民谭建治挑着肥料给种下不久的白菜和马铃薯施肥。农田里已有不少村民在浇水、除草。晚造稻谷收割后，村民可向村里要几分地，种植蔬菜。这些蔬菜不属于村集体，属于私人所有。到明年开春土地须归还村集体插禾。

不远处，一名“退休”（不参与集体耕种）老妇张口就说：“分田到户会自由一点，不耕作也可租给别人，然后收租金。而不参与集体耕作就没工分。”

存在“单干”想法的村民不少。三一队一名不愿透露姓名的村民聊起他的愿望，就是分田到户，然后出租。

从20世纪80年代初期保留至今的“人民公社”模式，越发无法回避村民的争议。反对的声音指出，低效率的农业生产，每年需要部分围垦的租金收入补贴，持有围垦股份的村民收入减少了。

村支书谭伟钦解释崖口村不实行联产责任承包制的缘由。崖口村土地面积大，由于临近港澳，村民不断偷渡至港澳，如果分田到户，剩下的老弱劳力不能独自耕作，无力缴纳公粮。因此安徽小岗村包产到户的经验在全国推广的时候，几乎所有村民都顶着政治风险，逆历史潮流而动，举手表决——不分田到户！“主要是扶持这帮弱势群体，结果一走就是30多年。”同时，集体生产也适合推广机械化种植，告别了以往的“三弯腰”种植。

如今，面对工分制低效率的指责，谭伟钦认为，崖口的集体耕种和以往的“大锅饭”不一样，“以前是集体出工，劳动力强的多做一点，弱的少做一点，但同工同酬”。谭伟钦用“除草”来说明现今集体生产的区别：每人分工一亩地，劳动力强的30分钟完成，取得了相应的工分，早点收工回去；劳动力弱的就需要一个小时。

“单看1420元/月是没有意义的，要看农民开工的天数，一年工作时间约100天，平均每天就是172元。这样算才有意义。”谭伟钦称，其余200余日，村民可自主安排副业。“部分村民就到崖口海鲜街去做侍应，每月收入可增加1000多元。”

“现在出去打工没有人要，只能利用集体耕作减轻劳力，上了年纪，能够揾到多少算多少。”66岁的谭叔仍不肯“退休”，与另外3人专门负责3000亩稻田的水利。他挥动着铁锹，铲去沟渠两边杂草，捞起沟渠内的塑料袋，这样水流就顺畅起来了。“整理沟渠好放水犁田，春节前要播种，明年清明前就要插秧了。”

| 2011 年 7 月，崖口的村民集体到农田收割水稻，挣工分（吴进　摄）

公决卖地

自 20 世纪 70 年代起，在前任村支书陆汉满的带领下，村民开始围海造田，拓展疆土。正是因为“围地”，陆汉满也曾遭遇村民的包围。那是 2008 年 7 月，上千名村民同时涌进村委会，将村干部团团包围，要求“卖地”。此后，崖口进行了“土地是卖还是租”的股民公决，崖口村 99.14% 的村民同意了政府 1.17 万亩的土地征用协议。土地被征用后，村民结容还清了贷款，还报团去了丹霞山等地旅游。这对于一辈子甚少离开农地的结容来说，简直难以想象。

陆汉满记得，到 2002 年，崖口共围垦了 30900 多亩地。1974 年，崖口的农业用地面积仅有 5455 亩，30 年后，面积扩大了 6 倍。“3 万多亩土地在珠三角的价值是相当高的。”陆汉满说。

随着城镇化的推进，土地愈发成为稀缺资源。早在20世纪90年代，与崖口相邻的村庄开始卖地，一夜暴富的神话迅速发酵。时至今日，崖口村附近有不少工业园，如南朗工业区，南朗第一、第二、第三工业园等。钢筋水泥的厂房整齐排列着，进出厂区的工人操着天南地北的口音。相比之下，崖口村显得“土气十足”。

但陆汉满坚持“绝不卖地”。“卖地，对帮助过围垦工程的人太不恭敬，别人帮助围垦是造福崖口子孙后代，卖地违背了别人帮助围垦的原始意义；土地是前代人和后代人都有份的，少数人把地卖了是很自私和不道德的行为，要为子孙后代考虑出路。”

陆汉满的坚持未能得到村民的理解。公社的集体劳动虽能给予社员们温饱的生活，但是眼见周边村落通过卖地等途径迅速致富，崖口村民心理不再平衡。

矛盾终于爆发了。

2008年7月23日晚，崖口村上千名村民同时涌进村委会，将村干部团团包围，要求“卖地”。此后连续数天，天天晚上都有村民聚集在村委会周围。

一周之后，崖口进行了“土地是卖还是租”的社员公决，3334人中，只有28人表示反对卖地，陆汉满是其中之一。面对如此民意，陆汉满拒绝在卖地协议上签字。

崖口村99.14%的村民同意了政府1.17万亩的土地征用协议。他们每人获得14.2万元的现金补偿。

2011年初，担任了37年村支书的陆汉满“下岗”了。陆汉满曾与华西村的吴仁宝、南街村的王宏斌一样，为崖口村注入了传奇色彩。村民对财富日益膨胀的渴望正在一点点吞噬原先对土地的敬畏，陆汉满心生愤慨，却如同当年尊重村民不分田到户的表决一样，尊重村民卖地的选择。

在卖地事件中，结容也涌进了村委会。通过卖地，结容一家分得了约40万元。由于此前房屋塌了，她向东区某村的姐姐借钱盖起了两层楼房，分钱后可用于还债。她还为正读幼儿园小班的孙子购买了教育基金保险，为孙子的读书提供保障。“此前没有钱，两个儿女读到初中就出来打工了。现在分了卖地款，自己用少一点也要为儿孙着想。”

云谷谭公祠门口贴了多家旅游公司的旅游宣传单。结容还报团去了丹霞山等地旅游。这对于一辈子甚少离开农地的结容来说，简直难以想象。

已“退休”的谭建治虽然此前农闲时开展副业有积蓄，但是身体抱病需花钱，有了卖地款，生活轻松了。“早上与朋友爬爬云梯山，饮饮茶，或自己开荒种种菜。如果单靠社保，敢不敢这样？”

现任村支书谭伟钦也表示，部分村民亟需现金用于盖房子、买车等大宗支出。走入崖口村，房屋两极分化：一部分是平房或瓦房，长着青苔，部分墙壁已有裂痕；另一部分是小洋楼，两三层甚至四层，贴着各种样式的瓷砖。90% 的新房子都是卖地分钱后建起来的。

卖地之后，盖楼、买车、医保、养老，瞬间实现。这些让村民一时很骄傲。

而涌动的资本寻租打开了“桃花源”的入口。当年被卖掉的那片土地，结容曾去挑石粉筑路，现在已盖起了高楼。“那里空气很好，但凭着现在集体耕作的工资，这些楼不适合我们。”村民们想着继续卖地。

“就因为卖地才有钱建屋，没有卖地的话，能够买什么呢？假如政府再征收一批土地，村民就没有这么穷了。”就连 80 多岁的李婆婆也如此说，她嫁到崖口已 60 年了。

“当时拿出少部分土地卖，是作为启动资金，改善村民的生活，这是好的，但以后不会了。”村支书谭伟钦掷地有声地说，“长远下去靠地为生，我不赞成，要使土地的价值达到最高并不需依靠卖地。”

其实，结容内心也很矛盾：“不卖地，留给下一代，下一代的生活来源就不会那么困难，至少种田有米吃。但是不卖地，又没有钱还债，供孙子读书。好矛盾！”结容还讲述了娶媳妇的例子，当时不少人嫌崖口穷，不肯嫁过来。“媳妇就说，我也不嫌你家穷，你就当我是你女儿来养就行。”

“修正主义”

2013年12月召开的中央城镇化工作会议要求，减少工业用地，适当增加生活用地特别是居住用地，切实保护耕地、园地、菜地等农业空间。这似乎为崖口村濒临失守的集体农业提供了制度保障。“我们将与北京首旅集团合作，准备打造一个景点，以‘人民公社’作为主题，吸引游客过来，参观集体种植基地、崖口飘色，夜晚可以用大锅煮饭集体吃，留游客住一宿。否则游客走马观花，产生不了效益。相反还会留下不少垃圾。”在村民眼里，现任村支书谭伟钦颇有“修正主义”的色彩，陆续打破前任村支书陆汉满的诸多条框。

渴望卖地发财的村民，意欲征地开发的政府和开发商，也以30多年来从未有过的强度在瓦解崖口村的“人民公社”体制痕迹。

一直以来，最能体现崖口村“公社”色彩的，是村里的3000亩水稻田。近年来，农业机械化耕作的引入，使得效率比以前提高不少，不再是“一日开工都揾不到一包烟”。在工业化社会，仍难以改变种粮是低产出方式的状况。

前任村支书陆汉满一直坚持集体农田用于种粮，拒绝种植其他作物。“粮食是村民生存必需的物资，而且容易管理；如果种植蔬果，有自然、市场风险，一场雨、一次台风都有可能造成损失，万一碰上大量上市，价钱低。”

继任者谭伟钦则变通得多。崖口的种植模式近期或会发生变化。“我们有考虑未来的发展这个问题，利用现有地理位置的优势，准备往第三产业发展，拟引入农业项目，发展大棚蔬菜，同时作为观光旅游基地，通过经营其他作物等，使土地产出达到最高效益。”谭伟钦透露，届时仍会预留一部分土地继续耕种水稻，供给村民粮食，其余部分土地可以规划用作该项目。不过他表示，项目正在谈判，不方便透露更多信息。

可以预见，如果这一谈判中的项目得以实施，将打破几十年来崖口单纯种植水稻的传统。

村民谭建治对这一即将到来的改变持欢迎态度。他认为，现在中山部分农村的发展可以作为样板，不需要摸着石头过河。“崖口没有分田到户，更容易实现。”

最近公示的《中山市南朗镇崖口片区控制性详细规划》和《中山市南朗镇崖口村“名镇名村”（秀美村庄）建设规划》均提及“发展旅游业”。其中，崖口控规明确，通过梳理现有的旅游资源和生活空间，沿承村中丰富的人文环境，完善相关设施的配套，营造村中良好的生态环境，从而形成适宜生活居住、拥有丰富文化内涵、旅游和生活相融合，并具有一定发展潜力的生活片区。

“我们将与北京首旅集团合作，准备打造一个景点，以‘人民公社’作为主题，吸引游客过来，参观集体种植基地、崖口飘色，夜晚可以用大锅煮饭集体吃，留游客住一宿。否则游客走马观花，产生不了效益。相反还会留下不少垃圾。”在村民眼里，现任村支书谭伟钦颇有“修正主义”的色彩，陆续打破前任陆汉满的诸多条框。

谭伟钦没有计算过这些改变能给村民带来多大收益。他认为，至少可以给村民创造就业机会，村民应该乐意去做，同时通过服务业可以提高村民素质。

“我相信群众不会反对的，这些发展模式所带来的成果，大家是看得到的。”谭建治如此说。

中央城镇化工作会议也提出，要依托现有山水脉络等独特风光，让城市融入大自然，让居民望得见山，看得见水，记得住乡愁。

在谭建治的印象里，曾经的崖口让其记住了“乡愁”。20 世纪七八十年代，谭建治在云南当兵退役后，选择去广州、韶关等地打拼，却发现外面的生活远远不如家乡崖口，在家人的劝说下回来了。

崖口的过去与现在，恰是“望山、看水、记乡愁”这一经典表述的缩影。而今，回归田园的呼声响起，崖口却开始了另一次逆向转型。这让陆汉满及其追随者产生了“三十年河东，三十年河西”的慨叹。

在喧哗与骚动中，崖口村人民公社的传奇还能延续多久?

“还农”旧事

崖口村 20 世纪曾发展“三来一补”，后因排斥工业污染选择了退工还农。

崖口村民谭建治认为，卖地分钱不是解决生活的主要来源，只要村民的生活水平提高了，就不会想着卖地，也不需要卖地。“我的母鸡天天都有蛋生，为什么要卖掉?现在是生活水平没有提高，先卖掉母鸡再说，等第二次卖地分钱。”

穷怕了，要发展。受访的村民都说了同一句话：“关键是领导要有所作为，要带领群众致富。”

靠近省道 S111 线有两座牌坊，一座对着广珠高速公路翠亨出入口，从牌坊往内走，基本没看到厂房。谭建治一直想不明白，村委会为什么无视崖口便利的交通条件，不引进或发展一些合适的工业呢?

“年轻人都不想从事农业，如果村内有厂企的话，儿子也不用跑那么远出去打工了。”这是结容的想法。

据统计，2012 年，崖口村 18—60 岁的劳动力按人口总计为 2135 人，实际在村里开工参加集体农耕劳动的大约只有三分之一，即 600 人左右。

其实，早在20世纪70年代末期，陆汉满就实行了经济双轨制，探索工业致富的路子。陆汉满深知依靠集体开展农业生产是低效率的，其劳动不足以维持生计，通过搞工业，可以弥补集体经济的不足。1978年，广东官员冒着违法的风险迎来了全中国第一家外资加工企业——香港人投资的太平手袋厂。几乎在太平手袋厂入驻东莞的同时，崖口也引进了中山市第一批“三来一补”企业。

当时崖口办起了包括针织、缝盘、制衣等10家厂企。“鼎盛时期，有2000多名工人。为了维持工业的用电，村里还买回来了8台发电机。”陆汉满称，崖口发展工业，维持了购买农业机械、农田水利、村庄建设等；通过办工业，培训了农民管理工业和独立开工厂的知识。仍被村民当作美好回忆的是，当时崖口购回了两台大巴，除了作公共汽车使用外，村民还可坐着外出旅游，好不拉风。

在短暂的尝试之后，崖口却做出了“退工还农”的选择。除了因为实际收益不大外，不断增多的污染让陆汉满看到了工业社会的后患。他决定回归以农为本的粮食作物耕种和以围垦为主的土地资源开发。崖口再次与当时珠三角乡村如火如荼的乡镇企业和招商引资办厂的行动方向分道扬镳。

时至今日，现任村支书谭伟钦仍表示，办工业所带来的废气、废水等对种养不利，崖口应利用自身优势来开展种养业，如此可确保崖口自然环境不受破坏。“现今靠出租厂房并不是好出路，工业萧条，周边不少地区过万人的工厂，都剩不了5000人。”

崖口的土地资源都属于农田保护区，“是不可以动的，除非增幅调整”，谭伟钦强调。

番禺华南板块：卫星城不再只是“住城”

关键词　卫星城

在华南板块萌发和确立的业主自治价值是广州近10年卫星城造城运动过程中的新亮点。华南板块成为广州新兴的巨型社区，其中容纳了大量的新广州人和他们的家庭。这个板块的成长，不仅是地理意义上城镇化的蔓延，也伴随小区业主自治、反垃圾焚烧等社会组织运动等社会治理层面的城镇化。

夕阳西下，年逾60岁的张伯站在华南板块的珠江边，望着江对面的层层建筑，由衷感叹道：时光易抛，红了樱桃，绿了芭蕉，真不敢相信，仅15年的时间，华南板块已发生了翻天覆地的变化。

一片沼泽

“15年前，还没有华南板块之说，现在你看到的广州星河湾、锦绣银湾等，当时还是一片沼泽之地。”张伯遥指江对岸的几个住宅项目回忆道。“当时，天河城都觉得远，何况番禺的洛溪？”住在丽江花园的余阿姨表示。

翻看历史资料，不难发现，华南板块起源于南村，曾经仅是一个普通的岭南小镇。1999年6月，随着华南快速干线的开通，才有开发商到此拿地，华南板块开始浮出水面。

“2000年5月，经国务院批准，番禺撤市改为广州市番禺区。番禺成为广州市辖下的一个行政区，为广州市‘南拓’理念和建成‘山水城市’、营造‘海滨新城’提供了必要空间，也为番禺的发展带来新机遇。”知名房产专家韩世同表示。

从地图上不难发现，“华南板块”是广州沿华南快速干线南连番禺区景观大道——迎宾路两侧开发的超大规模住宅楼盘集群的总称。该板块地处番禺南村镇西部、钟村镇东南部，以迎宾路为自然分界，两镇总建设用地约14万亩。其中，用于房地产开发的约4万亩。该板块现有超千亩的楼盘逾10个，另有若干几十亩至百亩不等的中小楼盘，这些已陆续开发的小区规划建筑面积超2000万平方米，规划人口逾50万。

其实，在华南板块发展之前，番禺洛溪板块是广州郊区住宅最先发展的地方。“90年代末期，此板块的大盘已有丽江花园等，但是，在老广州人看来，洛溪板块离城区非常远，根本不愿意到此购房，当时在这里买房的人多是外地客。”张伯回忆道，当时很多人“宁要河北一张床，不要河南一间房”。

“南拓”方针

“奥园、星河湾、祈福等8个地产商楼盘，时称‘八大金刚’，不仅使华南板块的房地产业迅猛发展，还大大推动了广州的城镇化建设。”社科院高级研究员彭澎表示，这在当时形成“全国房产看广州、广州房产看华南”的局面。

“进入2000年后，由于可开发住宅用地逐渐减少，洛溪板块逐渐扩容，不少房企一路向南争相拿地，也就形成了现在的华南板块大盘云集的态势。”方圆地产首席分析师邓浩志表示，“华南板块迅速形成了‘八大金刚’竞争之势，祈福新村、华南碧桂园、华南新城、南国奥林匹克花园、广州雅居乐花园、广地花园、锦绣香江、广州星河湾迅速崛起。”

促使华南板块快速发展还有一个很重要的原因。“早在2000年提出的‘南拓、北优、东进、西联’的城市发展方针中，南拓已位列首位，这是房企蜂拥至此拿地的主要原因。”邓浩志指出。

| 2010 年 12 月 31 日，丽江花园业主迎新晚会吸引了许多业主观看（《南方都市报》资料图片）

实际上，广州城市因东南西北四个区域在自然资源、经济基础、人口分布等各方面存在不小的差异，各区域的发展目标和重点各不相同，“南拓”成为城市中心外扩的最优选择。“广州城北，覆盖以白云山为核心的大片生态区域，集中生态的保护和发展。而广州东部，虽然经过多年发展，珠江新城已初具规模，但受限于现有的土地资源不足，以产业的升级和整合为主要发展方向。广州西面，则直接毗邻佛山等二线城市，是未来广佛同城联动的重点区域。”

其实，开发商也很舍得投入。星河湾原副总裁梁上燕介绍，2001年星河湾一次性投资8亿元，打造中国第一条沿江步道，长达1800米。如今，此步道已经成为华南板块乃至整个广州的市民的休闲及娱乐之地。

但是，在这一时期，老广州人“宁要河北一张床，不要河南一间房”的居住观念，并没有发生多大的变化。2001年4月初，华南板块的发展商们联合造势，一起发表了《新世纪宣言》：加快华南板块的全面建设，一定把番禺建成最适合人居住的区域。果不其然，在开发商的造势下，一部分老广州人开始关注此板块。

2001年4月28日，被誉为华南板块“桥头堡”的广州星河湾开盘，这个占地面积1200亩的大盘，以4900元/平方米的均价开盘（当时周边房价为1000—3000元/平方米），在连续七天的“五一”假期，共接待看房客逾17万人，看房者如过江之鲫。

配套落后

华南板块在迅速发展的过程中，也一度遭遇瓶颈。开发商的同盟共赢只停留在初级的造势阶段，而缺乏对区域价值提升的深度推进。区域内各大社区重复建设，公共配套匮乏，导致城市功能落后，板块成熟度不高。

华南板块初期为什么会发展如此迅速？奥园集团董事局主席郭梓文将其归结为“房企齐心协力”。郭梓文认为，华南板块迅速发展的原因主要归结为众发展商同心协力，共同打造区域优势的开发模式，而华南板块发展模式的成功在于重视城市运营。

也有人认为，华南新城的发展，与同期进行的旧城改造有一定的关系。“‘八五’期间启动的同德、大塘、棠下等解困小区，由于居住环境及配套等问题，很难吸引对居住环境有一定要求的中产阶级。”邓浩志指出。

还有更为重要的原因。有业内人士指出，从1998年开始，广州出台了一系列促进二手房交易的政策，如出售房改房不用征求原单位同意等，这些政策客观上促使部分居住在中心城区的市民，为了改善住房，开始迁移至华南板块，如现在居住在丽江花园的老一辈知识分子等。

《经济日报》在10年前采访恒大集团总裁时曾报道称，当年番禺区域闲置、烂尾项目不少，开发商通过较低成本拿地的同时，有足够的储备用地做配套，而配套通过市场化手段完善也吸引了一些外来人口的入住。

华南板块在迅速发展的过程中，也一度遭遇瓶颈。虽然每个项目都取得空前的成功，但早期的开发商显然都不约而同地陷入“各人自扫门前雪”的状态。同盟共赢的合约只停留在初级的造势阶段，而缺乏对区域价值提升的深度推进。这一点集中体现在推动区域公共配套建设方面。区域内各大社区重复建设，公共配套匮乏，导致城市功能落后，板块成熟度不高。

“当时华南板块交通配合不是很好，没有学校，没有医院，没有商场。”住在奥林匹克花园的李大妈回忆，生活一度非常不方便。

2007 年后，板块内大规模商业中心逐步上市。在随后几年的开发中，片区内公共配套逐步得以完善：连接中心城区的新光大桥等过江大桥先后竣工、地铁三号线开通、市桥南区的三甲医院落成等。

华南板块发展迅速，让业界人士感叹。梁上燕此前认为，华南板块由小渔村变成今日的优质生活区，只用了 8 年。

星河湾董事长黄文仔也表示，根据广州 21 世纪新城市城区规划，市政府将番禺定位为广州新中心城区，对华南板块提升成为新中心居住区有着重要的利好作用。同时，交通网络中心，包括地铁三号线、新光快线、新火车站等纷纷落户番禺，也使华南板块具备了成为广州新中心居住区的基础条件。

定位升级

华南板块的价值逐渐在彰显。早在两年前，广州市政府就审批通过并公布番禺区详细规划，在未来几年里，番禺将重点打造集总部经济 CBD、商贸区、休闲度假区、交通中心、现代居住区于一体的番禺新城。

“今非昔比，华南板块现在的房价已从 15 年前的 2000 多元 / 平方米升至 2 万元 / 平方米以上了。”张伯感叹道，当年没有选择在华南买房的几个老战友现在后悔了，却发现买不起这里的房了。

的确如此。华南板块如今一手房销售均价已经攀升至 2 万元 / 平方米以上，部分楼盘的售价高达 4 万元 / 平方米以上。整个板块的定位也从 5 年前的白领聚集地升级为中、高产阶级的乐居之所了。

有业内人士指出，广州在“八五”期间将尚处于初级阶段的高科技制造业、金融保险业、交通运输业等作为支柱产业，年轻的大学生一代热掀一轮“南下潮”，并将华南板块作为落脚点。十余年后的今日，这些支柱产业蒸蒸日上，而这批大学生也跨入了社会中坚行列，成为中、高产阶级。

番禺规划一直在不断完善中。2012年，番禺划入广州市“一个都会区、两个新城区、三个副中心”城市规划中的“都会区”，被定位为“休闲商务区（PBD）”，打造“广州城南生态型游憩商业中心”。

同年8月8日，番禺区规划局相关负责人在一次论坛上表示，番禺新城未来将作为整个区域的公共建设配套，为整个华南板块提供商业服务。其中，总建筑面积约375万平方米的汉溪、长隆、万博区域是新城中最重点的发展区域，将在2—3年内建成城市级配套中心。

在规划等利好带动下，2013年5月，万博商业区地块四成交楼楼面地价为14194元/平方米，创华南板块新高，成为名副其实的“番禺地王”。在“地王”带动下，番禺华南板块及大学城在售楼盘价格都出现快速上涨的态势。

目前，华南板块已经吸引了众多房企建设大型商业项目。板块内已建成的商业项目有海印又一城、天河城、吉盛伟邦、万博商业中心、山姆会员店、奥特莱斯名牌折扣店等商贸购物中心，总建筑面积超过60万平方米的番禺万达广场也已于2014年11月开业。

此前，番禺区投入巨资60亿元，计划将位于华南板块的万博商业中心打造成超级商贸航母。近日，番禺区政府表示，番禺万博商业区致力打造成“超天河商务圈”的地下工程已挖至地下两层多，部分地面项目已封顶，预计2015年全面建成。

同时，华南板块大盘的社区配套也在走向成熟。住在广州雅居乐花园的丁先生和居住在广州碧桂园的方先生皆表示，经过10年社区发展的积累和沉淀，社区内中心商业街等社区配套相对齐全，可以满足在衣、食、住、行各方面的需求。“上班也很方便，小区车站有多路公交车，分别接驳厦滘、南浦地铁站，不管是到中心城区，还是到机场、南站等都很方便。”

广州小洲村：田园水乡掀起拆建运动

关键词 多元城镇化发展

城镇化的逆生长背景下，小洲村从工业化中重新复活。在大学城建成后，邻近的小洲村作为单一功能性的造城运动在再反思中进行。这里有万亩果园代表的广州田园城市梦。城镇化是否只是指向高楼、大厦、钢筋水泥？小洲村提供了一个田园城市的选择。在近 10 年间，小洲村曾经成为广州水乡复兴的一个样本。

城镇化并非一个铁板一块的概念，在其发展过程中，19 世纪末英国城市学家埃比尼泽·霍华德关于田园城市的理论，也是这个具有丰富内涵的集合概念的一个面向。

田园城市的理论针对 19 世纪工业化、城市化带来的大量城市病而提出，20 世纪初以来对许多国家的城市规划产生重大影响。在著作《明日的田园城市》中，霍华德认为应该建设一种兼有城市和乡村优点的理想城市，他称之为“田园城市”。田园城市实质上是城和乡的结合体。其规模必须加以限制，使每户居民都能极为方便地接近乡村自然空间。

这个看上去具有乌托邦意味的城市形态其实在中国传统文化历史语境中亦有对应，那就是中国人对田园、故乡、故园等这些诗意栖居方式的追求。在 2004 年至 2014 年这个第三阶段的城镇化历程中，广州名村小洲村作为传统岭南水乡村庄的复兴，和对田园城市的追求，丰富了中国城镇化30年的样本，也遥遥呼应着中国人归园田居和霍华德的田园城市理论。而这也正是小洲成为“小洲”的原因。

在突飞猛进的城镇化进程中，小洲村民尽管曾经拥有天时、地利、人和，却遭遇了村民的实际居住需求和历史文化保护区规划滞后、执行粗糙的矛盾，古村保育和资金脱节以及村民需要更快发展经济的矛盾，艺术家希望参与公共生活却又无力介入并改变现实的矛盾。

10年过去，小洲村的田园城市梦，将何去何从？失去水乡的广州人、广东人乃至外乡人把乡愁放在这座小村落，但小洲人集体的建房行动，却让专家担心这座古村迟早变成没有任何特色的城中村。

最好最坏

这究竟是小洲村最好的时代还是最坏的时代？村里村外，各有看法。本村人自豪地称这是最好的时代，可是，却有城里人说：“小洲村再这样下去就没了。”

“这是小洲村历史上最好的时候。”2014年1月14日下午，小洲村民简伯在村里娘妈桥头那间有105年历史的理发店里，对着刚给他理完头发的师傅陈大亮大声讲道。

然而就在简伯将当下评价为小洲村“最好时代”的半个月前——2013年12月30日，广州市规委会举行的该年度最后一次会议上，规委会专家成员马向明却面对包括广州市市长陈建华在内的与会成员，“沉重”地叹道：“小洲村再这样下去就没了。”

这条位于广州海珠区东南部已有500多年历史的古老村庄，在近10年间曾经收获了诸多美名：比如广州“南肺”，广州最美岭南水乡，中国城市文艺复兴的代表，与北京宋庄齐名的南国艺术村、画家村，等等。

然而近几年，随着村民自建房的勃兴，这个曾经富有地标意义和文艺气质的岭南古村，却在外界的印象中，逐渐被“大工地”“高级城中村”“培训班”这样的新标签覆盖。10年前，最早来到这个小村落，给其带来艺术和发展方向启蒙的艺术家们，近年纷纷从小洲村撤退。

| 2014 年 1 月，小洲村村口牌坊前的河涌边，一名影友在拍摄（林宏贤　摄）

关于小洲村当下境况的两种极端评价，来自村内人和村外人的各自评述，却构筑了当下小洲村发展中内外尴尬的现实。

曾经，包括万亩果园在内的小洲村，代表的是广州岭南水乡追求田园城市的梦想。广州水系众多，小洲村在近 10 年间，曾经成为广州水乡复兴和国内城市文化复兴的一个样本，这种后工业化时代的治城反思，也曾经获得广州官方从规划层面的认可。但是其间，“肺胃”之争一直贯穿始终。

到底是谁的小洲村？为何大家都在说自己“太委屈”？10 年后，小洲村所代表的多元城镇化追求还能继续走下去并成为可复制的经验吗？

贫困田园

20 世纪末 21 世纪初，小洲村的万亩果园被政府划定为保护区域。在外界看来，政府对万亩果园的保护具有天然的正当性。然而在小洲村人看来，不能和旁边的其他村一样办工厂、租地皮，甚至有一种“委屈和被剥夺”的感觉。

小洲村登瀛大街40号，东方理发店。这家已经105岁的理发店，目前的主人叫陈大亮。陈大亮经历了这百余岁光阴中的40年。虽然并非本土人士，然而他和他的理发店早就成了小洲村的一部分。

2003年，因为村里人嫌当时理发店的对联“小桥流水直街路路畅通，剪发修眉剃须头头是道”不够豪气，陈大亮把它改作现在的“理人间万缕千丝，操世上头等大事”，横批“从头做起”。就像这对联说的，理发店已经给小洲村民们理了百余年的烦恼丝。

小洲村古称“瀛洲”，位于广州市海珠区东南端，南临珠江南河道，隔江与番禺相望，东临牌坊河，与官洲岛和仑头相对峙，西北与土华村相接。从元代开村，至今已有近800年的历史。小洲村是珠江几千年来冲积形成的，面积达6013.8亩，境内河涌长达10公里，水网面积达30公顷，是典型的岭南水乡，也是广州市内保存得较完整的古村。村民世代以种果为生，果树成片，瀛洲生态公园与附近的果林共约2万亩，素有广州“南肺”之称。

数百年来，小洲村人临水而居，倚林而卧。发达的河网水系，广阔繁茂的果园，是小洲人栖居和生存的地方。广州市政府在多年的讨论和酝酿后，终于在1998年，完成政府保护万亩果园的最早探索——瀛洲生态公园建设。

1999年，广州市规划部门组织编制并审批了《广州市海珠区果树保护区总体规划研究报告》，报告提出，保护区内要形成以果园、珠江水系、胺涌河网等自然景观的生态绿地为主体，城市绿地和专用绿地为辅助的开敞空间体系，在不破坏生态平衡的基础上，建设果林生态旅游示范区。

2000年，广州市政府批准执行《广州万亩果园保护区规划》，对万亩果园进行保护性综合开发，决定建立2.2万亩以果树、绿地、水源为主的绝对保护线，防止蚕食果园的村镇控制线。

这一系列保护广州“南肺”的举措背后，是改革开放之后，万亩果园在维护、保护、经营等多方面遭遇的“蚕食”和破坏。特别是从1985年起，在家庭承包经营制度下，

| 2014 年 1 月，两名工人正在小洲村一处在建工地上施工（林宏贤　摄）

小洲果农在灌溉、除草、杀虫等生产管理事务上采取各自为政的生产方式，已经非常严重地不适应现代化大生产的需要。

在外界看来，政府对万亩果园的保护具有天然的正当性。然而在小洲村人看来，对万亩果园的保护令，无疑从此给小洲村的发展念了一道似乎再也取不掉的“紧箍咒”。

“念了这个‘紧箍咒’，就不能和旁边的其他村一样办工厂、租地了”，村干部简智佳回忆，“小洲村人多年以来那种委屈和被剥夺的感觉，就是从那时候开始的。”

1994年，简智佳从村里一个村办企业的财务部转到村委会工作，至今已有20多年。“我们小洲人为了所有广州人，付出了巨大的代价，改革开放30多年了，可以说，我们的村民收入和经济发展，一直没有进步，甚至在退步。我们有很强的发展意识，但是受制于‘南肺’的保护，我们吃不饱已经太久了。广州的‘肺’保护好了，谁来管我们小洲人的‘胃’呢？”简智佳的抱怨也代表了过去20年间小洲人内心的“委屈”。

曾经风光

广州大学城建设的3年间，位置紧邻大学城的小洲村随着高校人员和资源的注入以及早期进驻艺术家的口耳相传，引来越来越多的艺术家聚居此地，相继建立起数十个工作室，涉及绘画、雕塑、摄影、书法、音乐等十几个门类，在国内艺术界也渐渐形成“北有宋庄，南有小洲”之说。

限制和镣铐背后，往往潜伏着生机。

2000年6月23日，小洲村被广州市政府命名为首批14个历史文化保护区之一。这个殊荣的获得，得益于“这里的水网非常地好，村庄的格局比较完整、典型，有成片的传统建筑，历史痕迹非常清楚，在国内几乎已经很难找到有哪个村庄能有小洲村那么绵长的河涌，在广东更为难得。小洲村遗留下来的岭南水乡部落，是中国南方珍贵的人居文化遗产，应该加以很好的保护和利用”。当时参与评审的一位专家如是评价。

这个在城市中心闹中取静，偏安于万亩果园之中的岭南水乡，由此进入了新一轮的发展阶段。生态、历史、文化从这时起，已经成为决定小洲村未来命运的3个关键词。

其实，在此之前的20世纪90年代，由于岭南水乡的古朴风貌，当代岭南画派杰出代表关山月、黎雄才已经在小洲草创艺术家村，成为小洲村历史首批“艺术移民”。

简智佳还记得，当时在村西南的靠河边，划了一块地给这些“国宝级的艺术家做艺术村”。此后，这些艺术家的朋友、学生，通过口耳相传的方式，陆续来到小洲村。

2002年，广州大学城建设这项被视作促进广东省高教事业发展，实现广州市城市发展战略的行动开始进入实际操作，当时预计2005年各大学可进驻大学城并开始招生。

如果说之前被评为历史文化保护区和被早期岭南画派的老艺术家青睐，可以算作小洲村后万亩果园时代的“天时”“人和”，那么大学城的选址和建设，便可视作小洲村后来10多年发展的“地利”因素了。

一名曾经在小洲村工作多年的卸任村干部回忆，“大学城的建设，等于激活了小洲村的发展。之前我们有水乡，有果园，这些都是我们独一无二的，现在再加上我们在大学城边的位置，三个‘独一无二’，小洲未来不可限量”。

随后的3年间，大学城陆续建成。随着高校人员和资源的注入以及早期进驻艺术家的口耳相传，小洲村引来越来越的多艺术家聚居此地，相继建立起数十个工作室，涉及绘画、雕塑、摄影、书法、音乐等十几个门类。在国内艺术界也渐渐形成“北有宋庄，南有小洲”之说。

和老师尹秋生一起将木雕工作室开在瀛山简公祠的许冰，是在2007年底离开工作过7年的报社后，选择来到小洲村的。这之前的2004年，许冰和其工作单位邀请的几位玛格南图片社摄影家一起去小洲采风，“当时觉得广州城里竟然还有这样一块地方”，同行的友人也感叹“这里真舒服”。

工作7年后，许冰感觉自己进入一个职业疲倦期，从小梦想当画家，同时也是广州美院毕业的他，希望能够回归自己的老本行。2005年左右，他和老师尹秋生商量一起去外面找一个工作室，“学校的工作室太小”。

“当时我们美院已经搬到大学城，所以老师就提议去小洲。我们也去看过黄埔古村，但它不是水乡，是个城中村里的古村，而小洲当时给我的感觉就是原始、自然、朴素。”

当时，已经在小洲多年的尹定邦知道尹秋生师徒要来小洲，还邀请他们去东瀛那边看房。“后来我们走错路，才遇到了后来租下的瀛山简公祠。”

许冰还记得那是2005年盛夏的一天，下着大雨，他和老师跟小洲村第十生产队签订了租房合同，以每个月900元的价格租下了瀛山简公祠，实现了拥有一个开敞宽大工作室的夙愿。

他洗掉了祠堂青砖上的白灰，恢复了青砖的原貌，在院子里种上了植物，把旁边的两个房间在保留原貌的条件下重新装修，住了下来。

许冰回忆，2005年时的小洲，艺术家还不多。“我知道的多是美院的老师和退休老师，最多有五六个艺术家工作室。”

那时工作室常常大门敞开，朋友、村民都可自由进出。对于许冰来说，终于能够在回归本行后，拥有一个理想的工作室，同时创作步入正轨，生活又有滋味，“那段时间真是玩得非常开心”。

同彼时村中的艺术家工作室呈自发生长的态势一样，当时的小洲村也没有严格的生态旅游和历史文化保护相关的规划。村民和村干部，对于村子里的这些新移民，都抱着开放和好奇的态度。

由于租金低廉，房屋空间大，加之交通方便，靠近大学城，在许冰来到小洲后的两三年间，小洲的各种艺术工作室呈现快速繁殖和井喷之势。

2007年底，从法国留学归来的陈洲、张晓静夫妇在学生的介绍下来到小洲村。“第一次去看的时候是那年冬天的一个晚上，我们走过一个祠堂，正在放粤曲，桥头一棵大榕树，当时我们就感叹：‘哪里还找得到这样的地方啊！’”

一个月后，夫妇俩在小洲村南街租下一个两层的红砖楼房，在老房子里，他们费劲地装上了马桶和排水系统。在南京艺术学院毕业去法国学习了6年法国当代艺术后，夫妻俩在这个古老的小村里开办了代表自己艺术理念的“希望美术学院”，在此实践彼此的艺术理想。

“那时候村里几乎还没有四五层的自建房，基本还是青砖和红砖老屋，建筑风貌很一致。但是那时候已经出现老屋成片空置，无人居住的情况。”陈洲被这种现实触动，以此为灵感，他和张晓静开始策划一场关于小洲村老屋的艺术行动，在这些老房子里进行艺术展览和空间重置，以引起公众对老房子活化和保护利用的重视。这样的活动很多，当时的小洲村几乎每天都有文艺活动，村里的海报墙上，宣传单一张覆盖了一张。

6年过去，娘妈桥边的东方理发店里，店主陈大亮还把当年陈洲和张晓静设计的活动海报贴在柜子上。这张海报如今已经泛黄，活动的口号就叫“从头做起”。陈洲说灵感来自“大亮理发店的招牌”。他们希望“艺术家推开小洲村一栋栋被村民抛弃的老房子时，一起推开一段封存许久的正在枯烂的历史，但同时也意味着这些老房子新生的开始”。

这是陈洲、张晓静对小洲村、对历史建筑的期许，然而小洲村民的老房子并未按照他们的美好构想进入新生。

建房运动

艺术家间接给小洲村民带来了收入，可是有了收入的村民开始拆除水乡风情的旧宅，建设新屋成了小洲村内的热潮。到两年前政府全面征收万亩果园，村民有了一大笔补偿收入后，小洲村更不再是当年的模样。艺术家理解村民对提升居住面积获得稳定租金的需求，但他们的行动却是，逐渐淡出小洲。

许冰还记得，“事情是从 2008 年开始起了变化”。最直接的是，游客多了，媒体报道多了，美术培训班多了。这一年，小洲开始举办首届小洲艺术节，这也是村里的艺术家们首次联合起来的公开亮相。

小洲艺术节的举办和小洲文联的成立，令村中的艺术家们开始和小洲紧紧捆绑在一起，成为小洲艺术村这个小洲新定位的有机组成部分。随着大学城的招生，美术培训班开始在小洲蔓延，村民们将房子租给培训班，开始有了除了果园之外的收入。

有了收入之后，最早从 2008 年开始，已经有村民在宅基地上拆除老屋，建造新屋。2009 年，《小洲村历史文化保护规划》在广州市规委会会议上获全票通过。其中划定的历史文化保护区面积为 5.1 公顷，保护区建设控制地带面积为 9.2 公顷，环境协调区面积为 15.9 公顷。而建筑高度的控制是该规划保护历史文化区域的重要措施之一。

根据规划，历史文化保护区的建筑层数不得高于两层，总建筑高度不得高于 7 米；历史文化保护区建设控制地带的建筑层数不得高于 3 层，总建筑高度不得高于 9 米。对于一般建（构）筑物的保护与整治，规划则提出了三种方式：保留、整修和拆除。这使得保护区内的部分民宅和危旧建筑都面临拆迁，或将有 468 户搬迁，需要新建安置住宅面积约 10 万平方米。按照规划，将在现小洲村旧村的南部和北部整理出 3 处居住用地，用作村民安置。

之后为了加强对小洲广府水乡的保护和开发，小洲村又委托广州市城市规划勘测设计研究院编制了《小洲村历史文化保护区保护规划》，在此基础上还邀请专家编制《广州市海珠区华洲街小洲村旅游发展总体规划》。这两份规划把文物保护、旧房修复和危房改造结合起来，试图开发乡村旅游项目。

小洲村在此指导下开始修复村内包括简氏大宗祠、小洲公社、天后宫在内的多处文保单位和历史建筑。水网是小洲村的灵魂。从2005年上半年开始，村内各处排水管、渠沟的截污工程全部完工，从源头上确保了小洲村的水质不继续恶化。然而，回顾规划颁布的5年间小洲村村民的住房建设，以上规划中提到的要点均未实现。

从小洲村10年前逐步变身艺术村，村民开始有了租房收入，到两年前政府全面征收万亩果园，村民有了一大笔补偿收入。小洲村民拆除旧屋新建楼房的热情，虽然多次被媒体视作“违建”“抢建”，历经多次剑拔弩张的城管“拆违”，但是在规划不能一以贯之被执行的情况下，这几年的小洲村已经不再是当年的模样。

像陈大亮理发店老对联里讲的“小桥流水直街路路畅通”的情景，在小洲已经消失了几年。由于村民建房，小洲曾经路路畅通的青石板路上堆满建筑材料和垃圾。新修葺好的简氏大宗祠被周围贴着黄色、蓝色、粉色瓷砖的四五层小楼围逼。

2010年春节过后，陈洲和张晓静打算离开小洲村。“为什么？这里太吵了，到处是工地”。2009年下半年，工作室遭窃，损失了电脑和相机，“这些资料彻底遗失，很心痛，无法弥补”。

在夫妇俩决定离开时，不少艺术家也在选择用脚投票。2011年，许冰和老师的工作室6年期满。“我顺势离开。”他也嫌这里“太吵了，我住的旁边，村民正在拆房子，想到他还要修一两年，我实在忍受不了”。

不过，和许多艺术家对村民建房持保留态度不同，许冰希望大家不要苛责村民，“每个人都有追求更好生活品质的要求，以前的老房子住起来的确不舒服”。

但是，他也痛心“这场建房运动中，因为没有预先的规划和足够的沟通说服以及合理的资金和建房技术支持，导致目前小洲村的新房没有较为统一的风貌”。

经过几年的折腾，小洲村原有的水巷、街巷形态和肌理，没有按照“修旧如旧”的原则进行修复。小洲村民居和巷道原呈八卦形分布，但村内大部分的古民居已拆除，实际上已经很难形成群体景观，已经无法从高处一览古村古建筑古河道的风貌，就连这几年规划部门要求严格控制古村保护区内新建民房的高度、色调和体量，也没有一项得到较好的实现。

简智佳介绍，目前小洲村已经有近千户村民完成了自建房的修建，还有“七八十家正在或者打算修，估计最多两年内，小洲村就可以恢复往日的宁静”。

已经等不到两年了，最高峰时期有上百个各类型艺术工作室的小洲村，经过5年的震荡，如今在小洲导游全图上留下的艺术工作室屈指可数。2010 年，《城市画报》将小洲村评为“中国城市文化复兴的典范”。可是，在 2011 年和 2012 年，媒体每隔几个月便会报道一次“小洲村变成大工地”。

谁欠了谁？

其实就连小洲村民自己也不得不承认，新屋和水乡非常“不般配”。广州规委会更是有专家直言，小洲村这样下去只会变成一座城中村。

陈大亮的东方理发店给小洲村民们理了 40 年的头。纵使是他这个身处其间的旁观者，也理不清道不明这其中的烦恼和曲折。

“广州欠小洲村太多太多了”，他不希望小洲被任何一类人的希望“绑架”，“小洲是所有人的小洲”。他把陈洲这些选择离开的人，视作“叛徒”。可是即使如此，他还是不得不略带苦恼神色地承认，理发店对面这户村民的新房实在和旁边的天后宫非常“不般配”。“我们的目的好像都没有错，但是到底哪里出问题了呢？”

陈大亮的苦恼也困扰着广州市规委会的专家们。2013 年 12 月 30 日，广州市市长陈建华和委员们参加这一年最后一次规委会。在这次会议上，专家马向明对于小洲村多次发出“小洲村很快就没了”的危言：

“上周我们一起去看了小洲村，把老的东西一改造，最后都变成了城中村。再这样下去半年，这个村就和任何一个城中村一样了，那个艺术村的感觉，那些艺术家，那些蛮有特色、蛮有创意的小店，目前都已经面临关停。衰败啊，那个灰尘都能看到。然后，最积极的就是各种房子往上盖。更难的是，从跟基层干部聊天的情况看，没有什么措施能够避免。这样下去的话，小洲村很快就没了。”

深圳城中村：改革谋求从基层自治破题

关键词 城镇化与基层自治建设

说起中国传统农村，人们常提到的一个词就是差序格局，这一词是费孝通先生提出的，描述传统农村的人际格局，如同水面上泛开的涟漪一般，由自己一圈一圈延伸开去，按距离远近划分亲疏。城市化彻底改变了这种村庄生态，自此单纯、淳朴的村民关系变得非常复杂，因为有巨大的利益在其中，小小村庄的派系斗争，都成了非常敏感的问题。深圳的城中村处在中国城镇化的第一线，很早就遇到了这些问题，也最早做出了基层管理体制改革的探索。专家直言，深圳基层管理体制的改革需要很长时间的努力和探索，不可能一蹴而就。

“今后数年，深圳要重点警惕和预防旧城改造中可能存在的腐败问题。”在2014年1月底的深圳市“两会”上，深圳市人大代表、市纪委副书记孙大卫在分组讨论时提醒。同样在1月，曾轰动一时的深圳“20亿村官”周伟思被检方指控受贿超过5000万元，提起公诉。翻开深圳的城市化进程，随处可见诡谲绚丽的传奇：这里有一夜造就亿万富豪的神话，有“南国第一村”“中国第一村”的辉煌，也有“20亿村官”“30

亿村官”们跌宕起伏的命运……这些传奇的背后，是深圳基层管理制度的更迭以及巨大利益相关者的角力和沉浮。

暴富脉络

在短短30年间，深圳从小渔村变成上千万人口的国际大都市。农民们“洗脚上田”，从“种田”转向“种楼”，深圳的城市化从生产、生活方式的转变开始，农民变成市民，基层自治方式也随之经历变革。

1979年的那个春天，当改革开放的总设计师邓小平在南海海滨画下一个圈时，可能谁也预料不到，这个贫穷的小渔村，会在短短30年内变成上千万人口的国际大都市。改革开放搅动了这座小渔村，来自香港的资金、技术与灵活的政策“发酵”，吸引全国各地的人才。一夜间，农民们“洗脚上田”，从“种田”转向“种楼”，深圳的城市化从生产、生活方式的转变开始。

正如不少学界论文中所说，到了20世纪90年代初，深圳特区农村的经济发展、村镇建设、生活环境都发生了重大变化，出现了职业非农化、经济工业化、管理企业化、收入多元化、生活环境及生活方式居民化等明显的城市化特征。为了适应这种变化，1992年6月18日，在邓小平视察南方之后，以《关于深圳经济特区农村城市化的暂行规定》发布为标志，拉开了特区内农村管理体制城市化改革的序幕。改革的思路，是将原村民委员会发展集体经济和组织村民自治的两大职能分开，分别由新的集体经济组织——社区股份公司和居民委员会承担。

从那以后，深圳城市化飞速发展，成就了一个又一个财富神话，奇迹发生在股份公司，也惠及每一个原住民。

根据1988年11月22日《南方日报》的报道，宝安沙井万丰村全村446户，户户是股份制股东，集资1200多万元办工厂28家。1994年，在深圳市最大的50家集体股份制企业的评估排行中，万丰股份公司以固定资产4.9亿元，年加工值6.3亿元，利润6000万元，村民人均收入1.1万元，荣登榜首。2000年，万丰股份公司经工商局批准，升格为万丰（集团）股份有限公司。集团有资产14多亿元，年销售额为35亿元，下属十几个分公司。鼎盛时期，万丰村与华西村、大邱庄、南街村齐名，号称“南国第一村”。

位于龙岗的南岭村后来居上。改革开放前，这是深圳最贫穷的村庄之一，被称为“鸭屎围”，一半以上村民偷渡香港。20多年前，全村总资产仅7000元，人均年收入不足百元。而到了2008年，南岭村净资产达到13亿元，村民人均纯收入15万元，一年上交国家税收1.8亿元。

城市有城市的发展，村庄有村庄的运气。从2004年开始的“城中村”改造，开始对深圳城中村进行“建市以来力度最大的一次手术”。“中国第一爆”在渔农村打响，蔡屋围矗立起新地标京基大厦，而深圳CBD最后一块城中村——岗厦河园片区的改造，更演绎出让人动容的造富神话：2008年9月24日，河园旧村拆下了第一堵墙、第一栋楼。据说这场“旧改”一夜之间造就数10个亿万富翁。

20亿身家“村官”周伟思的故事，恰好清晰反映这座城市的发展脉络。

作为土生土长的本地人，1960年出生的周伟思从20世纪70年代末开始贩卖海鲜、青菜等，从商店老板、包工头到“地主”——在发现土地的巨大价值后，周伟思大量买地圈地，盖房出租，甚至形成了成片的商业楼和工业区。而当“种楼收租”的黄金时代退潮，深圳的旧城改造运动又为城中村以及原住民带来极大利益。一栋旧楼倒下去，亿万富翁站起来。周伟思曾说，在深惠路改造时，他得到的拆迁赔偿就达1亿元。

村官村民

城市化彻底改变了原有村庄的生态，以前那种单纯、淳朴的村民关系变得非常复杂，因为有巨大的利益在其中，小小村庄的派系斗争，都成了非常敏感的问题。

巨大的利益背后，是巨大的诱惑和风险。早在20多年前深圳进行农村管理体制改革时，就试图通过股份公司和居委会、社区工作站的分设，厘清各自权责，协调基层社区发展。但随着深圳经济社会发展和产业结构调整，社区股份公司在制度设计和经营管理方面的问题日益暴露，不仅制约了集体经济的发展，更滋生了不少腐败案件。有媒体报道称，在2007年至2012年间，仅宝安法院受理的涉社区股份合作公司的案件就达1970件，并呈现出案情复杂、影响较广、难以调处等特点。

2014 年 2 月，深圳岗厦片区原本的拆迁工地在如火如荼地动工建设（霍健斌　摄）

“能人”周伟思在担任南联社区居委会主任、社区工作站副站长、南联股份合作公司副董事长期间，收受贿赂超过 5000 万元。在周伟思之前，沙井被称为“30 亿村官”的沙一社区原党支部书记、股份合作公司原董事长陈才兴涉嫌刑事犯罪被拘留。2012 年，深圳市田厦实业股份有限公司原董事长郑稳棠被刑拘。有关部门披露，郑稳棠在 2002 年至 2012 年间，利用职务便利，在田厦村建设工程项目中收受巨额贿赂。曾经叱咤风云，被誉为“南国第一村”的深圳沙井万丰村，也曾有 7 名村干部因涉嫌贱卖土地、选举舞弊被停职。

在 2013 年 2 月初深圳市纪委五届四次全会上，市纪委书记丘海表示，深圳将加强对社区集体经济组织的监督，严肃查处违规处置集体资产、侵吞集体收益、侵害原村民土地权益等行为。深圳市检察机关认为，城市化过程中，对“村官”这样一个特殊的群体的监督和制约不够，制度层面的建设和完善也亟须解决。反思“周伟思现象”蕴含的问题，基层社区管理与监督的困局亟待破解。

一名不愿透露姓名的深圳本地人说，城市化彻底改变了原有村庄的生态，以前那种单纯、淳朴的村民关系变得非常复杂，因为有巨大的利益在其中，“比如股份公司股份的分配、分红的多少、拆迁补偿的高低，乃至股份公司、居委会中的派系斗争等，都是非常敏感的问题”。

“目前社区股份合作公司的管理层还习惯于家族式管理模式，不习惯也不情愿接受股东的监督和制衡。一些公司董事长利用手中权力，不受约束，一些重大事项违反相关规定越权而为，暗箱操作私自出卖集体土地和厂房、私自贱租集体资产、利用职权为亲友牟利、用公款赌博等案件时有发生。”有关人士表示。

安徽人朱来常 2000 年曾受万丰村老书记潘强恩之邀，游学万丰，担任股份公司副秘书长等职务，并以万丰股份公司的立场接受媒体的访问。告老还乡后，朱来常并不讳言万丰的衰落。

“从我到万丰工作时，万丰的困难就逐渐显露了。”但朱来常不认为这是老书记潘强恩一人的错误，而是农村城市化过程中一个普遍的现象，“这些村庄在改制之后，因为有一两个强人的带领，在短时间内得到腾飞。但农民的认知水平却很难同步发展。”朱来常认为，城中村村民观念的落后以及一夜暴富后形成的一些陋习，通过家族脉络渗透到整个村的管理之中，最明显的表现就是人才的缺乏和管理机制的落后。一方面本地人人浮于事，另一方面优秀的外地人被排斥在外，无法参与股份公司的管理。

改革道远

究竟村集体股份公司是行政组织还是经济实体？这一个基本问题，在村民和专家眼中就有分歧。专家直言，转型升级遇到很大障碍，“主要还是股民的意识要转变，这需要多次的沟通”。在查振祥看来，深圳基层管理体制的改革需要很长时间的努力和探索，不可能一蹴而就。

改革，成为而立之年深圳的必然选择，新形势下基层管理体制的改革更是迫在眉睫。

深圳职业技术学院经济管理学院院长查振祥认为，作为从原行政村集体经济基础上改造而成的经济组织，股份合作公司属社区型的股份合作制，并不是严格意义上的股份制公司。由于是特定历史阶段的产物，它必然受到当时城市化初期的生产力发展水平和原村民的思想观念、总体素质等客观条件的局限。同时股份合作公司成立时既没有配套的法规做指导，也没有现成的模式可借鉴，全靠各级政府和集体经济组织本身去摸索和创造，所以随着深圳市整体发展水平和市场经济发育程度的提高，股份合作公司在制度设计上的不规范和不完善等缺陷就逐渐显露出来。

2013 年 5 月，深圳召开全市改革工作会议，发布了《深圳市全面深化改革总体方案（2013—2015 年）》，同期发布的《深圳市 2013 年改革计划》，正式将股份合作公司改革列入年度重点改革项目库。2013 年 10 月，深圳市发布《关于推进股份合作公司试点改革的指导意见》（以下简称“《意见》”），表示将在深圳各区选择 3—5 家股份合作公司启动试点工作，改革的主要内容包括加快股份合作公司的转型发展、完善规范监管、实行政企社企分开、加大扶持力度和探索股权改革五个方面。

据业内人士介绍，从形式上看，目前各社区股份合作公司普遍都完善了公司章程和各项经营管理制度，建立健全了公司议事规则，但这些机构和制度却难以在公司实际操作中发挥作用，公司治理不完善，严重影响集体经济的壮大发展和基层社会的和谐稳定。

《意见》提出，改革过程中，一方面要完善股份合作公司法人治理结构，探索建立职业经理人制度，逐步实现所有权与经营权分离，支持股份合作公司逐步实行领导直系亲属任职回避制度；另一方面要强化股份合作公司集体资产管理委员会职能，落实集体股在收益分配和重大事项表决中的权利。此外，《意见》要求推行企务公开，股份公司要定期向公司股东公开投资发展的重大决策、经营管理的重要问题、涉及股东切身利益和接受股民监督的重大事项。

改革在中心城区福田区率先启动。2013 年 10 月，该区表示将对全区 15 家股份合作公司启动五个方面的改革。福田区委副书记乔智表示，福田区将成立推进股份合作公司试点改革和加强“三资”管理的领导机构和专门工作小组，选好试点公司以点带面，推进改革工作，推诿拖拉、执行不力、效果不好的部门将被追究问责。

作为业内专家，查振祥也参与到社区股份公司的改革中。“我们正在帮上步股份公司做一个综合改革试点方案，这应该是全市进展最快的一个项目了。”查振祥认为，改革中的难点是许多股民仍将股份公司当作行政组织而不是公司来看，他们对公司分红的要求比较高，对长远的发展不太重视，加上社区股份公司的封闭性，外来人才缺乏，难以引进先进的管理经验，转型升级遇到很大障碍，“主要还是股民的意识要转变，这需要多次的沟通”。在查振祥看来，深圳基层管理体制的改革需要很长时间的努力和探索，不可能一蹴而就。

附　录：

编辑委员会

主　编：任天阳

副主编：王　钧　王海军　虞　伟

总顾问：李　铁

编委会委员：宋元晖　钟跃东　邹高翔　王卫国　王勇幸　李　召

编年史第一部

统筹：王勇幸　饶德宏

主笔：王勇幸

采写：饶德宏　何帆燕　孙　婷　陈　宇　李祖成　程　俊　黄文冠　周昌和
陈　铭　叶淑萍　朱利辉　潘逸滨　郭伟豪　刘　洋　陈惠婷　刘　学
杨　亮　张艳芬　孔小云　夏嘉雯　罗苑尹　项　华

编年史第二部

统筹：宋元晖　王勇幸

主笔：过国亮

采写：刘　洋　邵　铭　郭伟豪　朱利辉　欧阳少伟　吴　曦　陈　宇　何帆燕
王　卫　陈海燕　刘　学　陈　铭　周昌和　米　燕　安小庆　李　拉
陈思敏　姚建国

编年史第三部

统筹：钟跃东　王勇幸

主笔：吴润凯

采写：杨　涛　何永华　莫晓东　罗煜明　程　俊　申　鹏　罗苑尹　蒋　臻
陈海燕　胡怀军　李祖成　卢凯阳　杨振华　朱利辉　陈晓华　程　俊
许黎娜　徐　凤　安小庆　庄树雄

（何国劲、张留英、杨嘉敏、周世玲、王玥、蒙亚格、邹婵、陈正明、王伙娇、温茵、邱发平、张志伟、陈善培等对采写亦有贡献。）